供应链金融

主　编　陈晓华　吴家富
副主编　郝东林　李　沙　陈丽慧

人民邮电出版社
北　京

图书在版编目（CIP）数据

供应链金融 / 陈晓华，吴家富主编. -- 北京 : 人民邮电出版社，2018.4（2023.7 重印）
ISBN 978-7-115-48060-6

Ⅰ. ①供… Ⅱ. ①陈… ②吴… Ⅲ. ①供应链管理－金融业务－研究 Ⅳ. ①F252.2

中国版本图书馆CIP数据核字(2018)第046088号

内容提要

什么是供应链金融？供应链金融有哪些形式？包含哪些风险？怎么管理和控制？

针对上述问题，本书系统介绍了供应链金融的相关内容。书中不仅介绍了供应链金融的概念、供应链金融的种类与特点，而且分别从融资者（企业）、金融机构（资金提供者）和管理者的角度，详细介绍了生产运营领域的供应链金融、贸易流通领域的供应链金融、物流领域的供应链金融、商业银行供应链金融，智能时代智慧供应链条件下电子商务领域的供应链金融和互联网供应链金融，以及供应链金融风险管理和控制措施。作者结合当下各种实操案例编写相关章节，不仅体现出供应链金融的实操性，而且令读者感觉生动鲜活。

本书适合各行业的企业管理者、财务人员和金融行业从业人员、金融监管机构人员阅读，也适合高等院校财金专业的师生以及对金融感兴趣的读者阅读。

◆主　　编　陈晓华　吴家富
副 主 编　郝东林　李　沙　陈丽慧
责任编辑　李宝琳
责任印制　焦志炜
◆人民邮电出版社出版发行　　北京市丰台区成寿寺路 11 号
邮编 100164　　电子邮件 315@ptpress.com.cn
网址 http://www.ptpress.com.cn
北京七彩京通数码快印有限公司印刷
◆开本：787×1092　1/16
印张：19　　2018 年 4 月第 1 版
字数：300 千字　　2023 年 7 月北京第 23 次印刷

定　价：65.00 元

读者服务热线：（010）81055656　印装质量热线：（010）81055316
反盗版热线：（010）81055315
广告经营许可证：京东市监广登字20170147 号

本书出版指导委员会

前 言

所谓供应链金融，是指从整个供应链的每一个环节出发，金融机构运用金融工具，第三方物流公司参与监管，将物流、商流、资金流和信息流进行有效整合，使运营过程中货币资金流动与商品货物流动趋于一致，从而提高资金运行效率的一系列经营活动。

供应链金融属于金融创新业务，虽然很早就已经产生了，但发展缓慢，近年来得益于互联网的发展，供应链金融已经成为金融中介机构、金融信息服务机构以及企业增强自身竞争力、拓展发展空间的一个重要领域，也为供应链上各成员提供了一种新的融资渠道。

2017 年，国务院办公厅印发《关于积极推进供应链创新与应用的指导意见》，将供应链发展上升为国家战略方向，这也是国家首次为供应链金融的发展指明方向。在这一背景下，供应链金融已经成为与产业发展关系最为密切的金融形态。

2017 年的全国金融工作会议提出“要让金融回归本源，服从服务于经济社会发展，把更好地服务实体经济作为金融工作的出发点和落脚点”。随着这一意识的逐渐增强，供应链金融逐渐成为热点，几乎各个行业都在关注供应链金融的创新与发展。

对于供应链金融的繁荣发展，我们要理性对待。当前有些企业开展了变味甚至走样的供应链金融创新，比如假借供应链金融的名义从事套利、套汇和套税，搞重复虚假仓单等欺诈行为，这些都对供应链金融的健康有序发展造成了严重损害。因此，要想推进和发展供应链金融创新，有必要事先了解供应链金融发展的前提和条件。

供应链金融要想创新和发展，需要具备两个基本要素：一是建立在产业供应链基础上，重构产业供应链，实现产业转型，将企业有机融入到产业网络体系中，建立起共赢和共同发展的产业生态，不然在产业秩序和产业竞争力都没有形成的情况下大谈供应链金融，只会使其走样变形，误入歧途；二是让金融回归理性，不要幻想在短期内获取暴利，而是要真正服务于产业活动，使金融发挥推动产业发展的作用，以便使金融和产业双向促进，形成良性循环。

对供应链金融的探索要遵循一条科学合理的道路，可以基于以下视角展开。

1. 寻找创新性的手段来解决中小企业的融资难问题

中小企业融资难问题一直是困扰中小企业发展的重要因素。到目前为止，银行信贷仍然是中小企业最主要的融资渠道，但由于中小企业的资信状况较差，抗风险能力弱，也没有足够的抵押担保，银行为了降低自身风险，很少愿意为中小企业融资，而是把重点放在大企业身上。为了突破两者之间的隔阂，寻找新的融资模式就成为了当务之急。因此，创建供应链金融模式成为解决中小企业融资难问题的关键。

2. 高度关注系统性防范金融风险的问题

防范系统性金融风险已成为目前发展互联网金融最需要关注的问题。目前在国内出现了很多泛供应链金融现象。一些经营者以供应链金融的名义进行套利套汇，从而获得不法收益。这样的行为不仅没有对金融市场和产业经济产生正面作用，反而严重危害了经济的良性运行，造成供应链金融行业的混乱。因此，一定要认清产生投机性金融行为的环境因素，认识到这些系统性金融风险，加强金融市场的宏观管理，保障供应链金融良性发展。

3. 建立有利于供应链金融的生态系统

供应链金融的发展有赖于建立一个生态系统，该系统包括制度层面、产业层面和微观层面。在制度层面，供应链金融需要政策、制度和法律法规的支持；在产业层面，我们要认识到供应链金融不仅是商业银行的行为，还是各产业创新的共同发展方向，平台要利用互联网和大数据再造产业交易过程，以推动金融活动进行；在微观层面，供应链金融涉及各个参与者，包括产业参与者、信息化平台、综合风险管理者、资金流动性提供者等，只有这四者通过协调和整合，才能为供应链金融的开展提供稳定有序的保障。

4. 充分利用互联网与大数据为供应链金融提供技术保障和风险管控

到了互联网供应链金融阶段，供应链金融的核心就是对融资企业进行整体评估，从行业、供应链和企业信息三个层面对融资企业进行系统分析和评判，然后根据结果判断其是否符合融资条件。在对企业进行系统分析时，所有信息都来源于企业之间基于互联网的信息交互和建立的大数据。可以说，互联网和大数据为目前的供应链金融有效运行提供了可靠的技术保障。

本书由陈晓华老师和吴家富老师负责框架结构设计和统稿，共 12 章，介绍了与供应链金融相关的概念，分析了供应链金融的基本业务模式，从生产运营、贸易流通、物流、商业银行、电子商务等方面分析了供应链金融在各产业情境中的表现和作用，并且从智慧供应链角度，重点讲述了互联网供应链金融的形态，作者以 P2P 形态供应链金融为例进行分析，最后探讨了供应链风险管理控制以及供应链金融行业的未来发展。

本书在策划与出版过程中，得到了北邮在线集团、北邮在线金融科技研究院、沐盟集团、金惠家社区服务有限责任公司、河北万谷供应链管理有限公司等单位的大力支持，出版指导委会对本书内容进行了总体把关。在具体写作过程中，我们得到了邮系移联（北京）教育科技有限公司的大力支持。北邮在线金融科技研究院对于本书的写作与出版，给予了全方位的支持。北邮在线金融科技研究院致力于中国普惠金融教育与金融科技研究，目前已经开发出中国首个互联网金融线上教育平台及互联网金融教育实践平台。上述多家机构协同合作，打造了包括本书在内的一系列互联网金融培训教材。

在此，对卢明明、崔慧勇、高方涛、樊红梅、卢光光、康翠娟、卢亮和梁银亮、杨智清、王璐等人在本书写作过程中给予的大力支持和帮助深表感谢！

在本书写作过程中，我们得到了很多同行以及相关行业的朋友的大力支持，尤其是中国人民大学商学院教授宋华老师，更是为本书的编写工作提供了很多指导与帮助，在此由衷地向他们的辛苦付出深表感谢！

由于金融科技迅猛发展，对各行各业的颠覆性影响不断出现，供应链金融业务处于不断创新与探索过程之中，理论与实践都处于不断探索与完善之中，同时受编者能力的局限，书中难免有不足和错误之处，欢迎广大读者批评指正，让我们共同为推进供应链金融发展贡献一份力量。

目　录

第一章　初识供应链金融

在激烈的市场竞争中，充足的资金流对于企业来说十分重要。很多中小企业有很好的发展机遇却因为现金流不足而发展缓慢，而供应链对中小企业有着不可或缺的意义，因此，在供应链各环节解决中小企业的融资问题就显得十分必要，供应链金融也因此顺势产生，供应链中参与各方需要正确理解在供应链中利用金融和财务的方法解决资金流问题。

一、产生供应链金融的基础

供应链金融来源于供应链管理。传统的供应链管理要求企业将顾客所需产品在合理的时间，按照正确的数量、质量和状态送达正确的地点，以此来最小化成本。不过，随着经济全球化与网络化的发展，不同地区、国家或者公司、产业之间的距离越来越小，彼此的联系和沟通加快。然而，大企业和经济强国在供应链中占据非常大的优势，而中小企业和落后地区则处于劣势，成为供应链的短板。这无疑制约了全球供应链的发展。

为了稳定供应链，减少供应链的整体成本，在新时代下，企业开始重点提升资金流效率，供应链金融由此应运而生。我们可以从微观和宏观两个层面来剖析供应链金融产生的基础。

（一）微观基础

供应链是一个极其复杂的经营管理过程，企业上下游之间的供货、采购和销售在正常情况下良好地运转，但随着赊销成为贸易主要方式，资金缺口逐渐成为各个企业发展的阻碍。

例如，上游的大型企业在下达订单与收货之间存在资金缺口；下游中小企业与原料供应商也存在资金压力；经销商销售产品与收到货款之间也存在资金缺口。在整个供应链上，支付现金和实际接受现金一直存在着时间差，这就产生了现金转换周期，从而对上游企业造成资金上的压力，导致现金流短缺，严重影响正常的生产经营活动。

1. 结构性融资需求

赊销带来了企业的资金缺口，而正是资金缺口带来了结构性融资需求。结构性融资是指企业将拥有未来现金流的资产剥离出来进行融资。我们还可以这样理解，企业将它的特定资产用现金资产的形式从资产负债表中置换出来，在保持资产负债率不变的情况下，增加高效资产。我们之所以称其为“结构性融资”，主要是因为从财务报表的结构角度考虑其资产的置换。

2. 供应链各成员之间的非良性竞争

由于存在资金缺口，供应链成员之间存在着利益冲突。尽管中小企业有着更为灵活的运营成本管理，但它们过于依赖大型企业，不能掌握定价权。当大型企业出现拖延支付的情况时，中小企业的现金流极易发生问题。同样，对于大型企业来说，由于它面对的中小企业过多，经常会因为弹性支付而产生信用、账单、收集以及坏账等问题。

解决供应链成员之间的矛盾有以下三种方案可选择，具体如图 1-1 所示。

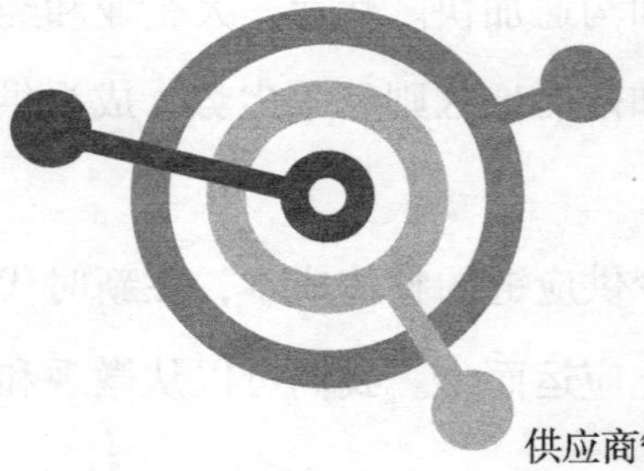

图 1-1　供应链成员之间的矛盾解决方案

（1）单方面延长支付

这种状况往往发生在比较强势的下游客户对比较弱势的供应商的交易中。比如，有的客户要求延长支付周期至 30 天或 60 天。这种做法虽然有利于下游客户的资金流动，但对上游供应商的资金流带来了重大影响。这就使得供应商面临着极为严峻的融资压力，融资成本增加无疑会影响供应商在产品质量上的专注度。

（2）早期支付折扣计划

假如下游客户可以提前支付货款，他们可以获得较好的交易价格。虽然这样做在一定程度上能够解决上游企业的资金问题，但上游企业很有可能会将折扣算入价格，提高下游客户的供货价格。另外，由于在国际贸易中报关的价格要与实际交易价格一致，所以会涉及非常复杂的手续。

（3）供应商管理库存系统

供应商管理库存系统是以供应商和下游企业双方的成本最低化为目的，双方签订协议由供应商管理下游企业的库存，直到下游企业的产品都被使用时才进行所有权转移，从而使得库存管理得到不断改善的合作策略。

这样做不仅可以减少下游企业的资金占压，保障供货及时，对供应商而言也有利于其掌握客户信息，合理安排生产工作，避免压库或者死库。但是，供应商从该系统中虽然获得益处，但也有了一些不便之处。因为库存不仅占压资金，而且凭借库存融资也很艰难，因为商业银行觉得库存难以监控，无法对其进行贷款融资。

上述三种解决方案都有各自的缺陷，这使得资金链、信息流以及商流或者物流无法融合，导致供应链系统效率低下，因此在供应链运作过程中，产生了一系列的资金问题。为此，市场需要一个能够整合供应链各成员的生态系统，而供应链金融正是这样一个产融结合的供应链生态系统。

（二）宏观基础

除了微观基础之外，产业方面的影响同样推动了供应链中金融问题的产生。可以说，供应链金融是国际贸易大环境下的产物。

1. 供应链全球化与金融全球化

经济全球化具体表现为生产、贸易与金融的全球化。在此背景之下，生产出现国际分工，并且走向细化与纵深化，同一生产流程内部各零部件之间都存在国际分工与交换。随着分工细化与纵深化的发展，跨国企业不断发展壮大，全球经济表现出“生产—研发—销售一体化”的特征。

传统产品的价值链变得更加碎片化，每一个企业或者地区都有可能成为全球化生产链中的一环。由于这一现象的产生，国际贸易的总量与金额不断增长，贸易范围不断扩大，于是全球化的大市场逐渐形成。

贸易全球化必然带动资金流动的全球化，使得金融全球化的进程加快。金融全球化不仅使资金在全球范围内进行高效的流动，而且也使资金在全球范围内寻找收益更高的地区或者国家的行业及项目。由于资金对高收益嗅觉敏锐，全球经济效率不断提高。

生产链和供应链在全球化背景下日趋紧密，供应链的金融服务全球化势在必行。在国际贸易全球化的趋势下，金融市场必然要以供应链为中心提供更加灵活、高效、风险可控的金融产品与融资模式。供应链金融便在这一背景下产生了。

2. 中小企业面临信贷摩擦

由于全球产业分工链条不断深化，中小企业逐渐参与到全球分工中。这样一来，这些企业的采购、贸易和融资需求不断增加。但是，由于中小企业位于产品价值链末端，自身没有定价权，因此要想走向价值链上层，就不得不发展壮大自身的规模与实力，也就必须进行贸易融资。然而，由于中小企业的融资渠道非常单一，几乎只能依靠银行信贷进行融资，再加上中小企业的资信状况较差，无法抵抗风险，商业银行为了减少呆账与坏账，往往不愿意融资给他们，因此中小企业融资难度很大，即使成功融资，成本也较高。所以，实际情形便是中小企业在信贷市场上存在非常严重的信贷摩擦。要突破这种困境，中小企业必须寻求新的融资模式。

3. 传统金融机构需要新的利润增长点

在我国商业银行体系中，商业银行的利润来源主要是存贷利差，这主要得益于存贷利率管制形成的高利差环境。尽管商业银行可以“躺着赚钱”，但随着利率市场化进程加速，商业银行一直以来依赖的高利差环境正在慢慢消失，银行之间的竞争变得越来越市场化。

由于我国的商业银行利润来源比较单一，利润生长点比较僵化，在利率市场化的背景下，商业银行的盈利水平不断缩水。同时，国内商业银行的经营管理与服务项目同质化现象严重，银行间的竞争环境变得越来越恶化。

与此同时，随着投融资体制改革，融资市场不断完善，一些具有雄厚实力的大企业能够自行发行股票或者债券来进行融资。这使得银行融资越来越少，银行在融资市场的份额不断下降。鉴于残酷的市场竞争带来的创新压力，再加上新形势下企业需求的变化，商业银行逐渐开始尝试对供应链展开金融服务。

正是由于上述微观与宏观层面的共同作用，供应链金融逐渐得到推广，成为了新经济环境下的一种重要金融模式。这种模式有效地解决了中小企业融资难的问题，在全球产业分工背景下，很好地实现了金融资源与产业资源的结合。

二、供应链金融的概念及其特点

供应链金融来源于供应链，主要目的在于解决供应链中的中小企业融资难问题。由于供应链是供应链金融的来源，我们有必要先详细了解供应链。

（一）供应链的概念

供应链的含义并不是一成不变的。供应链的传统定义是指制造企业的一个内部过程。制造企业从外部采购原材料或者配件，通过生产、加工、装配和销售等活动传递给消费者。这个时候供应链的定义只是局限在企业内部的操作层面，重点是对自身资源的利用。

具有现代意义的供应链概念是这样的：以核心企业为中心，通过掌控物流、信息流、资金流和商流，在采购、加工、制成产品到销售的过程中，供应商、制造商、分销商、零售商以及消费者构成整体性的功能网链结构模式。供应链的上下游之间存在供需关系，因此，我们可以将供应链看作供需关系二元结构。

供应链并不只是简单地把产品以供应商那里送到消费者手中这一过程，这一过程中还存在增值，位于供应链上的每一家企业包括消费者都能从中获益。因此，供应链也可以说是涵盖整个产品运动过程的增值链。

供应链包括物资流通、商业流通、信息流通以及资金流通四个流程，如图 1-2 所示。

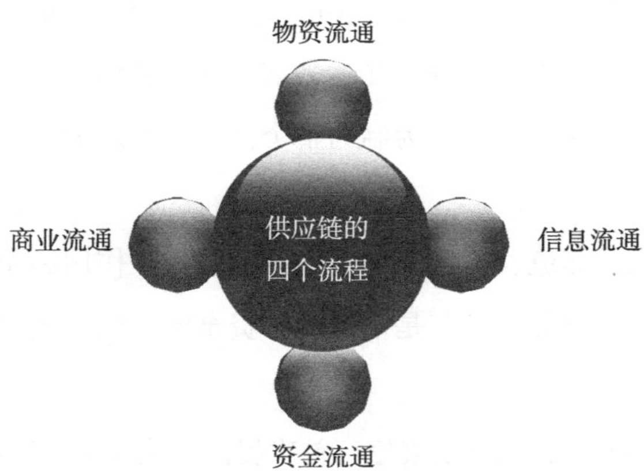

图 1-2　供应链的四个流程

1. 物资流通

物资流通是指物资的流通过程，主要是连接生产与消费，将商品送到消费者手中。一直以来，物资流通具有非常重要的地位，很多企业也将低成本发送商品作为重点课题。

2. 商业流通

商业流通主要是买卖的流通过程，比如订货、签订合同等流程。在互联网时代，商业流通形式变得多样化，店面销售、上门推销、网络销售与线上销售线下服务逐渐兴起。

3. 信息流通

以往，人们注重物资流通，而对信息流比较忽视。所谓的信息流通，指的是商品和交易信息的流通。信息流是在供货商和消费者之间进行双向流动的。随着业务越来越复杂和细分，信息流通变得越来越重要。

4. 资金流通

资金流通，指的是货币流通。资金流通是企业正常运转的保障，对于建立完整的经营体系极为有利。资金流通主要包括资金的及时回收、投资以及融资等。

现如今，企业之间的竞争早已变为供应链之间的竞争。在这一背景下，企业必须和其他企业联合起来，以供应链的形式与其他供应链展开竞争，而供应链的竞争则少不了供应链金融的支持。

（二）供应链金融的概念

供应链金融是一种新型的融资模式，主要是为了解决中小企业的融资难问题。它将资金流纳入供应链管理中，不仅为供应链上的各企业提供贸易资金服务，还能为中小企业提供新型贷款融资服务。在这之前，资金流动只是辅助流程，而在供应链金融的情况下，资金流动已经成为制约整个供应链发展的关键，得到越来越多的关注。

供应链中的物流、商流、信息流和资金流已经相互作用和相互影响，早已不是单个概念，成为了一个整体，尤其是信息流和资金流，供应链中的所有行为都有它们的身影。

在国内，2006 年 6 月，深圳发展银行首次提出了供应链金融的概念，与此同时，它还推出了多款供应链金融产品。其他银行机构纷纷效仿，相继推出具有各自特色的供应链金融产品。自此以后，供应链金融在国内开始迅速发展。

国内对供应链金融的定义普遍认为：供应链金融是指以核心客户为依托，在真实贸易的背景下，运用自偿性贸易融资方式，通过应收账款质押登记、第三方监管等手段封闭资金流或者控制物权，以此来为供应链上下游企业提供的综合性金融产品和服务。

换句话说，供应链金融是一种独特的商业融资模式，它依托核心企业，对单个企业或多个企业提供全面的金融服务，从而稳固供应链上核心企业与上下游企业之间的产供销链条，降低运作成本，使银行、企业和供应链和谐共存，持续发展。

供应链金融通常为“M+1+N”模式，核心企业为“1”，供应商为“M”，分销商或客户为“N”，核心企业为供应商和分销商或客户提供综合金融服务。

从模式上看，供应链金融比传统金融更便捷，融资企业的议价能力也得到显著提升，如图 1-3 所示。

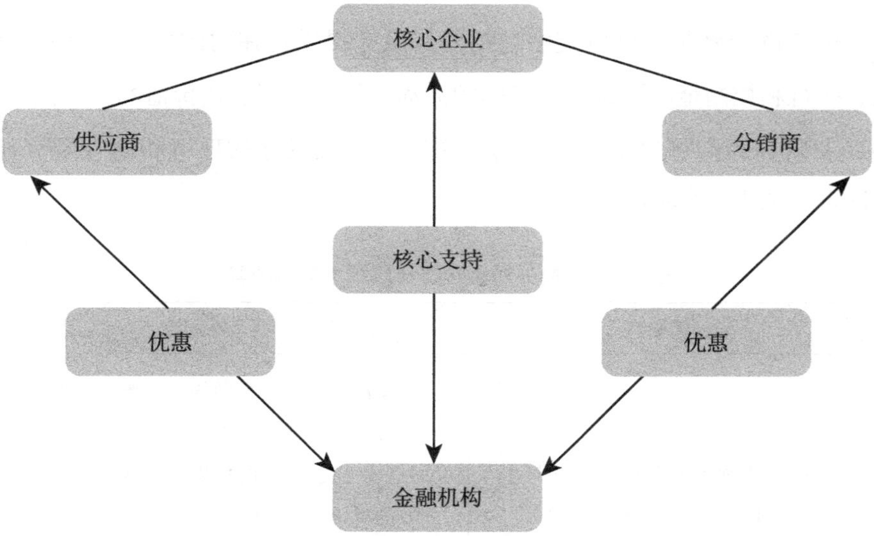

图 1-3　供应链融资模式下，银行与各企业的关系

在国外，首次提出供应链金融概念的学者认为，供应链的成员可以与供应链外部为其提供金融支持的金融服务提供者开展协作，以此来实现供应链的目标，考虑到物流、信息流和资金流进程，全部资产和供应链参与主体的经营，这一过程就被称为供应链金融。

由此可以看出，供应链金融非常看重金融主体与参与企业之间的协作关系。协作关系的建立可以促进供应链的商流、信息流、物流和资金流的结合。

国外对于供应链金融并没有统一的定义，除了上述定义外，还有以下几种定义。

（1）供应链金融属于订单周期管理，涉及订单、记账、支付过程和计算机信息系统的任何活动，都是供应链金融的重要方面。

（2）供应链金融是供应链管理与财务工具相结合的一种方式，旨在降低固定资产、库存和在途物资，通过改善物流和信息流的交互，包括订单处理、债务和负债管理，改善在途时间、预付款和付款期限。

（3）供应链金融可以被定义为一个服务与技术方案的结合体，将需求方、供应方和金融机构联系在一起，降低金融成本、提高透明度，优化可用性和现金交付。

（4）供应链金融的核心是关注供应链内的融资和结算成本，以此构造出优化供应链成本流程的方案。

（5）供应链金融是一种在以核心企业为主导的企业生态圈中，优化资金的可得性，降低成本而进行系统优化的过程。

（6）供应链金融是指供应链中包括外部服务提供者在内的两个以上的组织，通过计划、执行和控制金融资源在组织间的流动，从而共同创造价值的一种流程。

从以上内容我们可以看出，国内对供应链金融概念的理解和国外既有相同点，也有不同点，如表 1-1 所示。

表 1-1　国内外对供应链金融概念理解的异同

<table>
<tr><th></th><th>相同点</th><th>不同点</th></tr>
<tr><td>国内</td><td rowspan="2">（1）将供应链与金融相结合的方式首先从供应链融资开始
（2）对于基础的供应链融资产品来说，运行的机理逻辑和模式基本一致</td><td>（1）只看到供应链金融的一个侧面，把供应链融资看作供应链金融的全部，研究领域上较窄
（2）对供应链金融的探索局限在金融机构，以银行的视角来介绍供应链金融</td></tr>
<tr><td>国外</td><td>（1）不仅局限在融资功能，还加入了对资本结构、成本结构和资金流周期等问题的研究
（2）除了商业银行等金融机构，对供应链金融的研究还包括供应链企业的金融行为</td></tr>
</table>

综合国内外对供应链金融的理解，我们可以总结出这样的一个观点：供应链金融是一种集物流、商业和金融运作为一体的管理行为过程。在这一过程中，贸易的买方、卖方和第三方物流以及金融机构紧密联系，用物流盘活资金，用资金拉动物流，而金融机构如何更有效地参与到供应链网络中，与企业展开合作，在控制风险的基础上保证供应链有效运行，是供应链金融的关键问题所在。

（三）供应链金融的特点

供应链金融的特点概括起来主要包括以下几个方面。

1. 参与主体多元化

供应链金融的参与主体不仅包括传统的信贷模式中的金融机构与融资企业，还增加了核心企业和物流企业。作为新增的主体，核心企业和物流企业在供应链金融中发挥着重要的作用。

核心企业为供应链金融提供信用支持，它的运营状况对供应链的运行情况有着至关重要的影响；物流企业则扮演“中介者”“监管者”和“信息中心”的角色，不仅为中小企业提供专业与定制化的物流服务，还利用质押物为中小企业做担保，除此之外，还为银行提供仓储监管、质押价格评估和拍卖等中间服务，充分发挥其在物流管理、资产设备以及人才上的优势，弥补了银行等金融机构在质押物监管等方面技能的缺失。

2. 具有自偿性、封闭性和连续性的特点

所谓自偿性，指的是企业还款的来源主要是贸易所得的货款，通过操作模式的设计，还款企业的销售收入会自动导入银行的特定账户。

封闭性指的是银行等金融机构通过设置封闭性贷款操作流程来保证款项专用，借款人不能用于其他用途。

连续性指的是同类贸易行为在上下游之间会持续发生，在此基础上的授信行为也可以反复进行。

3. 突破了传统的授信视角

供应链金融的授信针对的是整个供应链，授信方式为“1+N”模式，即围绕核心企业寻找供应链中客户的资金需求，这可以大大降低客户的开发成本，也可以增加企业对银行的依存程度。

不仅如此，供应链金融还改变了银行对中小企业的授信方式，中小企业融资的门槛变低。银行等金融机构不再考察中小企业的静态财务报表，而考察其在供应链金融中的交易背景。

4. 风险相对可控

供应链金融服务要求资金进行闭合式运作，也就是第二点所说的封闭性。供应链金融要对资金流、贸易流和物流进行有效控制，使融资运用合理，限制其运用在可控范围之内，按照具体业务逐笔审核发放，并及时回收与监管未来的现金流，达到风险控制的目标。也就是说，在供应链金融服务过程中，资金流、物流都应该按照合同规定的模式来流动，这无疑减少了风险。

（四）供应链金融与传统金融的异同

供应链金融与传统金融都以满足融资需求为目标，但供应链金融更为灵活，能够为企业提供个性化解决方案，两者之间的不同主要有以下几点。

1. 服务对象有所不同

传统金融的主要服务对象是大型企业、核心企业或极具潜力的企业，中小企业获得融资几乎“难于上青天”。

供应链金融的主要服务对象是供应链中的核心企业以及上下游的中小企业。金融机构考察中小企业在供应链中的地位和与核心企业的交易记录，作为金融机构决定是否为中小企业融资的重要依据。

2. 抵押标的不同

传统金融多需要企业以固定资产，尤其是不动产作为抵押物进行贷款。

供应链金融是在供应链内部封闭授信，将购销过程中产生的动产与货权抵押给银行进行贷款，这其中就包括应收账款、预付账款以及库存等。供应链金融的融资严格限制在中小企业和核心企业之间的贸易。

3. 授信条件不同

在传统金融中，企业一般要抵押不动产，所以金融机构很少担心还款来源，就算企业经营状况不佳，不动产也可以补偿损失。

在供应链金融中，由于还款来源的自偿性，以核心企业的信用作为担保，交易中的购销行为作为贷款依据，再加上金融机构与物流企业合作，可以起到货押监管的作用。

4. 融资方式不同

传统金融多是担保融资，尤其是不动产抵押担保。

供应链金融则为信用融资，以核心企业的信用情况以及链条中企业在供应链中的地位为依据，以交易行为为基础进行贷款。

5. 风险把控程度不同

传统金融的人工成本、时间成本以及风险识别成本都较高，金融机构参与的时候，只是与对应的融资企业进行沟通，对风险的把控较差。

供应链金融模式下的金融机构对融资企业及其所在环境以及所处地位进行综合授信，可以使风险被控制在既定范围之内，与此同时扩大业务量，实现企业与金融机构的双赢。

6. 融资企业话语权不同

传统金融模式下，融资企业一般处于弱势地位，融资成本很高，在手续与时间上都备受压榨，资金运转效率不是很理想。

在供应链金融模式下，融资企业有核心企业的信用作为保护，把个体信用扩展为企业链信用，话语权得到了提高，与金融机构的关系也得到了改善。

表 1-2 直观体现了供应链金融对比传统金融的优势。

表 1-2　传统金融与供应链金融的对比

	传统金融	供应链金融
授信主体	大型企业、核心企业等	核心企业与上下游中小企业
授信条件	担保、动产抵押	还款来源自偿性，动产或货权抵押
融资渠道	银行	银行或其他非银行机构
参与程度	跟踪融资企业	跟踪整个经营过程
融资及时性	手续复杂，效率低	高效、及时
达到的效果	解决核心企业的融资困境	盘活整个供应链资产
信息披露	不充分	闭环交易，信息易检测
风险对比	道德风险与信用风险高	信用风险低，但核心企业承担较高道德风险

三、供应链金融的功能

供应链金融的功能是指协作供应链的职能，而不仅是单个组织的职能。以前，我们会认为从组织之外获取的资源是外部资源，但由于在供应链金融生态下，公司内外部发生了转变，我们把协作成员当成一个大整体。因此，这个整体之外的组织所提供的资源才能被称为外部资源。这样虽然与传统的观念有所相悖，但实际上融资手段并没有发生改变，只是内部融资的选择性变多了。

供应链金融的功能主要有三点，如图 1-4 所示。

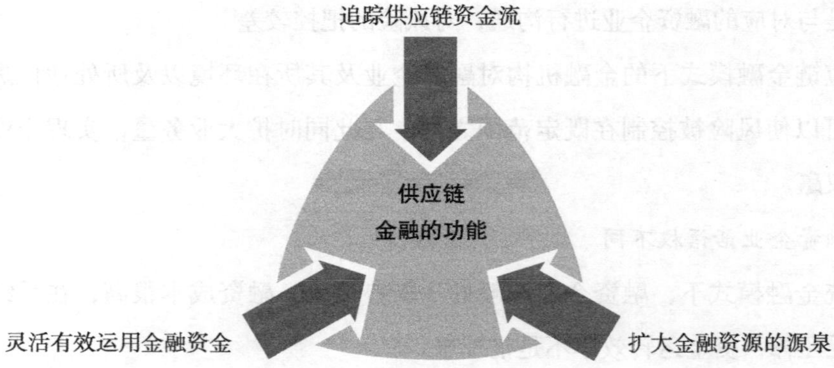

图 1-4 供应链金融的功能

（一）追踪供应链资金流

之前，企业与企业之间是竞争关系，在供应链金融生态下，它们开始展开合作，建立协作型战略关系。因此，我们需要重新审视企业的会计制度体系。在供应链金融环境下，会计处理所有相关流程的识别、测量与交流，还要向协作方说明流程的运作情况。

除了会计制度体系以外，传统中效率是测量绩效的重要指标，而在协作战略背景下，交付时间、缺货比率和交付柔性都有了一定的重要性。除了绩效指标以外，收益率和流动性等财务指标也应该加以考虑。

除了以上基础指标以外，不同供应链成员之间的金融资源流动是供应链金融的核心。能够追踪资金流动情况，是资源重新分配到更有效率的地方的一个重要前提。如果要识别、测量和交流真实的现金流数字，就必须追溯到支付的源头。这对于静态的资产负债表和收入表来说，其无法综合反映某一段时间内的现金流情况，因为这种方法并不能反映资金来源、使用和发生的时间，也不能揭示交易的原因。由于要想协作改进资金流管理必须能够正确反映资金来源、使用和发生的时间和交易原因，所以静态的资产负债表和收入表并不适合这一情况。

对于供应链金融来说，信息随时可得是至关重要的，而传统的静态会计核算方法总是以一季度、半年或者一年等周期为单位，难以跟踪持续的现金流。

要想使供应链金融成功实施，一个最基本的驱动因素便是建立正确的会计核算体系，也就是权责发生制与收付实现制的混合。

所谓权责发生制，指的是凡是当期已经实现的收入和已经发生或应当负担的费用，不论款项是否收付，都应当作本期的收入和费用，反之则不作为本期收入和费用。

收付实现制指的是凡是当期实际收到的现金或者支出，都应作为当期应计的收入和支出，反之则不作为当期应计的收入和支出。

为了能够使供应链各成员追踪到价值创造过程中的支付交易，成员应该共同建立一个会计核算中心，从而获得相应的财务信息，避免信息偏误带来的分歧和风险。

（二）灵活有效运用金融资金

在供应链金融体系下，所有的物流职能都有可能产生协作投资，比如订单处理、库存、包装和运输等。当进行投资决策时，供应链各成员需要同时考虑费用和投资收益。费用易测量，投资则有以下特性，如图 1-5 所示。

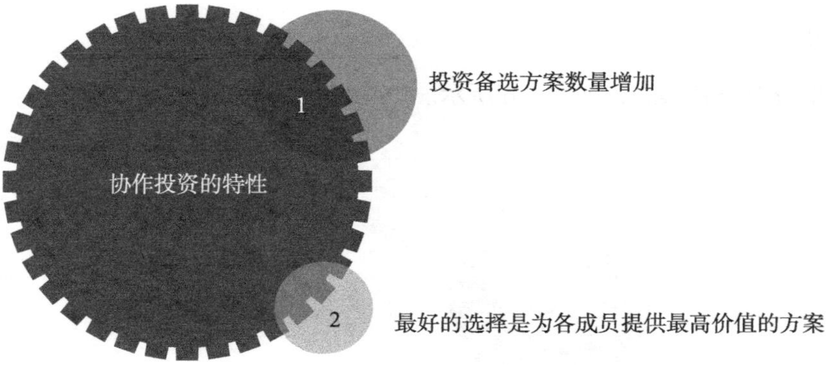

图 1-5　协作投资的特性

1. 投资备选方案数量增加

协作投资就意味着各成员共同投资于某一对象，由于这件事情不能由一家企业做决定，那么，投资备选方案的数量也就增加了。我们打个比方，假如一家生产型企业想要加强采购流程，从企业自身来说，它可以投资建仓库，或者引入先进的货物处理流程。但供应链其他成员，尤其是与这家企业有着金融协作的重要供应商提出了一个新的选择：对供应商分销仓库进行联合投资，对于加强企业的采购流程会更有利。

2. 最好的选择是为各成员提供最高价值的方案

要想向各成员提供最高价值的方案，就需要在权衡不同的方案时考虑成员的现金流情况。例如，供应商有两种订单跟踪体系可供选择，第一种在财务上非常具有吸引力，但从协作的角度考虑，供应商的客户与合作伙伴更倾向于另一种体系，因为它可以节省不少的费用且方便与合作伙伴进行联系，这样一来，第二种体系是更好的选择。

（三）扩大金融资源的源泉

供应链成员和服务提供商之间所提供的商品和服务需要进行支付，因此产生了融资需求，最常见的两种方式为内部融资与债权融资。

我们知道，供应链金融的一个本质就在于资金的流动，而传统上企业内部融资的分类是静态的，主要来源于资产负债表，也就是说，企业内部融资来源主要是企业的自有资金、未分配利润、折旧和资产置换。当我们从资金流动的角度来看待内部融资时，这种分类便不复存在，毕竟它没有发生资金的支付和流动。内部融资中的资金来源只代表一种现金流入，但在资产负债表中，利润不能代表现金，因为它不能用于花费。

债权融资有三种形式，如图 1-6 所示。

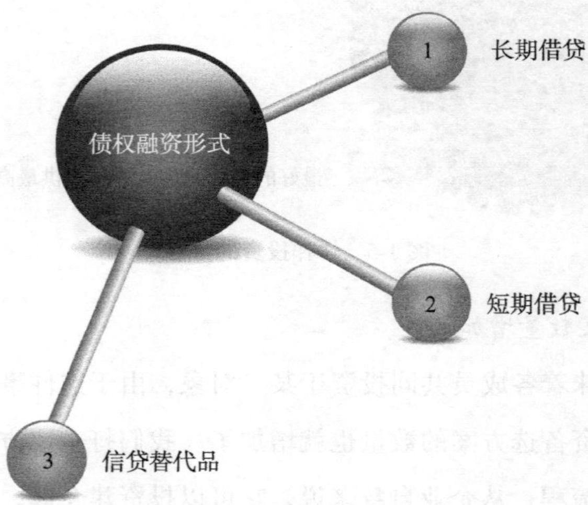

图 1-6　债权融资形式

企业债权融资主要受公司信用等级、证券价格与债权人意愿等因素的影响。由于知识与资本的集中，供应链金融使各成员获得资本与融资成功的可能性得到了大幅度的提高，债权融资的选择范围得到了扩大，链上企业融资的境况得到改善。

四、供应链金融生态系统

现代经济社会的持续发展需要金融支持，而金融的良好运行必须有一个良好的金融生态环境。供应链金融同样如此，要想持续健康地发展，必须建立供应链金融生态系统。供应链金融生态系统可以划分为三部分：供应链金融的环境影响者、供应链金融的行为主体和供应链金融的功能执行者。供应链金融生态系统不是静态系统，而是动态平衡系统，它由以上三部分相互作用、相互影响而形成。

图 1-7 所示为供应链金融生态系统。

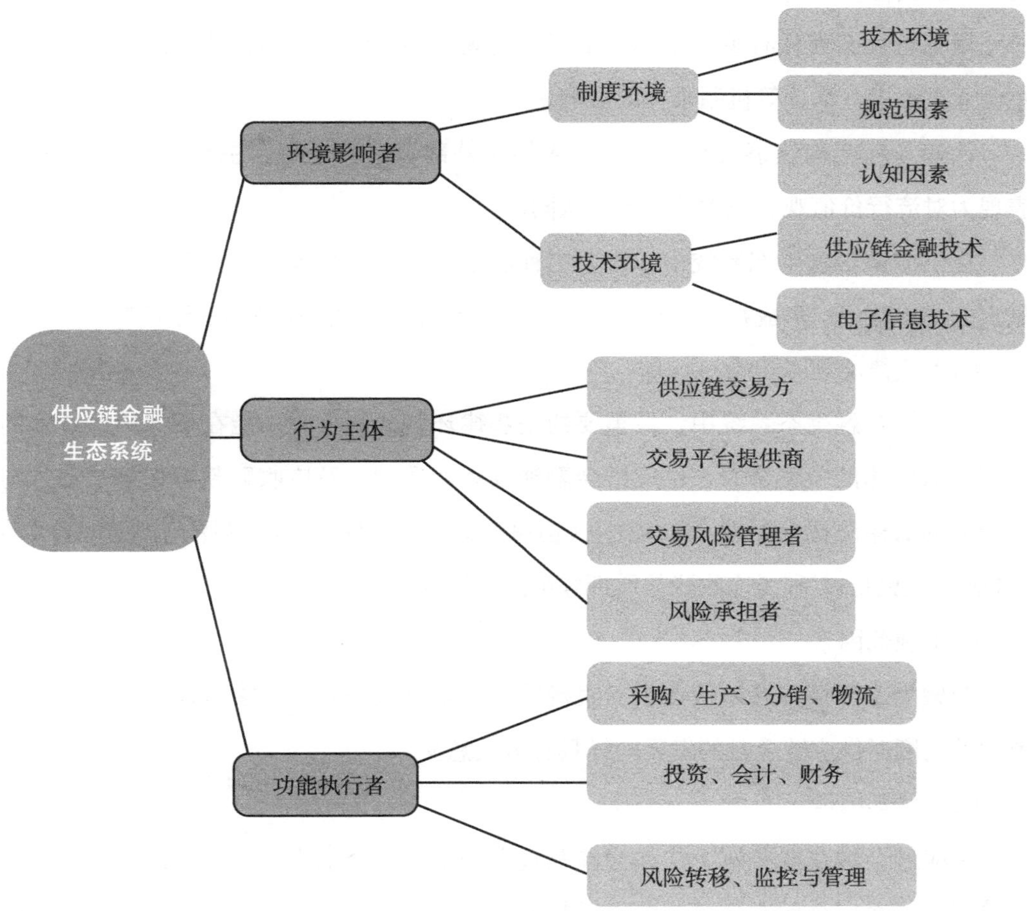

图 1-7　供应链金融生态系统

（一）供应链金融的环境影响者

供应链金融的环境影响者不是具体指某个特定的主体，而是指推动环境发展的个体或组织。这是一个宏观层面的概念。环境影响者主要有两类：一是制度环境，二是技术环境。

1. 制度环境

制度是由人设计出来的，在社会中不断演化，规定限制了人们互相交往的规则，对社会经济增长起到了决定性的作用。

制度包括三个维度，即管制、规范与认知。

管制与法律法规或类似的细则有关，它利用奖励与惩罚机制来约束人的行为，是一种工具性质的制度系统。

规范与社会责任有关，主要侧重于社会规范和群体共享的价值观内容。这种规范会通过证书、认证等机制来扩散影响。

认知与社会构建事实有关，属于人们对外部事实的了解，主要依靠学习模仿，表现为对流行价值观、说教等内容的认同。

在供应链金融生态系统中，以上三种制度维度的影响也有所体现，主要为政府制定的法律法规、形成社会性约束的第三方体系以及组织或企业间的惯例等。

（1）法律法规

供应链金融生态系统中，最重要的是法律环境，其核心功能在于保护信贷人的权利。从法律的角度来看，供应链金融涉及动产质押以及应收账款担保等活动，与之相关的法律法规主要有《物权法》《担保法》以及担保法司法解释、《合同法》《动产抵押登记办法》和《应收账款质押登记办法》等。

（2）规范因素

金融生态环境涉及诚信体系、银行监管和金融电子系统等多方面建设，这些规范性的制度对供应链金融的发展同样具有重大意义。

（3）认知因素

供应链金融在业务链上往往会涉及资金需求方、金融服务提供商以及第三方物流等三角关系。金融服务提供商以质押物的质量为关注点，一般会对质量做出明确的确认和约定，而其对质押物的质量检验往往会交给指定监管人，多由第三方物流企业处理，这便形成了典型的“委托—代理”关系。

2. 技术环境

技术环境包括供应链金融技术与电子信息技术。供应链金融的发展需要以完善的信息技术为基础，因为信息技术可以帮助供应链金融的各方参与者及时掌握供应链运行情况、资金运用效率以及不同阶段的风险及其程度。

当然，信息化本身也是供应链金融的主要内容，比如电子化票据。因此，这些技术环境的创造者也是供应链金融的参与者。

（二）供应链金融的行为主体

供应链金融的行为主体即机构参与者，是法律及经济上相互独立的组织，是它们协同参与了供应链金融运行的整个过程。供应链金融的行为主体主要分为供应链交易方、交易平台提供商、交易风险管理者和风险承担者四个类型。

1. 供应链交易方

供应链的活动主要发生在各企业之间，以及承运商和供应商与顾客之间。承运商负责对供应商的物料、物品和服务进行流通加工，而生产企业的原材料和物品则需要商业公司收购与分销，从而到达最终顾客。顾客可以是最终消费者，也可以是其他公司。

物流服务提供商，当其为供应链成员提供服务时，它才是供应链上的成员之一。在过去，物流服务提供商只是提供运输以及仓储服务，而现在随着物流服务产业的变化，物流服务提供商提供的服务范围也扩展了很多，包括价值增加以及行政服务，比如支付或者售后服务等。

除了以上参与者以外，参与者还包括特定的金融服务商、商业银行和投资者。所谓的金融服务商，分为广义和狭义两种。狭义的金融服务商是指所有为其他机构的投资与财务需求提供金融支持的机构；广义的金融服务商指的是所有有结算合同的机构，并非局限于供应链上的契约方，包括以上提到的狭义金融服务商、银行、保险公司的资本投资、证券投资或者风险管理。一般来说，供应链金融范畴包括的是狭义的金融服务商。

2. 交易平台提供商

交易平台提供商是指为供应链金融提供支持服务的主体，其服务主要包括为风险承担者或流动性提供者呈现电子账单与传递信息，它促进了采购订单、票据以及应收应付账款等文件的传递和信息整合，使参与各方都能及时了解供应链交易的过程与信用。

交易平台提供商主要提供两类职能，一是呈现，二是操作，如图 1-8 所示。

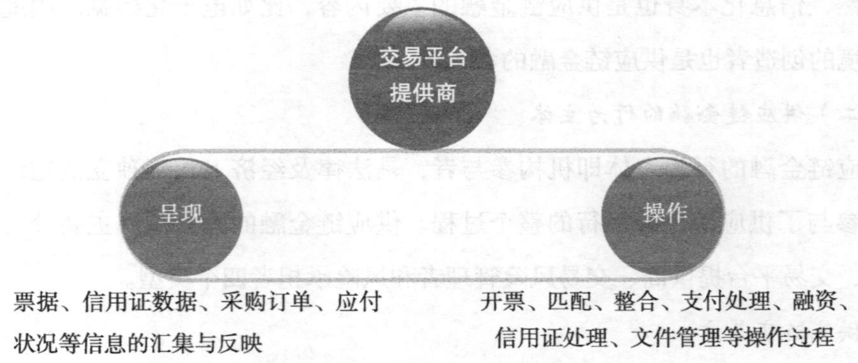

图 1-8　交易平台提供商的职能

交易平台提供商的核心在于健全信用风险管理，将呈现与操作相结合，设计出成本、风险最小化、获益最大化的方案。

3. 交易风险管理者

交易风险管理者拥有交易、物流数据，他们将得到的数据进行审核、分析、整合并呈现出来，使投资者依此做出相应的决策，从而使不同的经济主体，比如供应链买卖双方、第三方物流服务提供商、金融机构以及所有相关机构有机组织在一起从事供应链金融活动。

交易风险管理者承担的主要职责有四点，如图 1-9 所示。

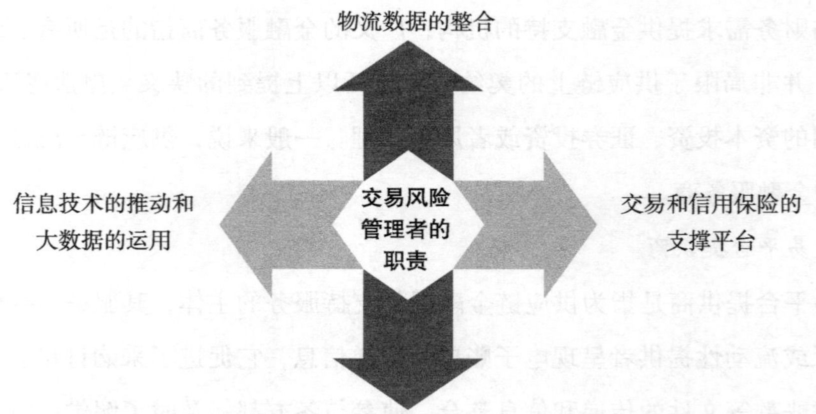

图 1-9　交易风险管理者的职责

（1）物流数据的整合

将物流数据与金融活动相结合，在某种意义上来说，是交易风险管理者最主要的职责。在供应链金融的运作过程中，最关键的是追踪并管理物流活动，物流服务提供商将物流信息传达给交易风险管理者，风险管理者需要检验这些物流信息是否完整可靠，并分析和整合各方面的信息，加工之后再传达给风险承担者供其决策使用。

如此看来，交易风险管理者要正确地把握物流状态，了解物流运行的关键控制点，因此它需要具备物流经营和管理的经验知识，从而避免出现信息偏差及其带来的严重后果。

（2）信息技术的推动和大数据的运用

物流信息与金融活动完美结合的保障基础是信息技术与大数据。物流信息在各方之间的传递必须依靠信息技术，而且信息集合之后的数据也要通过信息技术传递给风险管理者进行决策。

风险管理者之所以能够全面了解供应链的运行状况，控制金融风险，主要得益于信息技术以及大数据的运用。通过大数据，风险管理者可以把握各方交易特征、状态，以此来设计出合理的产品。

（3）交易和信用保险的支撑平台

交易风险管理者需要对交易和信用保险提供全面的支撑平台。因为供应链金融要想有效开展，需要运用交易和信用保险转移潜在的风险，从而推动供应链中资金流的有效运行。这就要求根据交易特点和产品状况与性质来选择金融机构或保险机构，并设计出相应的产品，与此同时，还要不断监控交易的进程和产品的情况，使保险有效转移风险，将风险控制在可接受范围内。

（4）促进融资行为

交易风险管理者通过日常的管理活动和设计安排，推动供应链中的企业开展融资活动，从而解决一些企业，尤其是中小企业的融资难问题。

4. 风险承担者

风险承担者也叫流动性提供者，它是供应链金融中直接提供融资资源的主体，同时也在最终环节承担风险。风险承担者一般包括商业银行、投资机构、保险公司、担保或保理机构以及对冲基金等。

风险承担者一般发挥三种职能，如图 1-10 所示。

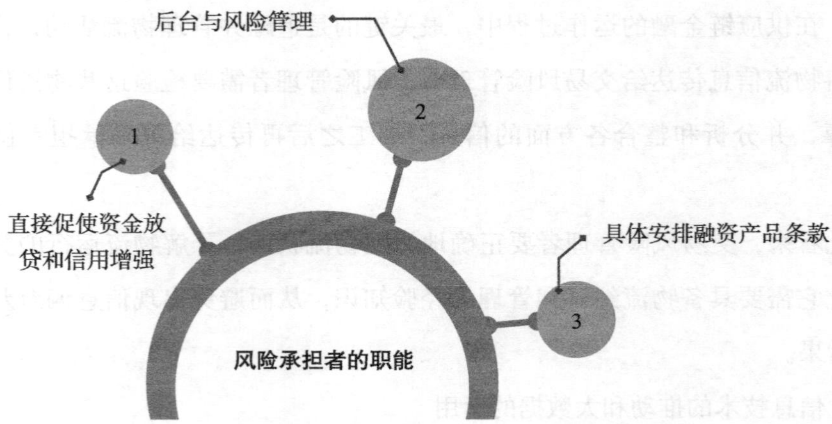

图 1-10 风险承担者的职能

（1）直接促使资金放贷和信用增强

要想实现这一目的需要具备两个要素：一是确立供应链金融业务标准，因为这些机构并不介入供应链的实际运行，如果没有标准，它们无法及时监控供应链交易的细节和过程，风险极大；二是管理贸易融资与资产融资之间的矛盾，将以前借贷业务中非常难以开展的资产和业务转化成可融资对象。

（2）后台与风险管理

尽管有交易风险管理者来管理风险，但风险承担者毕竟是最终承担风险的主体，它们必须具备风险管理体系和方法。风险管理的方法主要有管理交易文件以及建立将信用与其他风险管理者相结合的运作框架等。

（3）具体安排融资产品条款

风险承担者可以通过对供应链产品进行定价，设计收益方式或者通过建立供应链金融体系，使供应链各成员都能获得相应的收益。

（三）供应链金融的功能执行者

所谓供应链金融的功能执行者，是指供应链上的微观结构参与者，包括运营活动所涉及的所有部门，比如采购、生产、分销和物流单位等。当做出有关投资、会计、财务的决策时，会计部门、控制部门及财务部门也应当被纳入这一范畴。

功能执行者的主要职责是处理接口事宜，在这里需要考虑的问题便是应该由哪一级的哪一个部门来负责供应链金融的相应决策和任务。供应链管理者主要是想通过整合创造价值的流程来达到优化资金、物料和信息流动的目的，所以供应链金融应关注物流管理过程中产生的金融职能，通过协调各成员之间的活动来实现目标。

五、供应链金融解决的问题

供应链金融其实是一种金融风险控制手段，是基于真实的交易背景开展的金融活动，帮助供应链上各成员盘活流动资产，提升供应链内部的资金效率，最终达到共赢的最佳效果。

那么，供应链金融到底解决了哪些问题呢？

（一）中小企业融资难

中小企业融资难的问题早已有之，由于其设备和生产线是融资租赁来的，厂房是租来的，除却常用的办公用品，固定资产非常少。按照传统的银行贷款逻辑来看，企业从银行获得贷款的概率极低。

供应链上的核心企业竞争力很强，规模庞大，在与中小企业谈判时处于强势地位，为了减少成本，往往会对中小企业要求苛刻，比如高折扣、长赊销、短交货期等。这无疑给中小企业造成了巨大的压力，也严重影响了中小企业的资金流转速度。

尽管中小企业的资金需求非常迫切，但它们往往难以通过正常的融资渠道获得资金支持。这是由于中小企业信用缺失、抵押品少、财务信息不透明，这些情况对于中小企业融资来说都是阻碍。尽管近年来国家出台了缓解中小企业融资难的举措，但银行借贷仍旧困难重重。中小企业要么通过内生积累，要么通过高成本来获得非银行金融机构的融资。

如图 1-11 所示，传统银行授信按担保方式主要有三类。

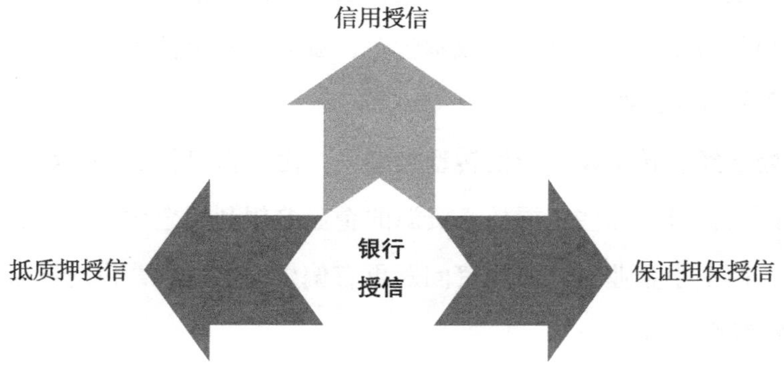

图 1-11　传统银行授信方式

从理论上来说，只要提高贷款利息就能弥补中小企业带来的风险成本，也就是说，风险高也不一定是导致中小企业融资难的原因。不过，由于信息不对称，银行无法对中小企业有效设置差别化信贷价格体系。按照传统方式，融资方应该提供价值稳定、易于变现的资产进行抵押，或者要求实力更强、风险更低的主体做担保，但恰恰中小企业缺乏固定资产，而且由于经营前景不明朗，其他主体也难以对其进行保证担保。所以，传统的授信技术和信贷评审技术不适合中小企业。

另外，中小企业的贷款频率较高，单笔额度较小，这让银行的信息采集成本非常高，再加上审核过程复杂，时间成本和资金成本很大，如果银行将这些成本转嫁给中小企业，中小企业的融资成本会更高。

供应链金融与传统银行不同，它对中小企业更具包容性，对其评判不再局限于个体硬件，而是以核心企业为中心，对供应链各成员进行整体的资信评估，降低了中小企业的融资门槛。供应链金融与传统金融的区别在于，它将银行的不动产质押偏好改为动产质押偏好。另外，供应链金融还对中小企业的信息缺乏做出了补足，除了利用贸易信息补足个体信息以外，还通过大数据直接降低信息获取成本，拓宽信息渠道，以此来实现无抵押无担保的信用授信。

（二）核心/平台企业生态升级

在供应链金融生态环境下，不再是企业与企业之间的竞争，而是供应链与供应链之间的竞争。企业要想在供应链金融环境中实现可持续经营，必然要与上下游成员协调物流、信息流与资金流。

在物流和信息流方面，虚拟生产、供应商管理库存等方式能够有效实现扁平化管理与销售渠道末端需求信息共享。不过，在供应链的部分节点上，资金流的短板取消了分工协作带来的效率优势和成本优势，哪方在资金流上占据优势，哪方就掌握了供应链竞争力的关键。

我国正处于经济转型期，身处转型大潮中，由于自身优劣势禀赋不同，不同企业表现出不同的诉求。那些掌握核心资源的企业希望利用金融业务将长期积累的信用优势变现；而中小企业对解决融资问题更有偏好。可以说，供应链金融是产业链再升级的战略级突破口。

尽管核心企业本身就可以提供最简单的供应链金融，比如，它可以向供应商提前付款、对分销商增加赊款等，但作为独立的经济主体，它肯定会尽量追求经济效益，在这方面施展的手段便是向上游延长账期，向下游缩短账期或者转移库存等。

然而，对弱势的中小企业进行挤压并非万全之策，长久下去，整个供应链的成本不会下降，其采购成本自然也不会下降。因此，企业必须想办法降低整个供应链的成本，优化产品价格，以便于增强客户的黏度。

核心企业可以作为供应链资金流规划过程中的协调者，通过与上下游企业开展活动来调节资金分布。由于核心企业资信水平比较高，获得资金的成本较低，因此它可以作为资金提供者，为中小企业提供资金，通过金融服务实现变现信用和专业资源的目的，从而满足其产业转型升级的需要。

（三）多层次金融服务缺席

处于经济转型期间，中小企业要想扩大再生产，除了内生式积累，往往会通过民间资本借贷来融资。

从理论上说，银行是中小企业最理想的融资对象，银行的借贷利率在6%~8%，但银行从收益风险配比角度看，其更愿意向大型企业融资，而不愿承受中小企业的高风险。

民间借贷的利率大于20%，毫无疑问，这么高的融资成本挤压了中小企业的生存空间，从而减少了中小企业的投资，对整个供应链的发展极为不利。

由此可以看到，融资市场出现8%~20%的利率空白，这反映了金融服务的结构性缺失，也反映出社会资本对中小企业的高风险要求过高补偿。

被主流金融机构忽视，中小企业的境地非常尴尬，融资只能向利率高的金融服务机构转移，导致融资成本高企，但金融服务机构散乱，根本无力维持中小企业的稳定经营。我们可以看到，针对中小企业的金融服务仍然是一片尚未开发的大市场，而供应链金融的最大创新便在于填补了这8%~20%的利率空白，打开了中小企业融资的通道。

六、供应链金融的演进

供应链金融理论首先是在西方一些发达国家形成的。1990年以来，供应链理论不断完善和流行，国际上开始兴起横向一体化的思想，利用企业的外部资源来满足市场需求，本企业只关心核心产品和市场即可。这种经济全球化以及跨国公司的趋势促使国际产业链形成，供应商、制造商、分销商和产品设计、生产、销售和后续服务联结在一起，成为供应链金融产生的基础。

供应链金融理论在西方发达国家形成后逐渐传入我国。那么，在我国，供应链金融的发展历程大致如下。

（一）供应链金融 1.0 阶段

我国在供应链金融上的初次尝试发生在 1999 年，当时深圳发展银行初步尝试供应链金融，推出动产和存货融资业务，经过多年的尝试和摸索，深圳发展银行在 2006 年提出供应链金融的概念并获得成功。

其他银行随后开始关注这一极具市场潜力以及良好风险控制能力的金融方式，纷纷介入其中。随后，招商银行、上海浦东发展银行、中信银行、中国民生银行及兴业银行都推出了独具特色的供应链金融产品和服务。

这正是供应链金融的 1.0 阶段，这一阶段的供应链金融模式被称为“1+N”模式。供应链金融围绕某“1”个核心企业，从采购、生产到销售给消费者，形成一条供应链，连接供应商、制造商、分销商、零售商和消费者，同时为供应链上的“N”个企业提供融资服务，使各企业的合作更默契，分工更细化，从而提高整个供应链的价值。“1+N”模式如图 1-12 所示。

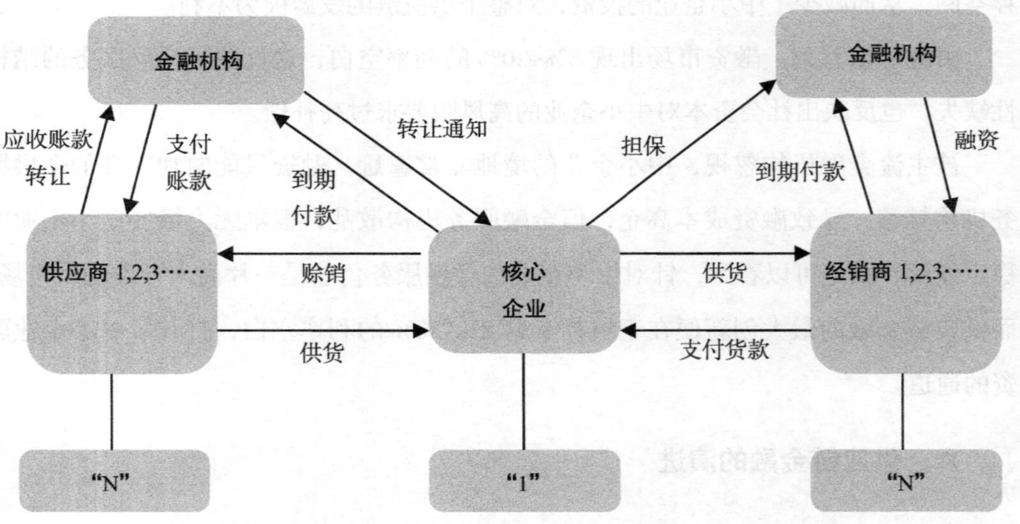

图 1-12 供应链金融“1+N”模式

在“1+N”模式中，各成员都有自己的供应链金融解决方案。

1. 核心企业的供应链金融解决方案

由于核心企业实力强，掌握众多资源，运营前景可观，风险不大，金融机构一般对其非常欢迎。不过，核心企业对融资规模、融资成本和融资效率的高低有很高的要求，而且有很多选择余地，所以会对金融机构“挑三拣四”。因此，核心企业的供应链融资一般是短期优惠利率贷款、企业信用贷款和票据业务等产品。

2. 上游供应商的供应链金融解决方案

上游供应商与核心企业多采用赊销方式，因此，上游供应商的融资解决方案一般是以应收账款为主，以票据贴现和订单融资等产品为辅。

3. 下游经销商的供应链金融解决方案

核心企业与下游经销商交易时大多采用先款后货的方式，有时采用预付款或者信用额度内的赊销方式。因此，下游经销商的供应链金融解决方案一般是以动产或货权质押的预付款融资为主，短期流动资金贷款和国内信用证等产品为辅。

“1+N”模式改变了传统金融机构以往的贷款模式，将偏好大型企业和不动产抵押贷款转变为与核心企业展开合作，根据供应链闭环中的交易信息，为链上各成员提供金融解决方案，将物流、信息流和资金流高度统一，实现了效益最大化。

但这种模式也有缺陷，由于整个流程都发生在线下，效率较低，信息不对称的情况时有发生，不利于供应链金融的发展壮大。

（二）供应链金融 2.0 阶段

供应链金融 2.0 阶段与供应链金融 1.0 阶段的主要区别在于供应链中的物流、商流、信息流和资金流不再采用线下流通方式，而是采用虚拟平台比如互联网来传递，通过信息化减少了牛鞭效应的影响。

所谓牛鞭效应，指的是供应链上需求信息在从客户端向上游传递，抵达供应商端的过程中，需求信息不断扭曲，需求信息出现较大的波动，这一情形在图上很像一根甩起的牛鞭，故而得名。

在供应链金融 2.0 阶段，资金提供方不再以银行为主，物流企业、线上交易平台、拥有大数据的互联网企业都开始参与供应链金融。

除了资金提供方的不断增加，在传统银行等金融机构中，应收账款融资产品也发生了转变，成为“池融资”，也就是将供应链上各企业的应收账款信息聚合在一起，从而得出授信额度。

由于供应链的周期很长，难以控制风险，因此，有的企业尝试将供应链分割成多个节点，针对每个节点提出风险控制措施。当某个节点上的企业需要融资时，不只有应收账款融资，还有其他各类融资，将其都纳入统一的池子里管理，以便于快速判断融资金融和风险。

供应链金融 2.0 阶段如图 1-13 所示。

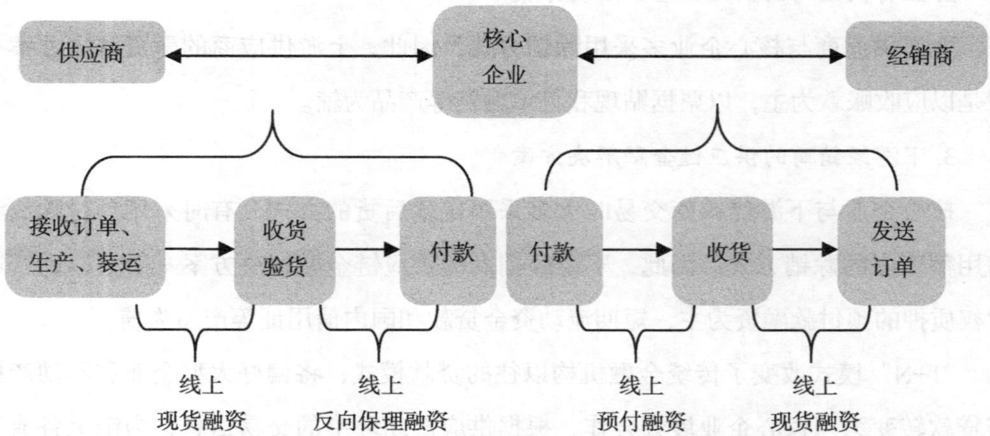

图 1-13　供应链金融 2.0 阶段

从图 1-13 我们可以看出，2.0 阶段的供应链金融不再局限于一根链条上的融资，而是将整个供应链连成一张网，产生多个节点，使更多节点上的企业获得融资，使金融服务更加多元。

供应链金融 2.0 阶段的特点是互联网化，金融机构获取信息的效率得到提升，审核放贷速度加快，操作得到简化，另一方面，金融机构可以更快地根据实时信息做出反应，建立实时预警体系，提高风险管理能力。

然而，这一阶段的供应链金融仍然存在缺陷。由于信息归集和整合仍处于初步阶段，链上的重要企业掌握着核心数据，因此，这些重要的核心数据难以统一，导致无法准确评估融资需求和信用风险，特别是中小企业的信用风险。

（三）供应链金融 3.0 阶段

随着互联网技术和互联网金融的出现和发展，供应链金融开始加速融合，进入供应链金融 3.0 阶段，这一阶段也被称为互联网供应链金融阶段。

这一阶段的供应链金融具有以下特征。

1. 结构发生质变

这一阶段的供应链金融结构也发生了变化，颠覆了以往的“1”，出现去中心化的质变，成为“N+1+N”模式。此时的“1”不再是核心企业，而是供应链服务平台，这说明未来供应链金融会出现大平台化的特点。

在这一阶段，供应链金融的线性节点变为网状平台，有效地解决了信息不对称、产能和金融配置缺位以及资金链断裂的问题。

2. 运营模式发生重大变革

这一阶段的供应链金融在运营模式上产生了变革，提升了效率，实现批量授信和流程化，就像工厂流水线一样进行业务操作，使每个环节都实现标准化、专业化以及流程化，从而简化了审批和放款流程，可以根据各企业的需求和其他特点来打造针对性的金融产品。

3. 发展成为新的商业模式

这一阶段的供应链金融生态圈不再局限于单个供应链，出现开放特质，成为新的商业模式。它可以有效整合供应链平台的各个环节，形成以供应链金融为中心的集成解决方案。此外，它还可以构建信用体系和支付体系，链条上的各成员能够从此获得融资产品和相关的衍生产品。

我们可以将供应链金融的三个阶段做一下对比（见表 1-3），从而更好地分清每个阶段的特征。

表 1-3　供应链金融三阶段对比

	网络结构	流程管理	要素和信息流
供应链金融 1.0 阶段	点对线关系，商业银行为主体	商业银行只关注资金流的状况	强调有形要素，主要是基于“物”的要素，比如应收账款、库存和预付款等；信息流把握程度低，只掌握“物”的状况与资金运用和偿还情况
供应链金融 2.0 阶段	金融服务提供者增加，参与主体与服务企业之间形成序列关系	流程管理出现多维化特征，金融服务商需要多方位管理流程，各流程之间的互动更频繁	强调物流状态，对信息流要求较高，需要及时准确地掌握物流和商流信息
供应链金融 3.0 阶段	参与主体范围极大扩展，服务企业不仅提供运营服务，还构建供应链平台，各环节都形成复杂群落，相互影响	管理流程出现高度复杂化且互动化的特征	要求整个网络有清晰的交易结构和交易关系，信息来源和形态都呈现出高复杂性

供应链金融一定还会继续发展，那时供应链金融会迈入4.0阶段。在4.0阶段，将搭建跨产业、跨区域、跨部门，与政府、行业协会、资本等深度联盟，使互联网、大数据、云计算和物联网相互融合的金融生态平台。在这一阶段，供应链金融将会真正服务于各类主体，提升供应链的运营效率，推动商业生态发展。

七、中国供应链金融存在的问题

中国供应链金融已经实施了一段时间，各金融机构也已经相继推出供应链产品和服务。不过，在推行及发展的过程中，我们可以发现众多不足。

（一）供应链金融推行中存在不足

供应链金融在推行中存在的不足主要有供应链管理不成熟、技术薄弱、风控体系不完善等三个方面。

供应链金融在推行中存在的不足如图1-14所示。

图1-14　供应链金融在推行中存在的不足

1. 供应链管理不成熟

供应链管理自从20世纪80年代被提出来以后，经过数十年的发展，已经基本成熟。供应链的管理范围已经由企业内部扩展到企业外部，企业内部信息流通转变为供应链各成员的信息共享和协作。

由于供应链之间的竞争非常激烈，链上各成员合作紧密，渐渐扩大了可供分配的利益，而不仅仅关注产业链内的利益分配。

然而，目前我国商业银行只在汽车、钢铁和能源等行业中推出了供应链金融服务和产品，并且没有很强的管理意识，链上各成员之间的界限不明确。由于核心企业居于主导地位，常常对其他成员施加苛刻的条件，因此供应链各成员难以被管理。

由于这种情况的限制，金融机构推出的供应链金融主要覆盖国内，对于国际贸易融资的整合能力不足。考虑到如今已经是经济全球化的大环境，这种状况严重阻碍了供应链金融的推行。

2. 供应链金融的技术薄弱

供应链金融要想发展，一定离不开技术的支持。国外发展成熟的供应链金融业务都以先进的技术手段作为基础，尤其是云计算和大数据等技术。

在国内，由于电子商务技术、金融信息技术、平台建设和大数据等方面发展比较滞后，导致供应链金融的技术比较薄弱。很多银行在办理单证、出货、应收账款和文件传输等业务时还需要依靠人工完成，这无疑严重影响了效率。而且人工操作很容易出现纰漏，导致风险增加。这就是国内推行供应链金融比较缓慢的一个重要原因。

3. 供应链金融风险控制体系不完善

尽管供应链金融具备自偿性特点，面临的风险较小，但由于融资时涉及的环节比较多，参与主体多，流程复杂，因而并非毫无风险。

供应链金融的风险主要有以下两种，如图 1-15 所示。

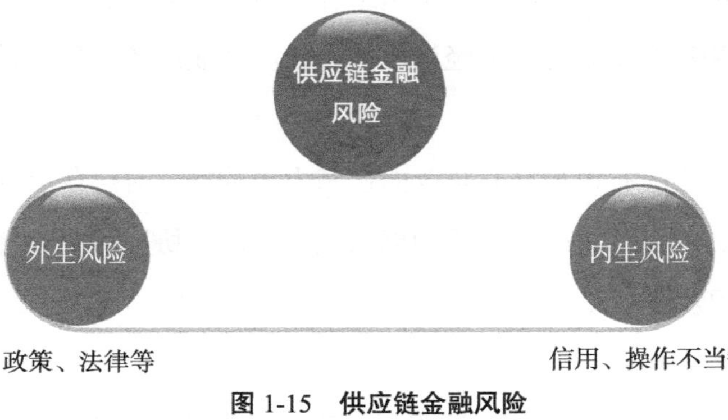

图 1-15　供应链金融风险

供应链金融风险的存在严重制约其发展速度和规模，因此，要想推行供应链金融，必须建立完善的金融风险控制体系。在国内，大多数金融机构并没有专门设置信用评估体系，且操作平台没有达到专业化水平，也没有建立专门的数据收集与分析体系，再加上缺乏对核心企业的有效规范和对物流企业的有效监控，供应链金融的发展存在越来越深的安全隐患。

（二）供应链金融发展中的问题

供应链金融在国内推行开来以后，在发展过程中也遇到了很多问题。

1. 产品服务模式单一

在我国，供应链金融产品和服务主要有两种，分别是商业银行结构性贸易融资业务模式以及商业银行和第三方物流企业合作的供应链融资模式。然而，以大型企业、P2P、小贷公司为主导的供应链金融模式发展比较慢。

在主流模式中，商业银行为了降低风险，需要对质押物的各种有关情况都进行详细了解，除此之外，还要识别证件文书的真伪，这显然超出了银行的日常业务和专业范畴，耗费了银行工作人员大量精力，严重影响其运作效率。

2. 风险控制机制不健全

在传统的贸易融资中，融资的金融机构更为关注供需企业的信用状况和真实的贸易背景，而在供应链金融中，需要考虑的情况增加了不少，不仅需要监控供应链条上各环节的风险，关注链上企业的信用风险，还要关注融资审批、信息审核、出账以及授信管理等操作风险以及价格波动的风险等。国内供应链金融的风险控制机制还不健全，难以对上述如此多的风险做出风险防范。

3. 核心企业掌控力不足

按照传统理论，核心企业应该是承担组合供应链资源，具备集成功能，可以使整条供应链价值和利润得以提升的经济主体。核心企业应该在供应链中拥有绝对主动权。

然而，实际上我国有很多核心企业的控制力比较弱，对链条上各企业缺乏制度化的管理和约束，使资源组合和集成功能大幅度削弱，协同优势发挥不出来，严重影响供应链金融的发展。

4. 物流企业参差不齐

尽管随着供应链金融业务的不断发展，物流企业逐渐适应了供应链金融业务，但国内的物流市场环境仍然非常混乱，货物的存储和运输缺乏制度化管理，物流人员缺乏规章制度约束，这使得物流中的货物出现损坏和丢失的风险加大。

不仅如此，很多物流企业没有完善的配送网络和先进的信息管理系统，金融机构对出货收货的实时监督和控制难以胜任，况且它们本身还缺乏快速对信息进行处理的能力。

在利益驱动下，有些物流企业与授信企业联合起来骗取金融机构的融资，为供应链金融业务蒙上了一层阴影。

5. 创新能力不足

创新能力不足是指供应链金融产品业务品种比较少。通过表 1-4，我们可以看出国内与国外在供应链金融业务品种数量上的差距。

表 1-4　国内与国外在供应链金融业务品种上的对比

	供应链金融业务品种
国内	以应收账款融资、保兑仓融资和仓单质押为主
国外	出口信用证项下授信、票据池授权、商业承兑汇票、仓单质押授信、先票后货授信、进口信用证项下未来货权质押授信等

由于我国的利率并非市场化，供应链金融的获利水平与传统银行的盈利水平相比略显不足，导致金融机构在供应链金融上的创新动力不是很足。

（三）供应链金融信息化方面存在不足

供应链金融涉及的方面很多，包括物流、商流、资金流和信息流，其中，信息流是调控供应链的有效手段，能够整合供应链，提高其运行效率，促进供应链发展。

然而，银行与中小企业之间的信息不对称，而且供应链金融在发展中还面临着信息化不足的问题。

虽然核心企业和第三方物流机构存在担保和监管机制，比如物流企业会监管货物的流动情况，这在一定程度上减轻了信息不对称所带来的不利影响，但金融机构在供应链金融的信息处理问题上仍然有很多不足之处。

那么，金融机构该如何改善在供应链金融中的信息处理问题呢？如图 1-16 所示，金融机构可以从简化信息获取流程、转变信息关注客体、大数据运用以及加强物流企业信息流通等四个方面改善信息化问题。

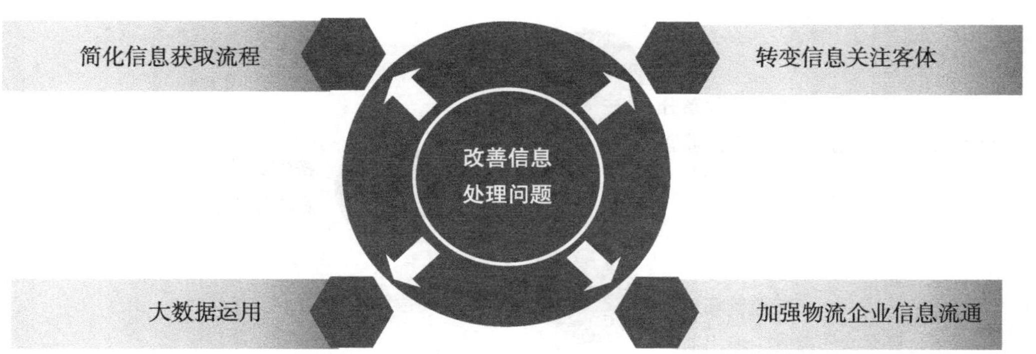

图 1-16　金融机构改善信息处理问题

1. 简化信息获取流程

简化信息获取流程，是指将金融机构从物流企业和核心企业获取信息的渠道便利化，借助先进技术搭建信息平台，建设信息系统，从而使供应链各环节都实现信息化，使各种业务信息都实现电子化，使得整个过程都透明简捷，减少人工环节，降低人工操作不当所带来的风险。

2. 转变信息关注客体

这是指金融机构转移考核重点，金融机构不再关注中小企业的财务状况，而是考核其与供应链中核心企业的交易行为和在供应链中的地位，并评估交易风险。这样做可以缓解信息不对称的问题，加强供应链金融中的信息化建设。

3. 大数据运用

大数据运用是指将大数据技术与供应链有机结合起来。由于供应链金融的操作变得越来越复杂，其中环节众多，这就需要更好地发挥供应链的价值，而在这种情况下运用的工具就是大数据。

传统的 ERP（企业资源计划）系统主要是为交付订单、交易数据和发运而设计的，无法满足如今供应链所处的复杂环境，这成为供应链管理的瓶颈。运用大数据可以突破传统的 ERP 系统的局限性，实时掌控各个环节中的信息，还可以借助大数据进行需求预测，保证企业能够制定正确的库存策略，合理安排生产，准确交付订单，以此来实现供求关系平衡，使供应链更具有竞争力。

4. 加强物流企业信息流通

这里是指加强物流企业信息的获取。第三方物流企业的监管是供应链金融的重要组成部分，监管形式主要有以下几种，如图 1-17 所示。

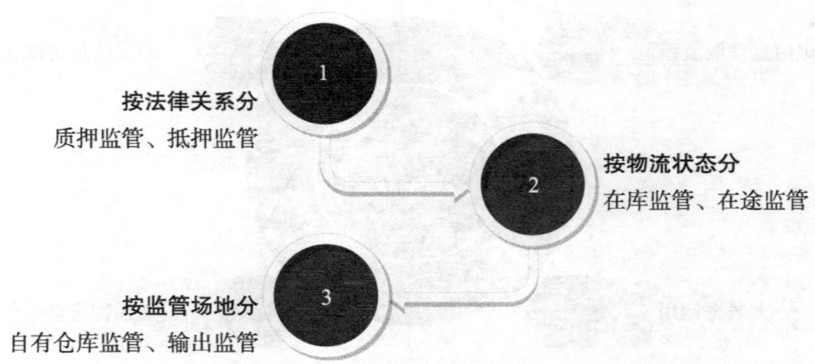

图 1-17　物流企业的监管形式

在加强物流企业信息流通时，金融机构可以通过物流企业的监管将信息流和物流无缝对接，不过，金融机构应当对物流企业展开不定期检查，主要检查货物的出入库合规与否，手续完备与否等。

（四）供应链金融的信用管理问题

信用管理问题与信息化问题一样，都是供应链金融中的重要内容，对供应链金融的发展起着十分重要的作用。假如链上成员出现信用问题，整个链条就有可能受到波及，引发更大的金融问题。

信用管理问题主要体现在以下三个方面，如图 1-18 所示。

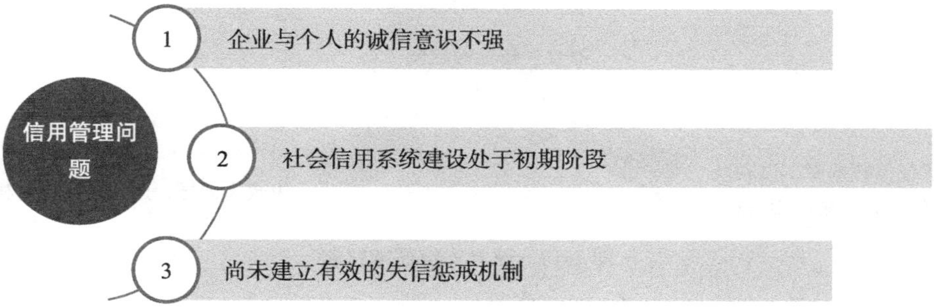

图 1-18　供应链金融的信用管理问题

1. 企业与个人的诚信意识不强

在供应链金融中，很多中小企业经常出现拖欠债务、商业欺诈等现象，这导致链上各企业和金融机构之间都缺乏彼此的信任，也没有可靠的信用保证，这主要是由于企业内部缺乏相应的信用管理和信用风险防范制度和措施。

2. 社会信用系统建设处于初期阶段

社会信用系统的建设仍处于初期阶段，因此无法有效收集个人与企业的信用信息，也就无法准确评估，这导致对失信企业审核的疏漏。金融机构无法根据企业的实际情况来进行授信，无疑增加了融资风险。

3. 尚未建立有效的失信惩戒机制

良好的失信惩戒机制能够通过记录并公开企业和个人的信用信息，加强市场交易中的信息对称程度，进而对各企业机构形成约束。惩戒措施包括经济手段和谴责手段。一旦发现有企业或个人出现失信情况，惩戒措施便可以让失信者承担名誉扫地的后果，更有甚者，则将其剔除出市场主流。

如果有上面所述的失信惩戒机制，社会信用体系将会更加健全，从而有效制约和降低不良信用，保护和激励良好信用的发展。然而，失信惩戒机制尚未完全建立，失信者几乎不会受到太高的惩罚，付出的代价太小，导致某些企业和个人经常失信，给信用管理造成恶劣影响。

要想建立失信惩戒机制，一定要具备以下三个要素，如图 1-19 所示。

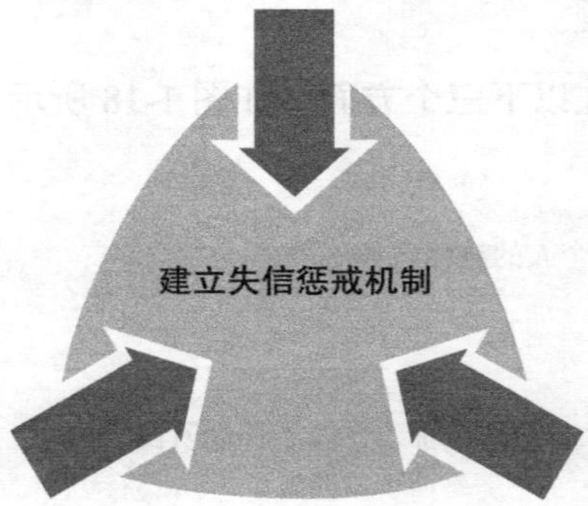

图 1-19　建立失信惩戒机制

图中提到的市场联防机制，指的是由政府部门、事业单位、公安以及授信机构参与的，确保失信企业和个人付出应有代价的机制。该机制会制作企业和个人的失信黑名单，以合法形式公开不良信用记录，从而使失信企业和个人付出应有的代价。

当然，除了建立失信惩戒机制以外，要想健全社会信用体系，还应当建立诚信的激励机制，使人们逐渐形成人人讲信用、重视信用的良好氛围。

八、国外供应链金融发展概况

随着国际贸易供应链日趋成熟与稳定，再加上电子商务与互联网技术的水平越来越高，供应链金融业务在国际市场上出现了产品概念上的创新和运作模式上的创新。世界排名前 50 位的银行基本已经开展供应链金融业务。

国外供应链金融之所以能很快取得较快进展，主要得益于市场和技术力量的推动。那么，国外供应链金融有着怎样的发展历程呢？

（一）国外供应链金融发展的三个阶段

早在 200 多年以前，西方国家就开始尝试供应链金融，经过多年的改进和完善，形成了现代供应链金融的雏形。总体来说，国外供应链金融发展经历了三个阶段，如图 1-20 所示。

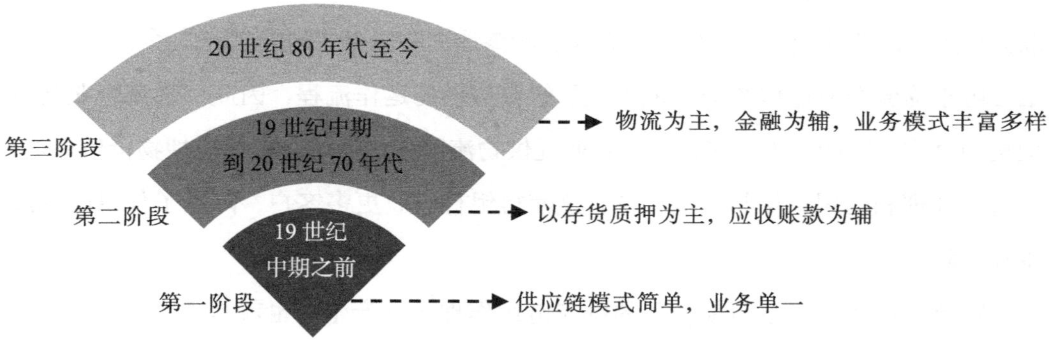

图 1-20　国外供应链金融发展的三个阶段

1.19 世纪中期之前

这时的供应链金融模式比较简单，业务比较单一，主要是以存货质押为基础开展的贷款业务。例如，在沙俄时代的俄国，丰收季节的谷物市场价格较低，农民就会将剩余的谷物抵押给银行，利用贷款从事其他的生产和生活；当谷物价格升高后，农民会将谷物卖掉，偿还银行本金利息。农民通过采取这一方式可以获得较高的收入。

2.19 世纪中期到 20 世纪 70 年代

这一阶段的供应链金融逐渐变得模式多样化，业务丰富化，悄然出现了承购应收账款等保理业务，但主要以存货质押业务为主，应收账款业务为辅。

不过，在最开始的时候，应收账款保理业务总是被用于诈骗和金融掠夺。一些银行和资产评估机构联合起来，以较低价格获得企业的应收账款或存货，然后转手高价卖给第三方中介机构。由于某些企业迫切需要融资，只能接受这种不平等的要求。当然，这样做无疑扰乱了供应链金融市场，很多企业和金融机构纷纷表示不满。

为了使供应链金融市场变得规范起来，美国在 1954 年颁布了《统一商法典》，针对金融机构办理存货质押业务提出应遵循的规则。从此以后，存货质押业务越来越规范，供应链金融开始健康发展。

3.20 世纪 80 年代至今

这一阶段，由于供应链理论快速发展，物流行业高度集中，供应链金融业务变得越来越多样，除了应收账款业务和存货质押业务以外，还出现了预付款融资、保险等融资产品。

随着经济全球化，物流企业的竞争越来越激烈，跨国物流巨头开始出现，比如联邦快递、UPS 快递等，这些物流企业逐渐渗透进跨国企业的供应链体系中。

由于物流企业比传统金融机构更了解供应链的运作流程，因此，物流企业与金融机构合作，既能够为供应链上各企业提供物流服务，还可以提供质押物价值评估、监管、处理和信用担保等其他业务。这使得银行收获更多客户，降低了信息收集成本和风险。

物流企业的深度参与促使新的供应链运作理念的产生，也就是“物流为主，金融为辅”，这样做极大地加快了供应链金融的发展速度。

（二）国内外供应链金融的异同

国外供应链金融兴起的时间较早，发展时间较长，与国内相比，其运营模式相对成熟一些。然而，国内供应链金融也正在迅速发展，而且大有迎头赶上并超过国外供应链金融的趋势。通过对比国内供应链金融和国外供应链金融的区别和共同点，可以发现并学习对方的长处，规避对方的教训，以便于更快地发展国内的供应链金融。

1. 供应链融资主体

国内供应链融资主体主要是银行，为供应链金融业务提供资金和结算服务，其他金融机构参与程度不大，主要是在供应链金融业务中协助银行。国内供应链金融主要解决供应链上下游企业的融资问题。融资企业虽然有核心企业信用为其背书，但银行还会借助物流企业等第三方机构对融资企业进行评估和管理。银行之所以参与供应链金融，主要是为了增强自身的竞争力。

国外供应链融资的主体具有多元化的特点，既有银行、基金、保险公司、贷款公司等，还有物流企业、银行、大型企业等成立的金融公司参与进来。多元化的融资主体无疑可以帮助中小企业更快地融资，解决燃眉之急。但国外供应链金融主要解决的是核心企业的成本、销售和回款等问题。银行参与供应链金融的主要目的是吸引大客户，拓展新的客户关系。

2. 主要融资模式和融资对象

国外供应链金融由于兴起的时间较早，融资模式具有多元化的特点，担保品种多种多样，并且这些业务相对成熟，品种涵盖范围广。融资对象由之前的农户，到流通型企业，再到供应商和制造商，最后到供应链上所有企业。

国内供应链金融模式主要有三大类，包括应收账款、预付账款、库存等。在这三类模式中，应收账款融资业务较早开展，也相对成熟。库存融资为近几年发展起来的业务且发展迅速，但质押品种有限，融资对象主要是流通型企业，以公共仓储为主要的存货保管形式。

3. 信用评价体系和风险控制

国外的信用体系较完善，尽管供应链上的信用评价体系存在一些问题，但相对比较完善，而且建立了失信惩戒机制，能够比较规范地进行较高水平的风险控制。

反观国内银行建立的信用评价体系，基本是以大型企业为核心的，而对中小企业的信用评价体系仍在起步阶段，失信惩戒机制还未建立。由于无法有效收集和整合中小企业的信息，继而无法准确评估，从而难以得知其运营情况和发展趋势，这给银行供应链金融业务的发展带来了风险。

（三）我国可以从国外学习供应链金融的经验

由于国内供应链金融与国外相比存在不少差距，因此，可以借鉴国外发展供应链金融的经验，吸收其优点，更好地帮助国内发展供应链金融。

1. 将供应链金融发展列为重要战略

国内供应链金融发展迅速，建立了“从产业中来，到金融中去”的模式，摆脱了过去“为金融而金融”的旧模式，有效地解决了中小企业融资难的问题，市场前景远大。

为了更好地促进国内供应链金融发展，政府有关部门应该充分认识到供应链金融对行业的推动作用，将供应链金融发展列为重要战略，提供政策支持，对开展供应链金融的金融机构和物流企业给予税收优惠和财政支持。在招商时，可引入国际知名的金融机构和物流企业，向其学习先进理论和模式。

除了政府的政策支持，物流企业和金融机构也应该重视供应链金融的发展，拓宽金融产品和服务，根据链上企业的实际情况适当创新，推动供应链金融不断发展。

2. 加强风险管理

尽管在供应链金融中有核心企业信用为中小企业背书，风险相对较小，但也并不是毫无风险，因此很有必要加强风险管理。加强风险管理主要从四个方面展开，如图 1-21 所示。

图 1-21　风险管理的四个措施

（1）建立风险管理机制

风险管理机制主要侧重于对供应链运作情况的关注，及时发现问题，启动应急处理方案。因此，应当建立预警评价指标体系，当出现问题时，它会发出预警警告，从而及时解决问题。

（2）关注核心企业的运营情况

核心企业是供应链的核心所在，假如核心企业出现问题，会波及整个供应链。因此，应当关注核心企业的运营情况，发现问题立刻通知链上各企业，及时止损。

（3）建立供应链链条企业的信用管理

收集供应链上各企业的信息，建立企业信息数据库和企业信用模型，并及时更新企业的信用状况。数据库中还可以纳入链条上各企业与核心企业的交易情况。

（4）坚持自偿性原则

坚持自偿性原则，可以确保企业将销售收入和交易所产生的确定的未来现金流作为还款来源，保证专款专用，从而降低共运营链金融的运营风险。

3. 建立信用管理体制和法制环境

与国际贸易较为成熟的信用保证体系不同，国内贸易主要采用票据结算，缺少获得各方认可的有力担保，而且金融机构相互之间信息互通的难度很大，所以供应链金融存在很大风险。建立全国性的信用管理体制能够在很大程度上规避这些风险。

信息在建立信用管理体系时起到很重要的作用，借助大数据帮助，金融机构可搜集融资企业的数据信息，建立行业风控模型，最大程度控制风险的发生。

除此之外，良好的法制环境也是保证供应链金融发展的有利条件。由于现阶段针对以动产为抵押物的金融产品的相关法规仍不完善，还存在风险，因此应健全物权法登记体系，做好风险管理工作，为供应链金融提供良好的法制环境。

4. 提供优质服务

供应链金融产品或服务要以核心企业为中心，向外辐射到整个供应链上的各企业，编织成供应链融资网络，提供彻底的纵深服务。

5. 建立供应链金融保障机制

为了实现供应链金融的可持续发展，有必要采取保障措施，建立供应链金融保障机制，如图 1-22 所示，主要从三个方面入手。

图 1-22　建立供应链金融保障机制

（1）订立契约

契约可以增强链条上各企业之间的行为约束，也能增加彼此之间的信任，从而保障各企业的利益。

（2）封闭运行

所谓封闭运行，是指物流、信息流和资金流都要封闭运行。封闭运行可以增加安全系数，降低风险。选择物流企业时，一定要选择实力雄厚的物流企业，它们能够提供仓储、物流、库存、入仓和出仓等信息或服务，从而帮助金融机构掌控货权。

（3）建立信息技术平台

技术是推动金融发展和安全的有力保障，因此，一定要及时学习最先进的互联网理论和最前沿的信息处理技术，比如大数据。利用大数据可以打造实时共享、高度精准的信息网络。

6. 加强供应链金融创新战略

供应链金融创新能够推动供应链金融快速发展。供应链金融创新包括三个方面，如图 1-23 所示。

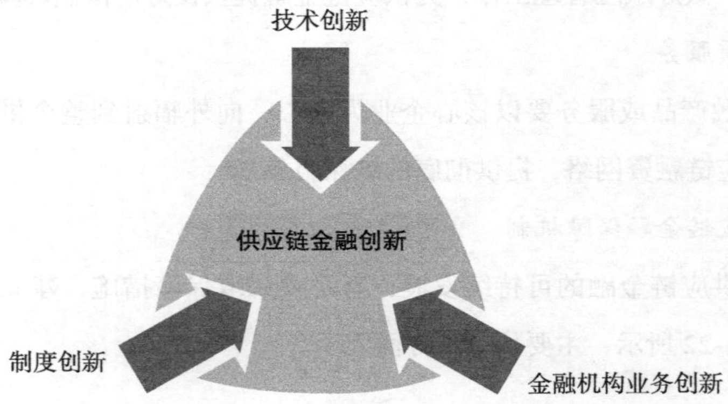

图 1-23　供应链金融创新

（1）技术创新

运用互联网技术创新，打造完整的供应链信息管理平台，与此同时，加强供应链金融技术创新，以便于推动供应链金融发展。

（2）制度创新

银行在参与供应链金融业务时改变以往的参与模式，将分业管理改为混业管理，将一些业务外包给第三方机构，使其参与到供应链金融中，提升整个供应链金融的效率。

（3）金融机构业务创新

金融机构的客户结构在过去以大型企业为主，要改变客户结构，更多关注中小型企业，这样不仅能够分散客户过于集中所带来的风险，还可以促进中小型企业的快速发展。在业务结构上，应积极开拓创新产品和服务，降低成本，优化业务结构。

当然，国内外供应链金融所处的环境不同，因此国内供应链金融在发展的时候，要结合国情，借鉴国外优秀经验，探索出具有中国特色的供应链金融道路。

第二章　供应链金融的业务模式

> 资金流是企业的血液，其状况将会决定企业的命运。由于企业资金的支出和收入不在同一时刻，这就导致企业在运作过程中存在现金流缺口。一般来说，中小企业的现金流缺口发生在采购、经营和销售三个阶段。因此，银行融资的切入点主要也分为这三个阶段，即采购阶段的预付款融资、生产阶段的库存融资与销售阶段的应收账款融资。这样的融资模式打通了因资金瓶颈导致的供应链瓶颈，具有划时代的意义。

一、应收账款融资

由于赊销已成为贸易中的主要销售方式，这使得供应链上游企业的现金流非常紧张，企业承受着巨大的资金压力。为了确保生产运营的可持续性，这些企业必须找到更为便捷的资金来源，而应收账款融资则是一种非常合适的方法。

应收账款融资是指企业为获得运营资金，以买卖双方签订的真实贸易合同产生的应收账款为基础，为卖方提供以合同项下的应收账款作为还款来源的融资业务。

应收账款融资的具体操作流程如下。

供应商首先与下游采购商达成交易，采购商发出应收账款单据，供应商将应收账款单据转让给金融机构进行融资，同时采购商对金融机构做出付款承诺。金融机构根据采购商的信用状况和债权可实现性向供应商提供信用贷款，缓解供应商的资金流压力。当合同付款期限到期时，采购商应按照协议内容向金融机构支付账款，而金融机构在扣除前付账款与核定利息后，将剩余款项支付给供应商。应收账款融资的完整流程如图 2-1 所示。

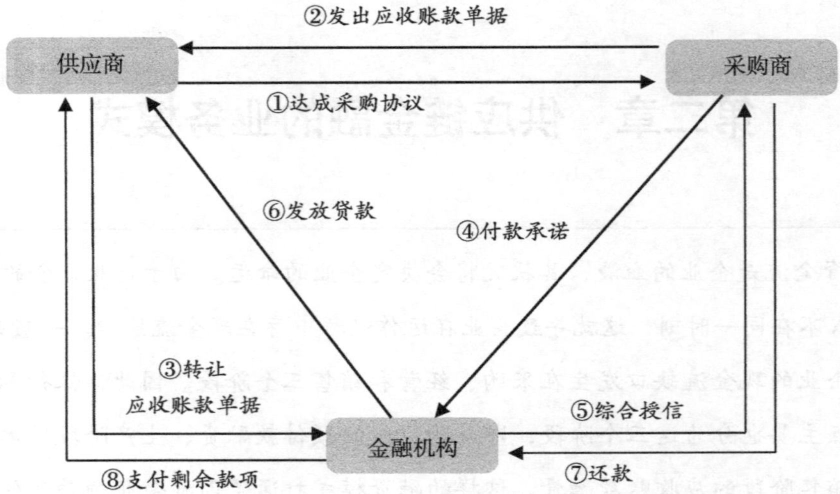

图 2-1　应收账款融资模式

（一）保理业务

保理业务是为以赊销方式进行贸易的企业提供的一种综合性的金融服务。保理业务通过收购企业的应收账款来为企业融资，并提供其他相关服务或产品。

保理业务的一般做法为：保理商从供应商或卖方手中买入发票形式的应收账款，并根据供应商或卖方的需要提供与之相关的服务，包括贸易融资、债款回收、销售分户账管理、信用销售控制和坏账担保等。保理业务可以让供应商或者卖方提前获得销售回款，加速资金周转，而且卖方并无提供质押物和担保的需要，对卖方来说，压力较小。

保理业务有多种分类，如表 2-1 所示。

表 2-1　保理业务分类

分类方式	分类
供应商是否将转让应收账款行为通知买方	明保理、暗保理
有无第三方担保划分	有担保的保理、无担保的保理
有无追索权	有追索权保理、无追索权保理

在此需要特别指出的是，无追索权的保理又称为买断保理，是指企业将应收账款通过无追索权的形式出售给专业保理商或者银行等金融机构，以此来获得短期融资；有追索权的保理又称为回购保理，指的是当应收账款无法收回时，保理商保留

对供应商的追索权，供应商应当承担保理商的损失。

保理业务的一般操作流程是：卖方先与买方签订一份购买协议，形成应收账款，卖方将通过赊销产生的应收账款出售给保理商。卖方和保理商应通知买方转让应收账款的情况，买方向双方进行询问确认。对于无追索权的保理，保理商应该先对买方的资信进行评估，并对其核定信用额度。这时，买方做出付款承诺，同时保理商向卖方提供融资服务，等到应收账款到期日，买方偿还债款。如果买方无法偿还，保理商没有追索权，而对于有追索权的保理，当买方无法偿还债款时，保理商可以向卖方追索，收回向其提供的融资。

保理业务的流程如图 2-2 所示。

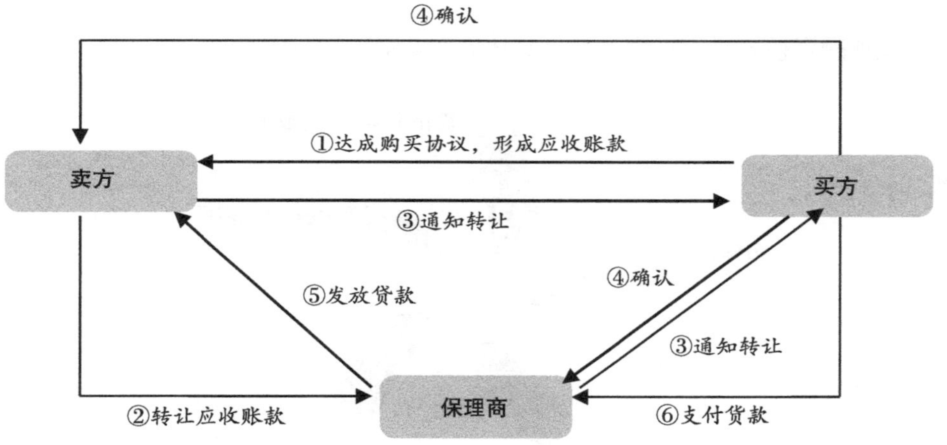

图 2-2　保理业务流程

（二）保理池融资

假如企业的应收账款存在买方分散、交易频繁、账期不一等特点，每笔应收账款都办理一次保理业务就显得不切实际，因为那样做无疑会增加工作量，导致效率下降。为了解决这一难题，保理池融资业务应运而生。

保理池融资是指贸易中的卖方将一笔或多笔不同买方、期限不一、金额不同的应收账款转让给保理商，使应收账款汇聚成一个“池子”，保理商根据池子里的资金数目为卖方提供一定比例的融资业务。这种业务模式对于那些交易记录良好、应收账款余额相对稳定的中小型企业十分有利，能够充分挖掘零散应收账款的融资能力，免去多重手续，提高融资效率。

图 2-3 所示为保理池融资业务流程。

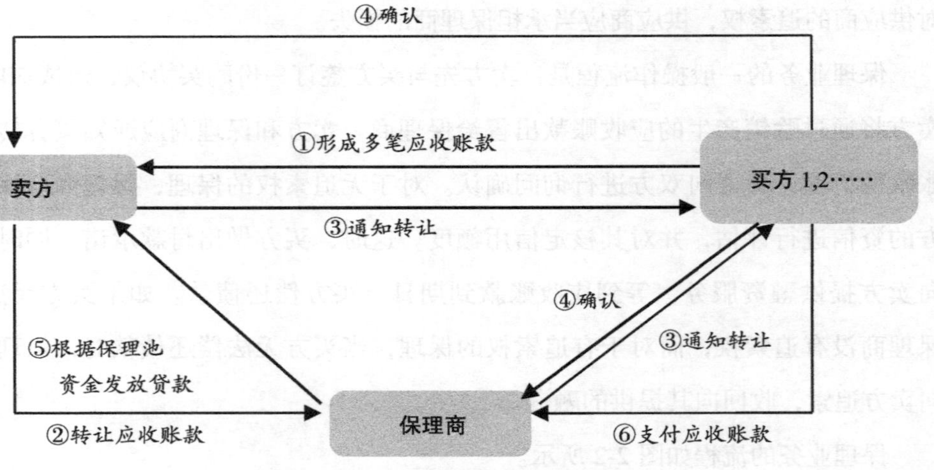

图 2-3　保理池融资业务流程

保理池融资模式具有五大优势，具体如图 2-4 所示。

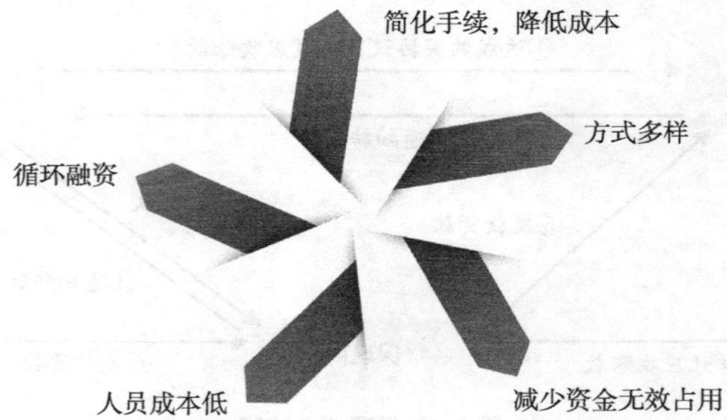

图 2-4　保理池融资模式五大优势

1. 循环融资

在保理池融资模式下，如果企业在授信有效期内的任何时间段都留有最低余额之上的应收账款，企业就可以循环使用融资额度，并且融资期限与金额不会受到单笔应收账款的金额与期限的限制。这样的融资方式非常灵活，大大简化了融资流程，使放款效率得到提升。

2. 简化手续，降低成本

由于免去了多次办理保理业务的手续，转让应收账款的手续得到简化，这在一定程度上降低了融资成本和操作成本。

3. 方式多样

卖方融资方式不仅有流动资金贷款，还可以根据需求开立银行承兑汇票、商票保贴、信用证以及保函等，最大限度地满足卖方的融资需求。

4. 减少资金无效占用

在授信期内，信用额度可以被循环使用，所以不必重复进行放款还款手续，减少了资金被无效占用的时间。

5. 人员成本低

在这种模式下，保理商无须派专人跟踪放款流程，与以往的专人对接并收集整合资料相比，减少了人员耗费在此项业务中的时间，降低了人员成本。

保理池融资业务与保理业务基本一致，只是其模式中的应收账款为多笔。适合使用保理池融资业务的交易一般具有如图 2-5 所示的特点。

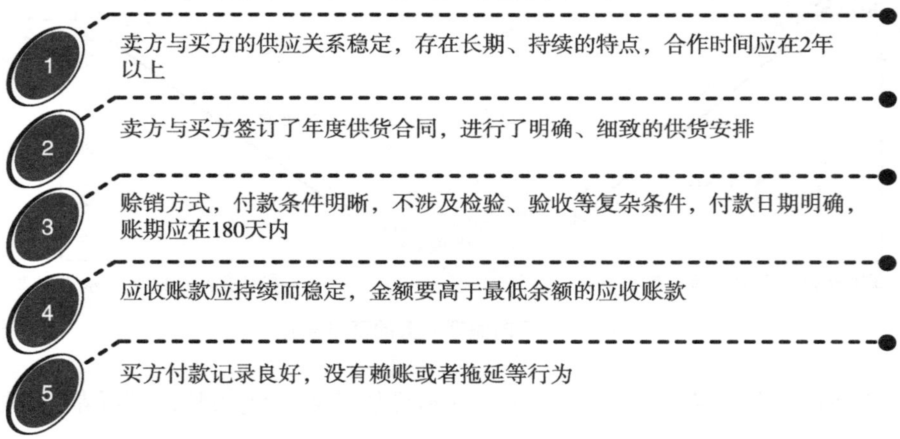

图 2-5　保理池融资业务特点

（三）反向保理

现实中，一些核心企业的实力较强，财务状况良好，随着核心企业供应链意识不断加强，它们希望能够积极介入实力较弱的上游供应商的融资活动中，通过与金融机构合作，对供应商加强金融支持，保证其能持续稳定运转。因此，一种全新的保理业务出现了，这就是反向保理业务。

反向保理指的是核心企业利用其较高的信用等级，以较低成本获得融资，将其引入供应链中，降低供应商融资成本的模式。这种模式不仅使供应商获利，还使核心企业享受长账期，更有利于加强供应链的稳定性。

反向保理与一般的保理业务相比，主要区别有以下两点。

（1）保理商主要评估核心企业的信用风险，而不是评估供应商的信用等级。

（2）核心企业具有较强的资信等级，所以保理商可以选择核心企业同意支付的应收账款进行融资，这无疑降低了保理商的放贷风险，也降低了供应商的融资成本。

反向保理业务的基本流程为：核心企业与供应商签订购买协议，供应商发货，形成应收账款；核心企业收货后验收，将应收账款转让给保理商，并承诺到期还款；保理商向供应商通知应收账款的转让情况，并确认供应商是否办理反向保理业务；供应商确认办理反向保理业务；保理商审核核心企业的信用资质，向供应商提供一定比例的融资；应收账款到期时，核心企业将应收账款支付给保理商。图 2-6 所示为反向保理业务的基本流程。

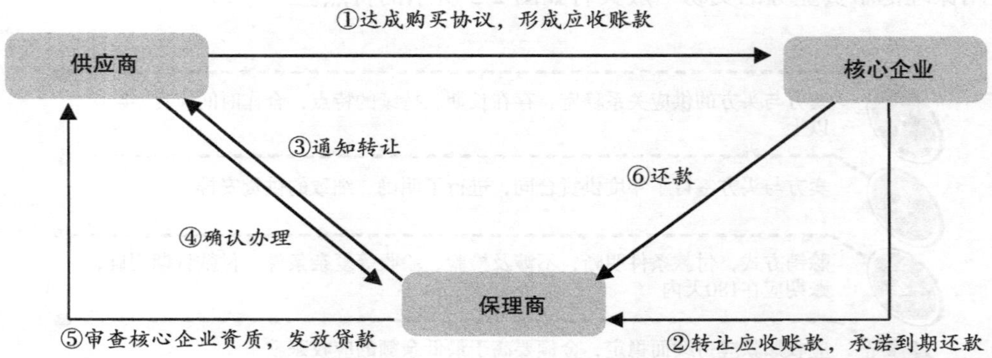

图 2-6　反向保理业务的基本流程

由于我国信用体系尚未完善，保理商不可能把供应链的整体情况都掌握清楚，保理商获得回款存在一定的风险。因此，保理商应该如图 2-7 所示加强风险控制。

图 2-7　反向保理风险控制

1. 加强审查核心企业的信用资质

虽然反向保理业务中的借款方为供应商，但还款方是核心企业，所以保理商应重点考察核心企业的信用资质以及运营情况。因为一旦核心企业出现问题，风险会快速扩散，使与之相关的保理业务受到影响。

2. 建立供应商准入制度

核心企业的供应商数量极多，风险程度并不相同。保理商很难从中选出风险较低的供应商。如果供应商的货物出现质量问题，核心企业就会退货，这样一来保理商很有可能无法收回贷款资金。因此，为了降低风险，有必要建立供应商准入制度，对供应商进行评估，在维持供应链良好运转的基础上保障资金安全。

3. 加强对供应商与核心企业实际业务的监控

保理商应该监控核心企业与供应商之间合作关系的稳定性、货物质量以及发货的真实性。为了准确了解这些信息，保理商应当与物流公司展开合作，从物流公司手中掌握与之相关的交易资料。

（四）票据池授信

所谓票据池，是指由一定规模的票据组成的票据资产池，是银行向企业提供的一种综合服务性金融产品，包括票据管理、结算、融资和理财服务等有关票据的一揽子服务。

说得更通俗一点就是，企业将票据交给银行，银行帮其保管，同时银行还另外提供结算、融资和理财等增值服务。

票据池授信是指企业将票据质押或转让，转入银行授信的资产支持池，银行根据票据池的额度向企业授信。

票据池授信对于企业和银行来说都有好处。

（1）对企业来说，不仅防范了假票、克隆票和票据保管环节的风险，还有效解决了下属企业成员在营业活动中收付票据期限错配和金额错配的问题，完善了内部票据资源的统筹管理。

持票企业可以在不占用自身授信额度的基础上，通过票据质押融资业务办理流动资金贷款、银行承兑汇票、保函等各种方式的授信业务，提高自身的融资能力。

（2）对银行而言，利用票据池能够增加业务收入，并产生多项中间业务，同时还加强了重要客户的黏度并提升了重要客户价值贡献度。

银行等金融机构与企业运营通过票据池授信业务得以协作，开创了银企双赢的局面，构建了银行、企业和商品供应链互利共存、不断发展的产业生态。

一般来说，票据池业务主要分为5个功能模块，如图2-8所示。

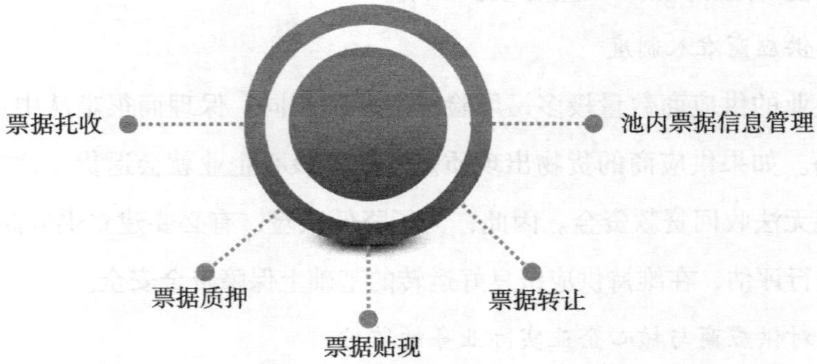

图2-8　票据池业务功能

1. 票据托收

客户可对票据池内的票据申请托收，如果票据池的可用担保额度足够，商业银行会将托收款项转入客户的结算账户。

2. 池内票据信息管理

客户每一天都可从银行获得前一日的票据池业务信息，并通过银行柜台或者银企互联渠道查询与商业银行签订的票据池协议信息。银行会在票据到期日之前通过银企互联渠道向客户发送提醒信息。

3. 票据质押

当银行认可客户提交的银行承兑汇票风险较低时，客户可以将票据加入票据池进行质押，形成可用质押额度，与票据池的保证金一起构成票据池可用担保额度。

4. 票据贴现

客户对池内票据申请贴现，当票据出池后进行贴现。

5. 票据转让

客户可以发起票据转让申请，当票据出池后背书转让给供应链下游企业。

票据池授信业务流程如图2-9所示。

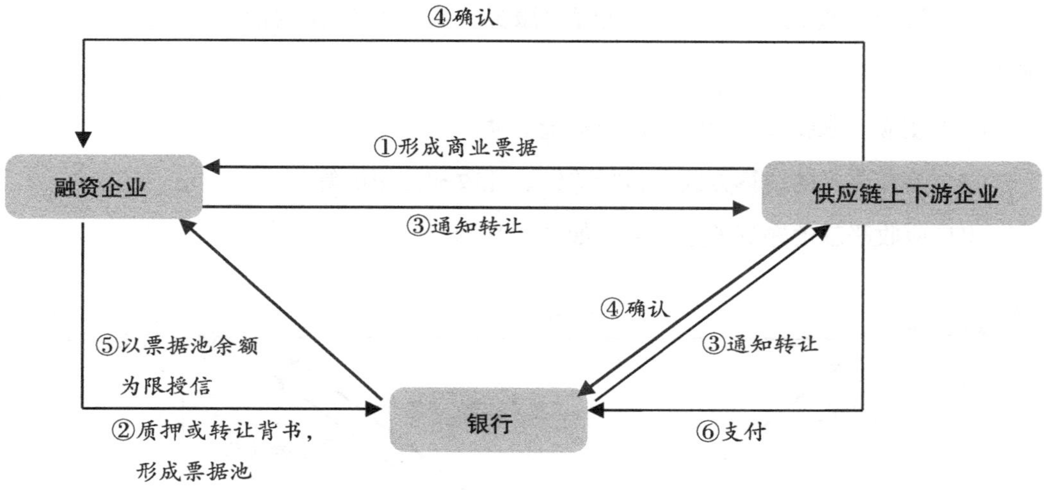

图 2-9　票据池授信业务流程

（五）出口企业的特殊供应链金融形态

出口企业的特殊供应链金融形态主要有两种，分别是出口应收账款池融资和出口信用险项下授信。

1. 出口应收账款池融资

出口应收账款池融资与保理池业务很相似，只不过保理池融资是将应收账款直接贴现，而出口应收账款池融资是将应收账款集合之后从银行获得短期融资，而且不如保理池融资中的应收账款额度大。

很多中小型出口企业的单笔出口金额非常少，平均不到 8 万美元，而很多银行提供的以赊销为主的保理或出口信用险融资产品具有极高的门槛，再加上这些中小型出口企业缺乏银行认可的抵押担保手段，融资困难程度可想而知。

如果这些中小型出口企业的现金回流记录良好，将这些企业零散的多笔应收账款集结到一起，纳入一个池子中，按照池内余额提供一定比例的短期融资，这样的操作方式就是出口应收账款池融资。

这一融资产品主要面向的目标客户有以下特征：相对固定地与多个国外买家进行交易，交易频繁，次数多，单笔交易金额小，交易记录良好。

出口应收账款池融资的特征主要有以下几点：

（1）汇聚零散以及额度小的应收账款进行融资，不用抵押担保。

（2）能够批量或者分次支取贷款，一站式融资。

（3）进行专业的出口应收账款管理服务，实时掌握收款情况，节约企业管理成本。

（4）使应收账款灵活运转，加速资金流动。

（5）具有多样的结算方式，包括赊销、托收和信用证等。

出口应收账款池融资的业务流程如图 2-10 所示。

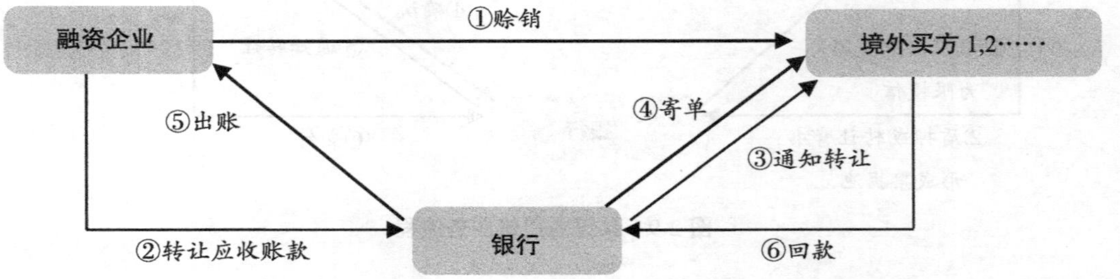

图 2-10 出口应收账款池融资业务流程

2. 出口信用险项下授信

出口信用险项下授信也被称为出口信用险项下的贸易融资。这类产品的客户是已投保出口信用保险的企业。企业将保险赔款的权益转让给银行，而银行则为企业融资。一旦发生保险责任范围内的损失时，保险公司理应按照保险单的规定将赔款支付给银行。

该业务主要有如图 2-11 所示的三个特点。

图 2-11 出口信用险项下授信业务特点

（1）零抵押，零担保

零抵押和零担保有利于企业融资。由于保险公司承担一部分风险，银行可以根据情况提高对出口企业的授信额度或者增加直接融资，这为企业及时获取银行融资提供了新的渠道。

（2）专业分工，风险分散

银行和保险公司各自发挥自身优势，分别分担不同方面的风险，实现对风险的分散。

（3）融资成本低

出口企业可以事先从银行获得资金，解决资金周转问题。同时，企业可以利用提前锁定收汇金额的方式规避汇率变动风险。

企业、保险公司和银行三者进行合作，降低了总体风险，开创了一种多赢局面。

图 2-12 所示为出口信用险项下授信业务流程。

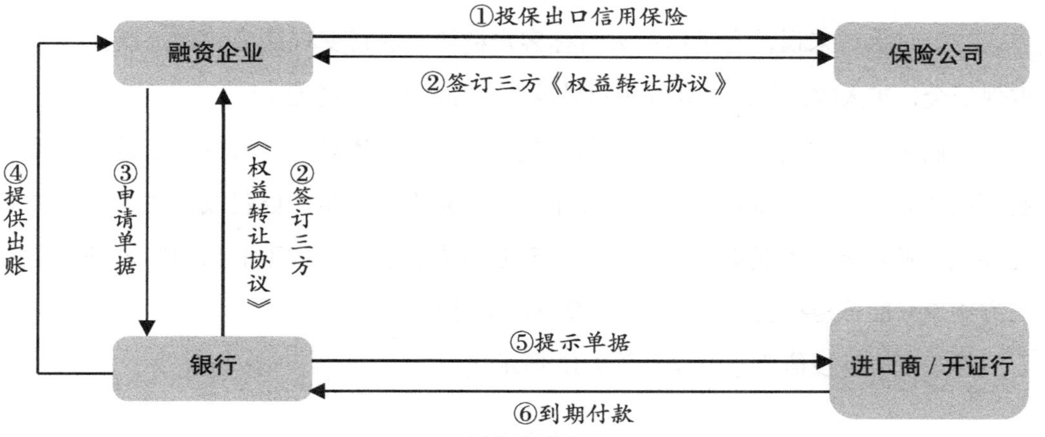

图 2-12　出口信用险项下授信业务流程

二、库存融资

库存是保证企业生产销售稳定、应对市场变化的重要工具，但它同时也占据了企业大量的资金。库存成本乃是供应链成本中的重要组成部分，分为占用成本和使用成本。占用成本就是机会成本，资金应用到库存中，同时也就丧失了应用在其他选择上的收益。使用成本则是指企业通过债券融资和股权融资所获得资金的综合资本成本。

为了降低库存成本，以往供应链会加强上下游信息沟通来减少库存，从而减少库存成本，而库存融资则直接帮助库存占用资金加快周转速度，提高其流动性，降低占用成本。

库存融资也叫作存货融资，主要形态分为以下几类。

（一）静态抵质押授信

静态抵质押授信是指企业将抵押货物交给第三方物流并取得贷款后就不能变动，直到抵押结束，清偿贷款以后才能重新流通使用抵押物。而且，客户不能以货易货，必须打款赎回货物。

这种融资产品主要适用于除存货以外无其他质押物的客户，并且客户符合批量进货、分次销售的特点。

静态抵质押授信对客户和银行都有好处。

（1）对客户来说，在没有其他抵质押物品的情况下，能够从银行获得授信，激活积压在存货上的资金，有利于扩大经营规模。

（2）对银行来说，它可以扩大目标客户群体，获得变现能力较强的质押物，获取保证金，扩大收入来源，并利用贸易链切入客户的上游企业。

我们不光要看到静态抵质押授信的优点，也要知道其不足所在。正是由于质押物不能在贷款清偿之前再次使用，如果质押物是企业的生产原料或半成品，很有可能导致企业需要生产的时候耽误生产，营收下降，从而导致不能如期归还贷款。第三方物流只能承担抵质押货物贬值和变现损失等后果。

静态抵质押授信业务流程如图 2-13 所示。

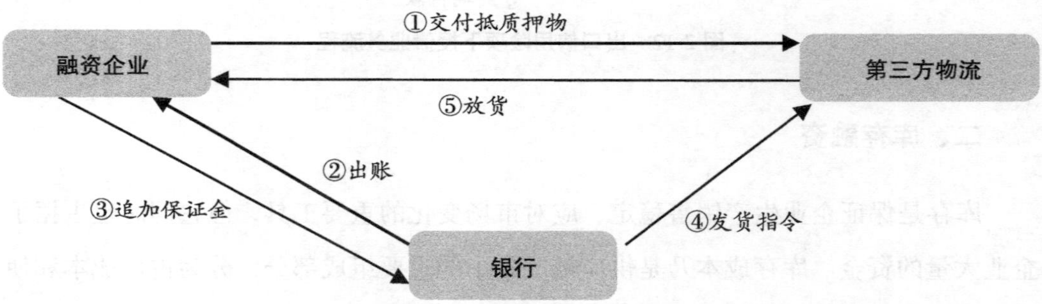

图 2-13　静态抵质押授信业务流程

由于以上提到的不足，静态抵质押授信业务往往很少使用，动态抵质押授信才是银行主要采用的库存融资产品。

（二）动态抵质押授信

与静态抵质押授信不同，动态抵质押授信允许客户使用被质押的货物。不过，这一情况也是被严格限定的，客户抵质押货物的价值需要有一个最低限额，只有超过这个最低限额，货物才能出库。客户也可以以货易货。

对于那些库存稳定、货物品类较一致、抵质押货物价值较易核定的客户来说，这种融资产品是一个不错的选择。同时，如果客户存货进出频繁，无法采用静态抵质押授信，也可以使用这种产品。

动态抵质押授信同样能够为企业和银行带来有利的影响。

（1）对于融资企业来说，以货易货的设定能够最大化消除抵质押对生产经营活动的影响。如果企业库存稳定，合理设置抵押物价值底线，在授信期间几乎不用启动追加保证金赎回货物的流程，既减少了成本，也盘活了库存资金。

（2）对于银行来说，相对于静态抵质押授信，动态抵质押授信的保证金收入虽然少了，但操作成本也明显小于静态抵质押授信，因为银行可以授权第三方物流企业进行以货易货的操作。

银行为了进一步降低风险，方便进行贷款融资业务，对企业抵质押货物品种做出了一定的限制。质押货物的品类最好一致，比如钢管、钢材等；或者货物价值易核定，比如有色金属、黑色金属、木材等。关于质押率，不同银行、不同质押物都会规定不同的质押率。一般来说，原材料比较容易变现，质押率较高；产成品尽管市场价值高，但不容易变现，质押率就较低。

动态抵质押授信业务流程如图 2-14 所示。

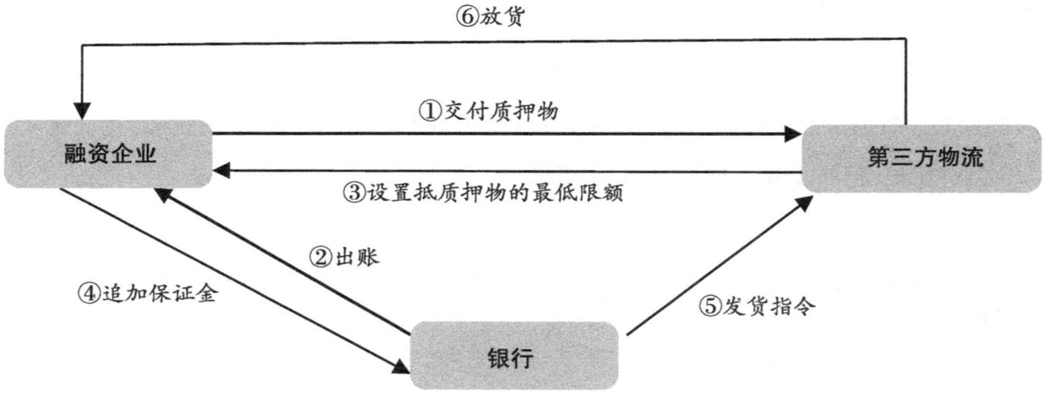

图 2-14　动态抵质押授信业务流程

（三）仓单质押授信

所谓仓单，是指仓储公司为货物存储人或者货物所有权人签发的，记载仓储货物所有权的唯一合法物权凭证。持有仓单的人可以凭此向仓储方提取仓储货物。

仓单质押授信，指的就是银行与融资企业、仓储公司签订合作协议，仓储公司签发仓单，融资企业自持或者由第三方持有作为质押物，为融资企业贷款的业务。

仓单质押授信业务的期限不得超过仓储物的储存期限，一般在一年以内。

如图 2-15 所示，仓单质押授信可以划分为两类。

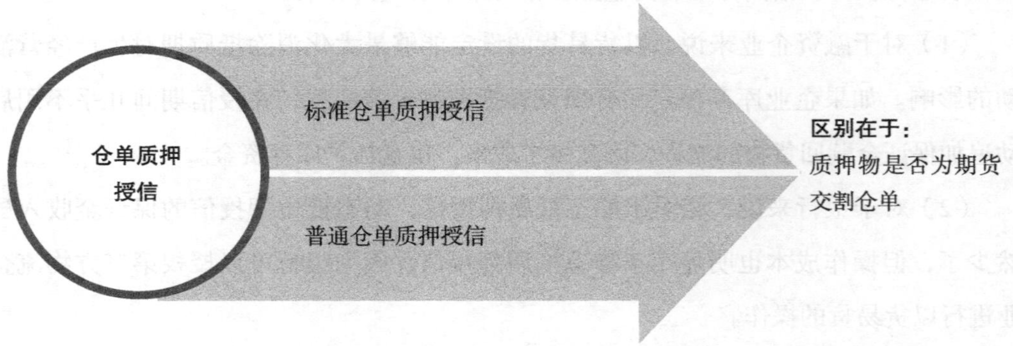

图 2-15　仓单质押授信分类

1. 标准仓单质押授信

所谓标准仓单，是一种标准化提货凭证，它必须符合交易所统一要求，在完成入库商品验收、确认合格以后，由指定交割仓库签发给货主，使其能够提取商品，而且该仓单必须经过交易所注册生效。

采用标准仓单质押授信的客户一般通过期货交易市场进行采购、销售或者套期保值，规避经营风险。

这一产品对客户的好处在于：手续简便，成本较低；对银行的好处在于：成本和风险都较低，而且由于其有很强的流动性，如果客户违约，银行容易对质押物进行处置。

标准仓单质押业务流程如图 2-16 所示。

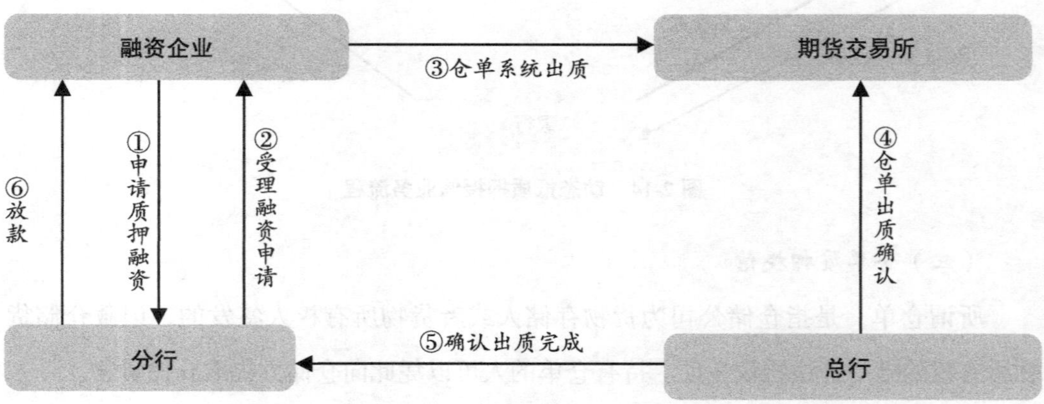

图 2-16　标准仓单质押业务流程

2. 普通仓单质押授信

所谓普通仓单质押授信，是指客户凭借由仓库或者第三方物流公司提供的非期货交割用仓单为质押物，并对仓单做出质背书，而银行则提供融资的一种金融产品。

由于仓单具备有价证券的性质，因此出具仓单的仓库和第三方物流企业都需要有很高的资质。

普通仓单质押授信的业务流程如图 2-17 所示。

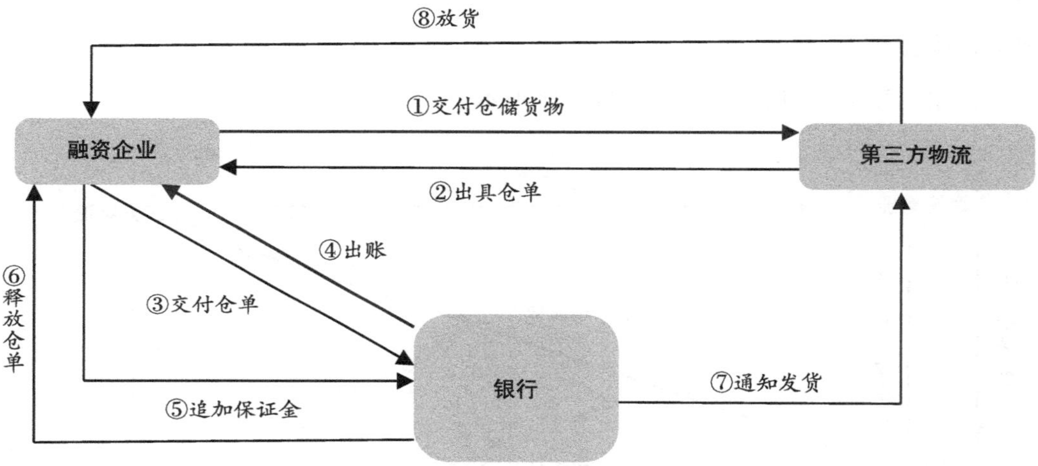

图 2-17　普通仓单质押授信业务流程

三、预付款融资

由于供应链下游企业一般要向上游供应商预付账款，从而获得正常运营所需的原材料、半成品或者成品。这样一来，下游企业的资金就被长时间占用，如果是价值较高的产品交易，下游企业的资金有限，很有可能无法抵偿购买商品的流动资金。为了解决这一问题，下游企业就要进行预付款融资，以某笔或者多笔预付账款进行融资，从而获得银行提供的短期信贷支持。

预付款融资主要分为先票 / 款后货授信、担保提货授信、进口信用证项下未来货权质押授信、国内信用证、附保贴函的商业承兑汇票。

（一）先票 / 款后货授信

先票 / 款后货授信指的是客户从银行申请融资获得贷款，在缴纳保证金的基础上向供应商议付全额货款，然后供应商按照合同规定发运货物，以银行为收货人。货物到达后，客户追加保证金，取走一部分货物。

这一融资模式对客户的好处在于：银行授信时间覆盖了供应商的生产周期和物流时间，而且货物到达以后可以转为库存融资，有效地缓解客户对流动资金需求的压力。另一方面，由于获得了银行的资金支持，客户与供应商洽谈时能够获得较高的折扣，提前锁定价格，防止以后涨价。

这一融资模式对银行的好处在于：银行可以沿着贸易链条进一步开发上游企业的业务资源。由于供应商承诺回购或者调剂销售条款，能够降低客户违约情况下的变现风险。

先票 / 款后货授信业务流程如图 2-18 所示。

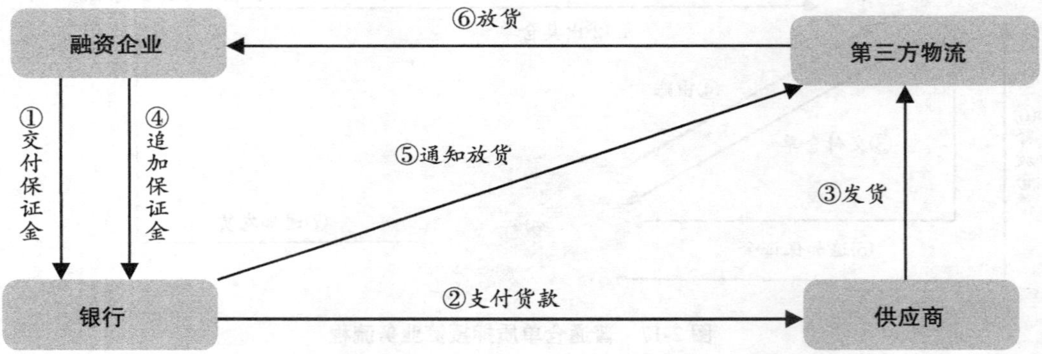

图 2-18　先票 / 款后货授信业务流程

（二）担保提货授信

担保提货授信也叫保兑仓授信，在这种融资模式下，客户要先缴纳一定的保证金，银行才会为客户提供贷款，用于支付供应商的采购款。随后，客户应分次缴纳提货保证金，银行再分次通知供应商向客户发货。假如供应商发货出现不足，应就其不足部分向银行承担退款责任。

这一融资模式同样是为了解决客户在商品采购阶段的资金短缺问题。

这一融资模式对客户的好处在于：客户大批量采购，可以获得价格优惠，而且客户可以在淡季一次性付款，在旺季收货销售，淡季时价格就较低，这样做就锁定了价格风险。

这一融资模式对供应商的好处在于：供应商可以一次性获得大批预收款，缓解了流动资金瓶颈，而且锁定了未来销售，销售稳定性增强。

这一融资模式对银行的好处在于：供应商成为卖方和物流监管两者角色的共同体，这样做简化了风险控制维度，并引入供应商发货不足的退款责任，解决了抵质押物的变现问题。

担保提货授信业务流程如图 2-19 所示。

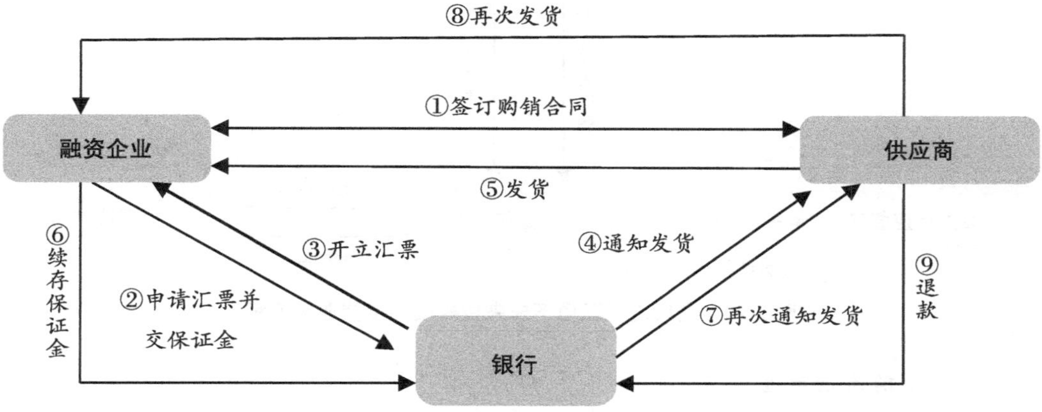

图 2-19 担保提货授信业务流程

（三）进口信用证项下未来货权质押授信

进口信用证项下未来货权质押授信是指进口商向银行缴纳一定比例的保证金，银行为其开信用证，并控制信用证项下的货权来控制还款来源的一种融资方式。这种融资产品的适合对象主要是：购买大宗商品的企业、拥有稳定购销渠道的专业进口外贸公司以及需要扩大财务杠杆效应、降低担保抵押成本的进口企业。

这一融资模式对客户的好处在于：假如没有其他抵质押物品或者担保，客户只需要缴纳一定的保证金就可以对外开证采购，而且缴纳少量保证金就可以一次性进行大规模采购，从而获得不少的折扣。

这一融资模式对银行的好处在于：由于银行放弃了过去在开证业务上对抵质押和保证担保的要求，非常容易扩大客户范围，而且由于控制货权，银行的风险并未明显增加。

为了管控风险，银行应该做到以下几点。

（1）查看不同类型的单证在控制货权方面是否全部有效。

（2）可以选择为在运货物购买以银行为受益人的保险。

（3）关注到货和入仓监管之间衔接环节的货权归属。

（4）提前想好客户放弃收货时的处理办法。

进口信用证项下未来货权质押授信业务流程如图 2-20 所示。

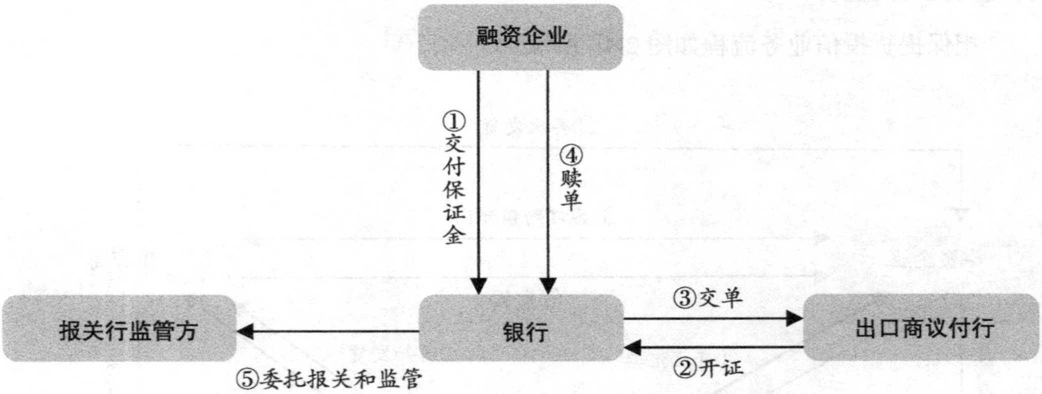

图 2-20　进口信用证项下未来货权质押授信业务流程

（四）国内信用证

国内信用证指的是在国内企业之间的交易中，客户向银行申请开立，向销货商开出的有一定金额、在规定时间内凭符合信用证条款规定的单据支付货款的书面承诺。

国内信用证解决了陌生的买方与卖方之间的信用风险问题，以银行信用弥补商业信用的不足，降低了很多传统人民币结算业务中的风险。由于没有金额限制，国内信用证模式下的交易更具弹性，手续也简单得多。值得注意的是，虽然客户申请的是延期付款信用证，但付款期限在 6 个月以内。

这一融资模式对客户的好处在于：客户可以通过银行给的授信额度延期付款，提前提取货物获得销售收入，然后再支付国内信用证款项。这样做就不会占有自有资金，减少资金链断开的风险，也提高了资金使用的效率。

这一融资模式对卖方的好处在于：卖方按规定发货以后，应收账款成立且具备银行信用保障，几乎不存在拖欠和坏账的风险。

这一融资模式对银行的好处在于：国内信用证规避了卖方的信用风险，更为有力地控制了货权。与此同时，银行业获取了与信用证相关的中间业务收入。

国内信用证的业务流程如图 2-21 所示。

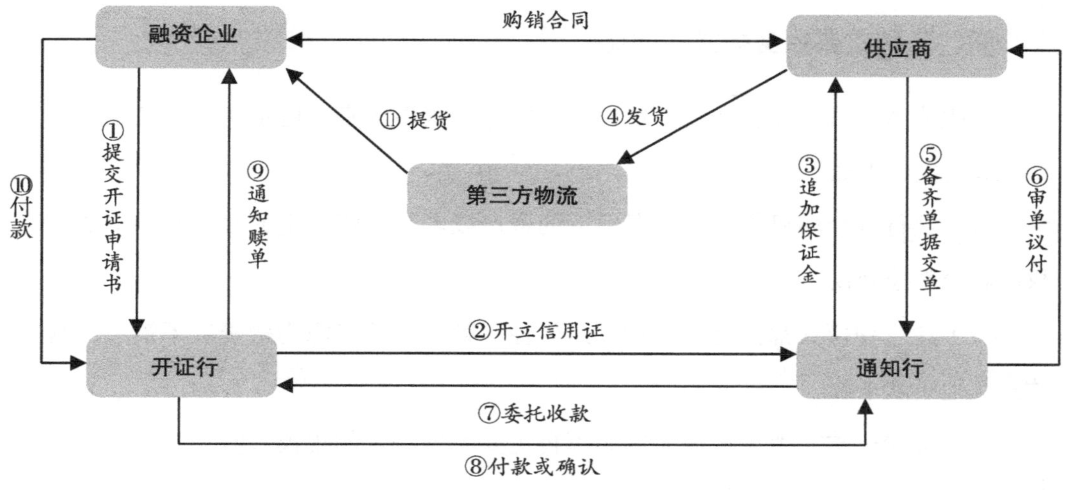

图 2-21　国内信用证业务流程

（五）附保贴函的商业承兑汇票

这一融资模式也称为商业承兑汇票保贴，是指银行对商业承兑汇票承兑人、背书人或持有人核定授信额度，并在授信额度内对其商业承兑汇票提供贴现的一种授信行为。通过对商业承兑汇票承诺保证给予贴现，商业承兑汇票就具备了银行信用，从而提升了商业承兑汇票的信用，加速其流通。

这一融资模式对交易双方都有好处：贴现率低于贷款，且免除手续费，融资成本较低。由于银行信用支持，出票人的信用等级得到增加，而且不用签署担保合同等文件，这一融资模式使用起来非常简便。

这一融资模式对银行的好处在于：银行可以控制资金流向，再加上票据责任形成了隐形连带担保，也就降低了银行的操作风险和成本。

附保贴函的商业承兑汇票业务流程如图 2-22 所示。

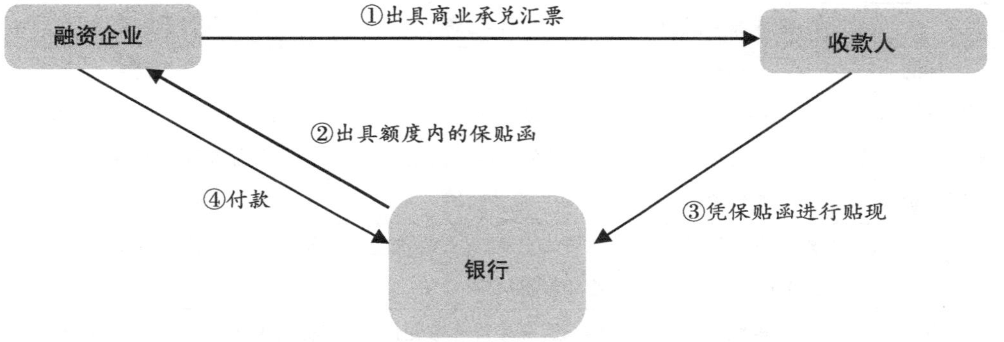

图 2-23　附保贴函的商业承兑汇票业务流程

四、三种主要业务模式的对比

应收账款融资、库存融资、预付款融资存在很多区别，但也有很多共同点。它们之间的共同点如下。

（1）银行等金融机构拥有融资项下的资产或者对融资产生的收入有一定的控制权或者全部控制权。

（2）这三种模式都具有自偿性和封闭性，第一还款来源为融资项下资产，其次才是其他还款来源。

（3）金融机构在考虑授信额度时不再主要考虑企业的规模和实力，而是重点关注企业之间的贸易背景和交易行为。

（4）金融机构在给予授信额度时，重点考察融资业务的自偿性和融资企业运用资金的能力。

它们之间的区别也很明显。

应收账款融资主要针对供应链下游企业，因为赊销账期较长，供应商的资金流紧张，这一模式的主要目的在于盘活企业未来的现金流。

库存融资的主要目的在于盘活在运物资以及产品储存在仓库占用的资金，最大化发挥资金效率。

预付款融资最大限度减轻了企业一次性付款带来的资金压力，尤其是大额订单，企业往往难以承担一次性大额付款。这种融资模式帮助融资企业拿到了超过自身资金能力的订单，也提升了上游企业的销售能力。

表 2-2 所示为三种融资方式的对比。

表 2-2　供应链三种融资模式的对比分析

	应收账款融资	库存融资	预付款融资
标的	债权	存货	预付货物
融资用途	盘活现金流	盘活现金流	分批次付款 / 获得提货权
融资企业位置	上游供应商	任何节点的企业	下游采购商和分销商
所属阶段	销售阶段	运营阶段	采购阶段
参与方	融资方、债务方和金融机构	融资方、第三方物流企业和金融机构	融资方、债权方、仓储机构和金融机构
风险控制	监视债务企业	跟踪监视存货价格变化	控制提货权以及监视货物价格变化

五、披着供应链金融外衣的特殊金融模式

前边所讲到的应收账款融资、库存融资和预付款融资虽然在业务模式上存在一定差异，但它们都是依托于供应链运营流程，是对供应链上的参与者提供综合性金融方案的金融模式，能够起到促进供应链持续运营、使链上企业和平台服务商等多方共赢的作用。

然而，市场上仍存在一种被冠以“供应链金融”，但与上述三种模式截然不同的特殊金融模式——套利套汇金融。这种金融模式实质上是“伪供应链金融”，根本不是为了促进供应链运行和管理，需要我们能够识别并规避。

（一）认清套利套汇金融

所谓套利，是指交易者将利率较低的外币兑换成利率较高的外币，从而赚取利息差，获取经济利益。

所谓套汇，是指交易者利用不同外汇市场的外汇差价和汇率变化趋势，在某一外汇市场买进货币，在另一外汇市场卖出货币，从而赚取差价利润。

假如套利套汇行为是基于虚构的交易过程，甚至采用违法的手段，无疑会破坏正常的经济秩序，产生巨大的危害。这种现象是不应该产生的，所以应当杜绝。有的套利套汇冠上“供应链金融”的名义，除了对经济秩序产生破坏作用，还对供应链模式创新起到恶劣影响，使这一新生事物在发展初期就出现畸形，愈发远离真实的产业供应链运行模式。

为了活跃进出口贸易，同时也为了实现海关收益，在实际处理中对这种行为的查处力度并不大。

（二）套利套汇金融与供应链金融的异同

为了将套利套汇金融与真正意义上的供应链金融明确区分开来，以防供应链金融概念被畸形化或者被曲解，我们有必要在此阐述两者之间的差异。

两者之间的差异主要表现为以下几个方面。

（1）套利套汇金融没有构建和整合供应链参与主体和网络，也不存在实际的供应链运作；而供应链金融的基础便是建设供应链体系，重点组织主体和客体网络，利用金融资源强化网络体系，使供应链参与者之间的沟通和协调更顺畅。

（2）套利套汇金融主要是采取虚构贸易的手段，利用境内外利差和汇差谋取不

当利益；供应链金融则力图寻求产业效益和金融效益的双重结合，使两者互相促进。

（3）由于套利套汇金融是操作者与境内外企业串谋来谋取不正当利益，并不真正涉及贸易和产业运转，所以对品质管理几乎不太重视，特别是对产品全过程品质和流程品质的忽略；供应链金融依托于供应链而存在，所以供应链金融的推动者不仅要管理金融流程，还要严格控制产品全流程的品质。

（4）套利套汇金融是在特定时期以及特定状况下的一种牟利方法，由于只依靠利差和汇差，其本身并没有可持续的竞争能力，因此，一旦汇率市场出现意外波动，导致利差和汇差消失，这种牟利行为不再可行；供应链金融则不同，其推动者具有良好的资源，能够不断发展其竞争能力，并使资源和能力不断顺应发展的要求而变化。

第三章　生产运营领域的供应链金融

如今生产运营呈现出"以服务为主导"的发展趋势。越来越多的生产企业开始从单纯提供产品转变为提供产品和服务，继而提供服务解决方案。可以看出，服务化是制造业的发展方向。在这一背景下，供应链金融被越来越多地运用到生产运营领域，成为发展产业供应链的强劲动力。

一、生产性服务业的概念

生产性服务业与工业生产密切相关，是为保持工业生产过程的连续性和技术进步以及产业升级从而提高生产效率提供保障服务的服务行业。它是一种与生产制造业直接相关的配套服务业，是独立于生产部门而发展出来的新兴行业。生产性服务业并不向消费者提供直接的服务，它是依附于制造业企业而存在的，贯穿了企业生产的整个链条，主要投入人力资本和知识资本，是第二产业和第三产业加速融合的关键环节。

由于具有很强的专业性和信息传递性，生产性服务业主要包括知识密集型、技术密集型和资本密集型产业。

表 3-1 所示为生产性服务业的具体划分。

表 3-1　生产性服务业的具体划分

生产性服务业	内容
知识密集型产业	金融、法律、设计和咨询等
技术密集型产业	信息服务、节能与环保服务、软件行业等
资本密集型产业	交通运输行业、物流行业等

生产性服务业提供的服务，不管是企业内部提供的服务，还是从企业外部购买的服务，都已经成为生产者所生产的产品差异与增值的主要源泉。因此，生产性服

务业具有如图 3-1 所示的三大特征。

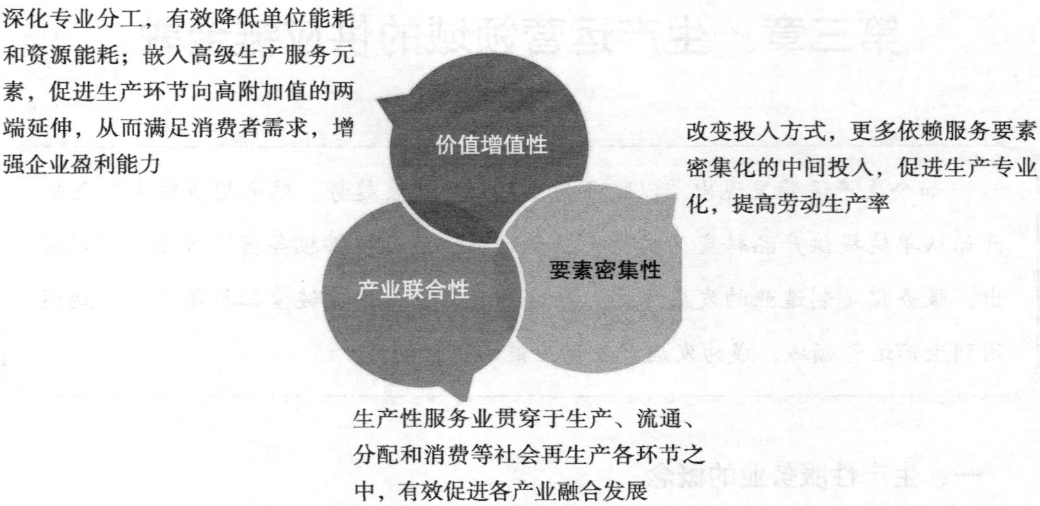

图 3-1　生产性服务业的三大特征

二、生产性服务业的产生与发展规律

确切地说，生产性服务业早已有之。

人类的产业时代从农业开始，随着三次社会大分工和农业的发展，为农业服务的交通运输业、邮政业务、商业产生；工业时代产生于 18 世纪下半叶，由于工业生产需要很多资金，导致融资需求产生，催生了金融业；生产行业旺盛，需要大规模流通和交换，商贸业兴起；由于投资带来的风险无处不在，这也导致保险业应运而生；市场竞争激烈，市场交易复杂多变，随之而来的则有广告业、租赁业、咨询业和律师行业等。

以上还只是生产性服务业的萌芽阶段，很多只表现为企业内部职能，服务业的真正爆发则是从 20 世纪 50 年代以后开始的。这一阶段，服务业在信息技术进步、市场需求扩张以及管理方式革新的基础上得以飞速发展，在经济中的地位和作用越来越大，而且其结构发生了十分深刻的变化。

一直到 20 世纪 80 年代，随着全球经济结构发生根本性转变，发达国家由工业型经济转变为服务型经济，充分反映出服务业在经济中的地位上升，生产性服务业得以兴起和迅速发展。发达国家的服务业就业比重在 20 世纪 90 年代已经达到

50%~70%，并一直维持在这一水平，这其中生产性服务业做出的贡献比重很大。

生产性服务业与传统消费性服务业不同，它具备技术密集、知识密集以及高附加值与高管理水平的特征。

生产性服务业的产生主要是由于四个方面的因素而引起的，如图 3-2 所示。在这些因素的推动下，制造业的分工水平和专业化水平不断提高，生产效率不断提升。

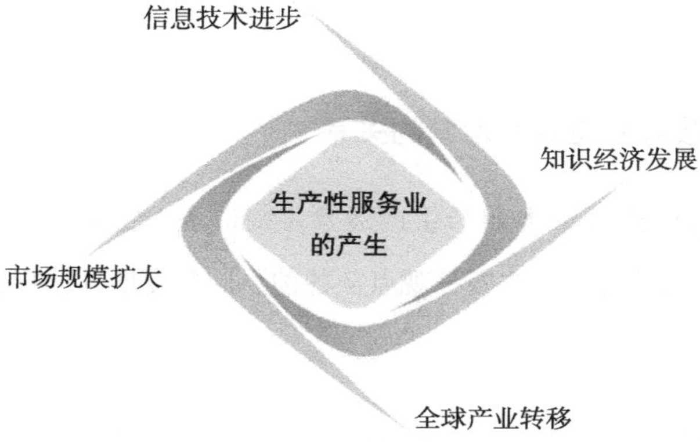

图 3-2　生产性服务业的产生因素

1. 信息技术进步

正是因为信息技术进步才能让生产性服务有了外部化的倾向。信息技术进步让制造企业的生产和流通更加专业，各个环节不再过于相互依赖，部分职能开始外部化，从而有力地降低了企业的成本。而且信息技术的进步打破了服务的产生和消费的同时性和不可贸易性，这主要得益于服务的存储，能够将服务进行远距离输送并交易。另外，信息网络的出现也降低了交易成本，使服务业产业化的进程加快。

2. 知识经济发展

知识经济具有规模经济的特征，企业内部职能部门要想获取专业技能或者经验，必须依靠不断地积累。在知识经济迅速发展的背景下，很多企业为了发展核心业务，更乐意便捷地从市场上获得专业技能和专业知识的服务。

3. 全球产业转移

20 世纪 80 年代以后，新一轮的全球产业分工开始展开。发达国家的劳动密集型产业和资本密集型产业无法创造更多的附加值，生产率不断下降，发达国家只好将这些产业转移到成本更小而且劳动力过剩的发展中国家，而在本国保留并发展生产性服务业，以便于实现对制造业的支持和控制。因此，生产性服务业逐渐取代制造业成为发达国家的支柱产业。

4. 市场规模扩大

自 20 世纪 50 年代开始，市场上对工业生产形成了巨大的需求，这使企业将为数不多的资源投入到竞争优势领域，以促进规模化生产并获得规模收益。由于发展中国家的市场经济进程加快，对外开放程度加深，工业品大量涌入发展中国家。在此背景下，制造业企业开始着手规模化生产，并把与核心产业无关联的业务剥离，从而产生了生产性服务业。

三、生产性服务业与生产运营的关系

国内外学者对生产性服务业与生产运营（制造业）之间的关系一直颇有争议，总共产生过四种不同的观点。这四种观点从各种不同角度展开分析，如图 3-3 所示。

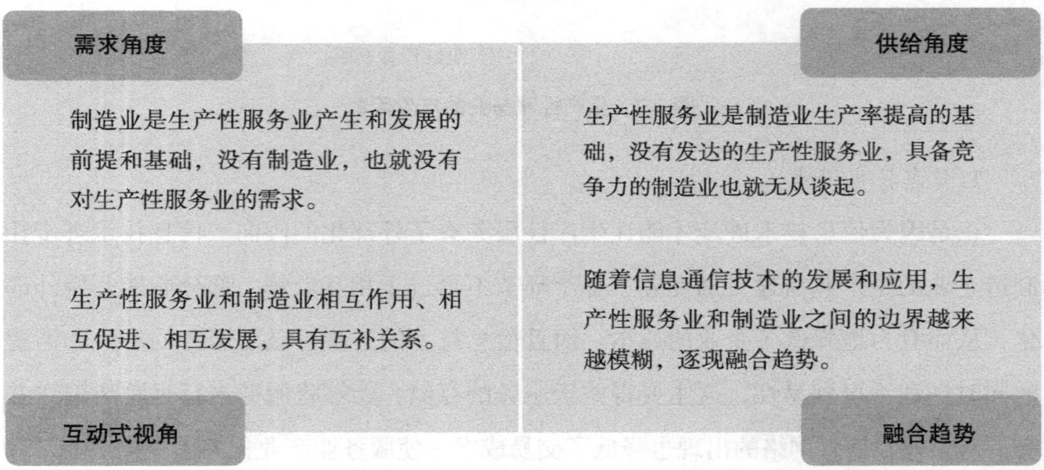

图 3-3 生产性服务业和生产运营之间的关系

按照当前生产运营的发展趋势来看，生产性服务业与生产运营之间的先后关系已经很难区分，两者相互融合和相互促进，使生产运营的模式和方法产生了巨大的改变。

生产性服务业与生产运营的融合发展，其核心内涵在于价值链环节的融合发展。

价值链这一概念最早是由美国的迈克尔·波特于《竞争优势》一书中提出。价值链是一个企业用来设计、生产、营销、交货以及对产品起辅助作用的各个活动的集合。企业中的任何活动都可以用价值链来表示出来。如图 3-4 所示，企业的价值创造主要通过一系列活动构成，包含辅助活动和基本活动。

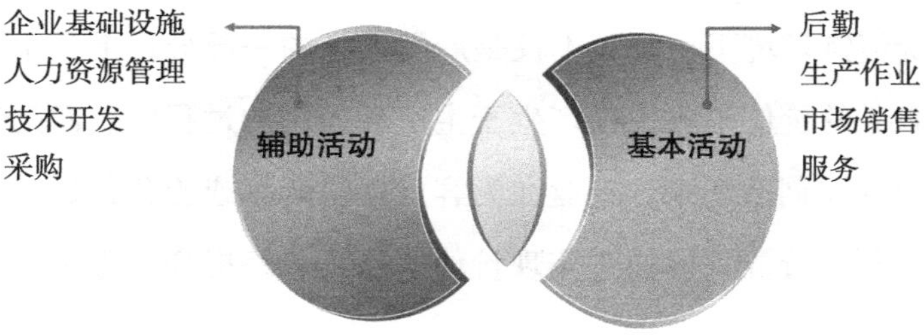

图 3-4　企业价值创造的活动

从价值链的角度看，生产性服务业与生产运营的融合过程其实是原有产业价值链的分解和整合。

1. 价值链的分解

由于生产技术越来越进步，产品的加工程度越来越高，市场不断扩大，社会分工更加细化，价值链增值环节越来越多，结构也更加复杂。这时，产品从一开始设计、生产到营销和运输等全过程已经很难由一家企业来完成。因此，价值链开始分解，一些为制造业服务的功能从价值链中分离出来，原有的价值链条分解为散落、混沌的价值活动网络。

2. 价值链的整合

价值链被分解以后，市场将会截取那些最优或者核心环节，突出那些具有成熟而精湛的技术、成本也较低的企业，它们迫使一些大而全或者小而全的企业不得不放弃某些增值环节，根据自己的比较优势选择若干环节增强价值再创造能力。

这些企业根据价值系统进行整合，形成新的价值链，并在产业融合的过程中创造出新的价值。

生产性服务业和制造业的融合也被称为制造业的服务化过程，主要是因为两者的融合是通过服务业价值链向制造业的渗透或延伸来实现的。两者的融合就要求企业必须从顾客的角度来审视价值链。顾客购买产品不再只关注产品本身，还关注产品所带来的服务效益。

四、认识生产运营领域的服务化战略

以服务为主导的生产模式就是服务化战略。实施服务化战略成为了制造业企业扩大盈利来源的重要武器，不仅如此，服务化战略可以帮助我国由低端制造向高端智造转变。

在全新的价值链环境下，服务不仅是产品供应的一部分，更是企业生产运营的基础。产品或服务的价值不再仅仅产生于生产和销售的过程中，而是通过企业与客户以及其他伙伴共同创造而来。企业在为客户提供产品或服务的过程中，应与合作伙伴协调资源与利益分配，以便于实现价值共创，最终提高服务绩效，提升企业的竞争力。

价值共创本是一个营销学概念，但在制造业服务化战略领域也引起了不小的反响。价值共创这一概念将价值创造的主体由制造企业转变为客户，制造企业将客户视为上帝，对其提出价值主张，然后与合作伙伴一起来实现客户需求。这使得原来的传统单一价值创造过程改变为互动式的价值共同创造过程。

根据客户使用的服务不同，服务化战略可以分为四类，如图 3-5 所示。

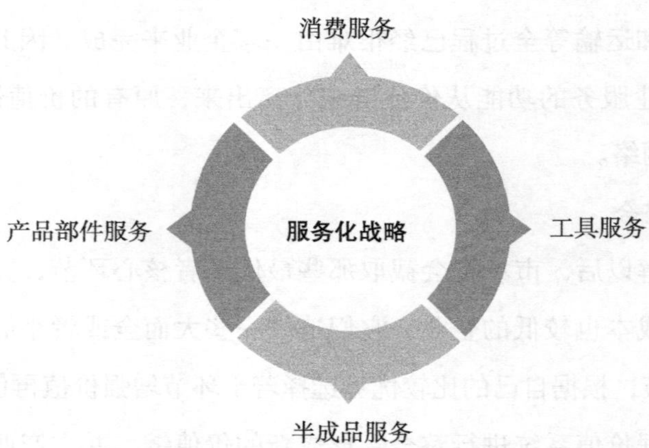

图 3-5　服务化战略的分类

消费服务是指企业为客户提供相匹配的服务，以此来支撑客户企业的各种核心流程；产品部件服务要求产品或服务保持原有形态向客户传递，而工具服务则按照客户的要求以某种既定方式影响客户的主要流程，但这两者都要求企业具有创新能力，满足客户的特定需求；半成品服务则要作为要素投入客户企业，最终由客户传递给最终用户，这一服务要求客户与供应商能够同步交接，匹配度良好。

生产运营领域的服务化战略主要可以分为三个形态，如图 3-6 所示。

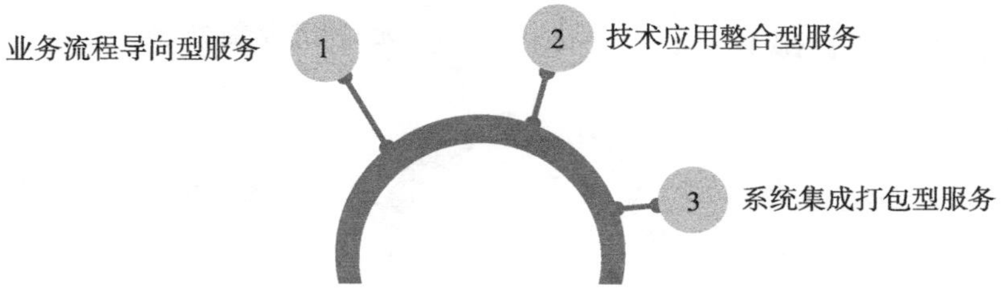

图 3-6 服务化战略的形态

1. 业务流程导向型服务

业务流程导向型服务侧重于与客户企业的长久合作关系，是一种与客户协作的思维，主要通过对客户的交易活动进行调节，满足客户需求，降低运营成本，使客户价值增值，比如代理运营客户的管理活动、履行订单或者物流活动等。

2. 技术应用整合型服务

这类服务要求企业能够灵活地响应客户的需求，根据客户的特定需求提供技术或者产品解决方案。该服务侧重于对客户企业的技术应用进行整合和技术优化，比如项目、工程等与技术有关的业务。通过整合技术应用，能够让客户企业的内部运作更具灵活性，从而更有效地满足市场需求，发挥出服务提供者自身的技术能力。

3. 系统集成打包型服务

所谓打包，指的是对客户提供一揽子服务；系统集成是指提供总体解决方案，以此来实现综合价值。系统集成打包型服务综合了技术应用整合型服务和业务流程导向型服务的特点，提供整体解决方案，满足客户就特定事件或问题所提出的诉求。该服务要求服务提供商应有一定的经济和实践基础。

五、生产运营领域供应链金融服务的模式

当我们了解了上述提到的服务化战略以后就可以看出，企业生产供应链运行的效率要想提高，需要服务提供者运用特定的方式满足客户差别化的价值诉求以及协作生产要求。金融也是一种重要的服务投入要素，对于生产运营能够起到很好的推动作用。

根据金融在生产运营供应链中发挥的角色和起到的作用来分，供应链金融的模式可以分为三大类，如图 3-7 所示。

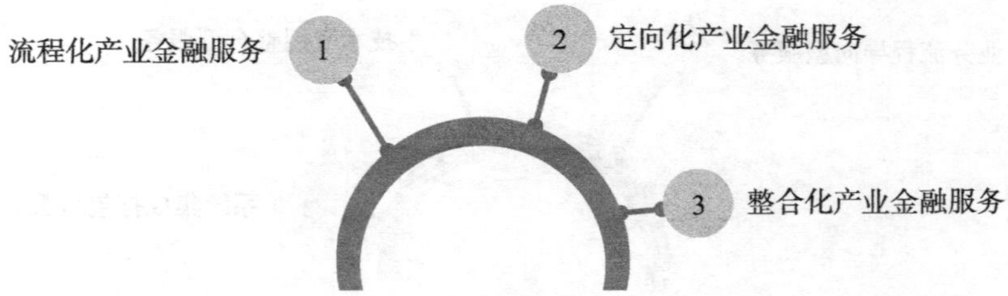

图 3-7 生产运营领域的供应链金融模式

（一）流程化产业金融服务

这类金融模式与业务流程导向型服务相一致，能够通过一体化的生产来实现。流程化产业金融服务还依靠虚拟生产技术。虚拟生产是指依靠互联网技术和计算机技术来打破空间束缚，构建管理扁平化、竞争合作相结合的动态组织，以各自的核心竞争力为中心开展生产运营活动。

我们都知道，生产运营活动非常复杂，在当今全球化的背景下，参与方众多且分散，很容易产生信息不对称，这无形中增加了成本费用。再加上不同的产业机构、市场和技术壁垒的存在，不同生产环节或者供应环节产生不均衡的产业结构。也就是说，供应商之间具有不同的市场支配力，造成生产运营流程非常不稳定，交易成本增加。

在这一背景下，假如服务提供者能够通过金融来整合生产运营流程，不仅可以帮助客户稳定、持续地运营生产，还可以弥补市场支配力不均衡产生的生产运营瓶颈，从而既实现客户的价值，又变革生产方式。

在这一模式下，金融活动主要起到两方面的作用。

1. 整合虚拟生产网络

虚拟生产中的货物、信息和服务具有高度统一的特征，它们都是一系列的数字且与消费者选择相关。只要消费者或客户发出需求，企业就能够按照需求定制不同种类和任意批量的产品。企业还会在虚拟生产中采纳各方面的意见，包括顾客、销售商、供应商以及生产者，然后据此进行不断的设计，直到需求者完全满意为止。

虚拟企业在这一过程中出现了。这是一种新的组织形式，它的表现形式不是具体的物理位置和具体的公司实体，而是从商务过程或者资源中综合出来的一种新的生产能力。不过，要想实现虚拟企业，金融资源的支持同样非常重要。

虚拟企业一般要在某一时间内将适合的经济主体聚合起来并完成某一特定任务，

这就需要充足的资金来保障其运行。对于中小企业来说，尽管它们具备潜在资源和竞争力，但经常由于缺乏资金而错过虚拟生产网络。供应链金融很好地解决了这一问题，它通过帮助中小企业解决资金问题，使得生产网络能够源源不断地聚合新力量，以此来提升虚拟生产的效率与效益。

2. 金融推动生产扁平化

生产扁平化，是指减少生产运营的中间环节。

对于供应商来说，生产扁平化可以降低供应成本，从而增加客户企业的商品销售优势；对于生产制造企业来说，可以降低采购成本，从而降低产品制造的实际成本，提高产品在市场中的竞争优势。

然而，实现生产扁平化因为生产过程中经营活动的衔接出现问题而变得困难，这主要是因为地理位置的距离以及物流过程的复杂，明显拉长了企业的现金流量周期。

现金流量周期是指企业将现金投入生产运营开始到获取现金为止的时间跨度。现金流量周期用天数来衡量。

现金流量周期 = 平均库存期 + 平均获取时间 － 应付账款时间

通过这一公式就可以看出，要想降低现金流量周期，就需要减少应收账款时间，延长应付账款时间。不过，这一目标常常难以实现。

供应链金融让服务提供者通过融资顺利地开展生产经营活动，连接生产过程，很好地解决了资金困难的问题。

（二）定向化产业金融服务

定向化产业金融服务是核心企业依托自身的产业供应链，凭借自身生产的产品和业务，为上下游客户提供金融服务，通过金融资源实现产业供应链的顺利运营，巩固了与上下游企业的关系，在促进产品和业务发展的同时还拓展了供应链服务化的空间。

定向化产业金融服务对客户企业来说，主要有以下优势：有利于减少客户企业在无关运营活动中浪费精力，减少成本，使其投入到生产运营和市场开拓的活动中，增强其对服务企业以及产品的信心，并进一步巩固两者之间的合作关系。

要想从事定向化产业金融服务，需要具备以下前提条件，如图 3-8 所示。

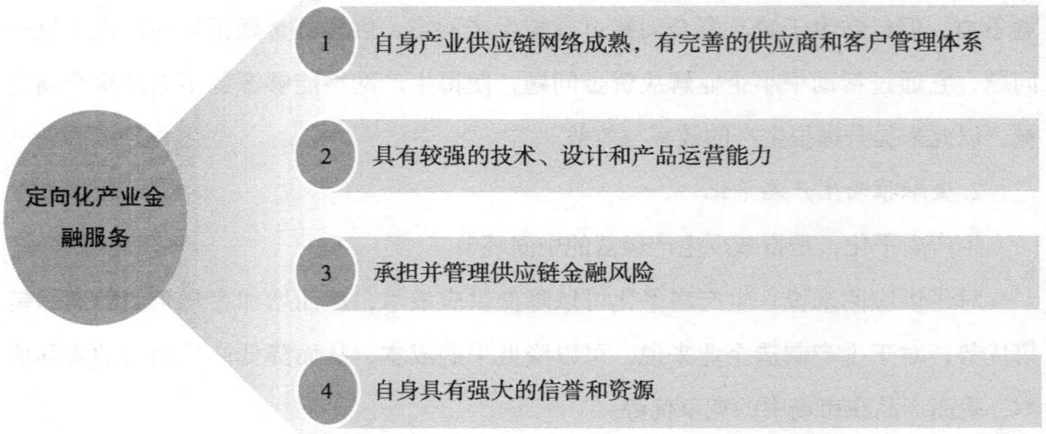

图 3-8 从事定向化产业金融服务的条件

（三）整合化产业金融服务

整合化产业金融服务结合了流程化产业金融服务和定向化产业金融服务两种形态，高度整合了产业链全流程。不仅如此，整合化产业金融服务还充分结合自身的技术和产品，通过提供金融服务，保障自身供应链高效运行，获得收益，并稳定和上下游之间的关系，在为其他企业服务的同时为自己拓展进一步发展的空间。

对客户企业来说，这种金融服务的优点综合了前两种金融服务的优点。

1. 高度的流程整合降低了交易成本

由于供应链运行的长度和复杂性，客户面临着巨大的交易成本。客户不仅要自己组织管理复杂的生产经营活动，还要面对变幻莫测的竞争。尤其是在专业产业领域，买卖双方要想了解交易对象的情况，困难重重，而且信息不对称现象严重，时刻损害交易双方的利益，再加上生产和分销企业之间的交易存在很多不确定性，交易由不同时间和地点随机展开，交易费用常常居高不下。

整合化的供应链金融打通了供应链的渠道，实现了全供应链流程结合，很容易解决上述问题。

2. 定向化的服务稳定了供需关系

定向化的服务保证了特定技术和产品得以运用，帮助客户更好地了解和使用服务提供者的产品和技术，将产品技术和服务真正结合起来，并让客户把精力集中在自己的生产经营活动中，稳定了供需关系。

对于金融服务运营商来说，定向化的服务不仅能够使其成为产业流程的组织者和管理者，还可以改变以往的产品业务销售模式，使自己成为综合性生产运营商，让产品和业务可持续发展，稳定供应链体系，增强供应链的竞争力。

第四章　贸易流通领域的供应链金融

由于近年来产品同质化、成本差异小等现象逐渐突出，企业开始把竞争的重点聚焦在渠道优势上。制造企业也开始向流通领域进军，电子商务风起云涌，大型连锁超市异军突起，这些都预示着贸易流通领域将要进行一场深刻的变革。

因此，贸易流通企业要完善自身在保管、装卸、包装、运输以及信息获取等方面的能力，将之前单一的买卖和流通活动转变为多功能市场和综合物流服务。物流和产业服务在环境变化中对生产和销售起到了强大的拉动作用，成为企业发展的一大支柱或者利润源泉。

一、贸易流通企业面临的挑战和发展机遇

贸易流通企业如今遇到的挑战越来越多，但主要集中在生产商不断发展带来的威胁与零售业发展带来的威胁。

（一）生产商发展对流通业带来的威胁

近年来，随着供应链管理的不断发展，制造商和经销商之间逐渐产生产销联盟，通过签订协议，形成风险共担、利益共享的联盟体，共同管理和规范销售行为。产销联盟一般由两个或两个以上企业自愿组成，追求长期、互惠互利的合作，及时为消费者提供满足其需求的产品。

之所以形成产销联盟，主要是因为企业自身销售渠道有限，当市场需求旺盛时，生产的产品若不能及时销售出去，就会带来浪费，形成巨额损失；企业如果将全部精力集中于整个供应链，管理水平也很难与之匹配，要想兼顾上下游并具备优势，没有一定的积累很难做到。因此，产销联盟作为一种优势互补模式，很好地解决了这个难题。

这样一来，产销联盟的出现对传统的中间环节流通业带来了不小的冲击。流通

业不得不面临着日益恶劣的经营环境与生存威胁。很多企业甚至已经打出“去中介化”的口号，要在未来消除中间商。

传统流通业的利润来源主要是利用自身集货和分销的地位来获取差价，但流通加工、信息处理以及分销网络建设规划等功能一概没有，这对于需要进行柔性化经营的企业来说，是一个需要弥补的一环。

流通业面临的生存威胁不仅来源于其增加了企业的流通费用和成本，还在于其放大了整个产业链的波动幅度，使生产商的经营风险不断扩大。因为在传统的经营流程中，物流环节越多，波动越大。

假设供应链由零售商、批发商、分销商和生产商组成，零售商会根据自己对市场需求的预期向批发商订货，这一过程零售商增加了一个风险需求量，也就是说，他会考虑消费者购买需求大于供货情况时的应对情况；批发商接到零售商订货时，他也会考虑到供货与需求的关系，增加一个风险需求量，即风险库存，这无疑放大了波动。以此类推，到分销商或生产商的环节时，波动幅度会更大，风险也就越来越大，过程如图 4-1 所示。

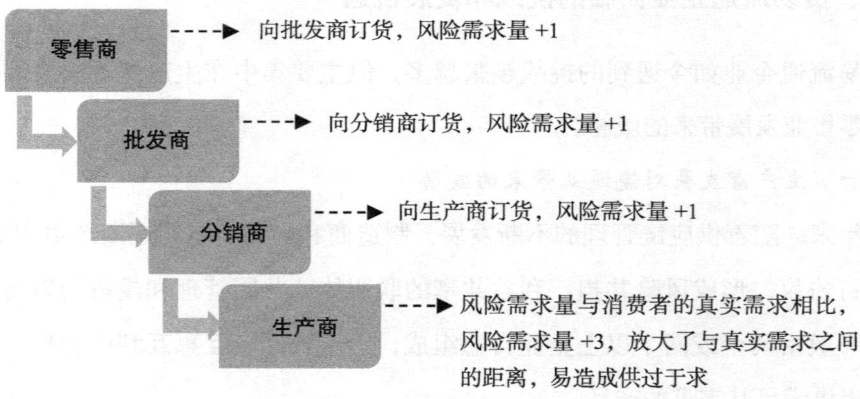

图 4-1 供应链各环节的风险需求量

显然，如果能缩短供应链中的流通环节，缩短订货期，实现供应链各环节的信息共享，风险就能够有效控制。因此，传统的流通业如果不尽快转移自身的目标定位，将会很难生存。流通业应该实现对生产商和供应链下游客户的经营支持，帮助他们提高业绩，有效控制供应链的运行成本。

（二）零售业发展对流通业带来的威胁

零售业的发展也对流通业带来不小的威胁和压力，主要体现在零售连锁和多渠道经营两方面。现在网络销售是一个大热的趋势。这些新形势的出现威胁了传统流通业的生存，但也为其提供了再生的广阔空间。

1. 零售连锁化

随着零售连锁化不断推进，很多依靠中小专业零售店的不同业种的流通企业越来越难过。为了缓解危机，改变困局，以便于在将来更好地生存发展，流通企业只有适应时代变化，不断革新才能实现目标。因此，流通企业应该做好应对零售连锁化的发展趋势，在进货全方位化和信息集中化的前提下有效开展物流业务，从而找到新时期流通业的生存前景。

2. 多渠道经营

在多渠道经营的背景下，零售业在发展过程中需要实现高效率的供应链管理。为了实现这个目标，可以排除中间的流通企业，自建物流体系。但这样做的问题是，建立一个完整而封闭的物流体系在零售业中几乎没有先例，而且投资巨大，商品经营成本会增加，再加上建设周期非常久，这些无疑削弱了零售经营自有的灵活性和及时性。

因此，很多零售企业是利用那些在流通业中地位不保的流通商，通过其专业化的流通业务能力来建立现代化的物流体系。这样不仅能降低开发投入，节约成本，还能利用流通商的经验快速发挥效益。

流通商则要利用这一机遇，学习如何改变传统的经营思路，根据零售业的发展再造流通流程，将传统的专业流通物流转变为零售支持型流通物流。

随着生产和流通体制的变革，尤其是生产企业结构的变化以及零售业在流通产业链中地位的变化，流通业面临着新的挑战和发展机遇，如图 4-2 所示。

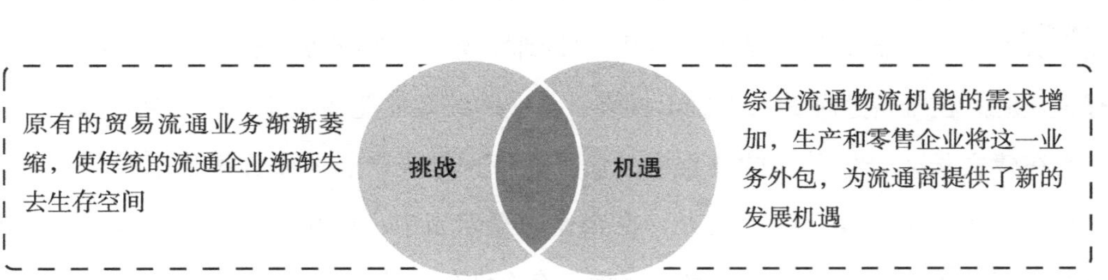

图 4-2　流通业面临的挑战和机遇

（三）现代流通企业应具备的能力

要想应对挑战，迎接机遇，流通企业必须做出变革，这样才能使生产商和零售商愿意将业务外包。流通企业在为客户企业服务的过程中，可以依靠这些能力找到自身长远发展的空间。如图 4-3 所示，现代意义上的流通企业应当具备三种能力。

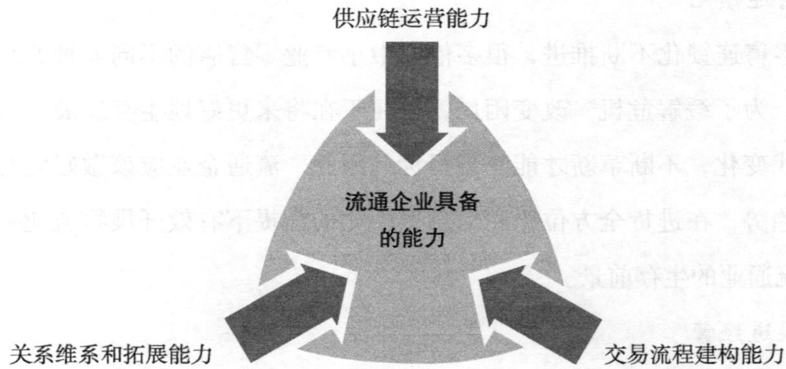

图 4-3　现代意义上的流通企业应具备的能力

1. 供应链运营能力

流通企业在分销过程中表现出来的能力以及取得的成效便是所谓的供应链运营能力的体现。

（1）流通企业应该能够通过采购、备货以及管理库存来有效控制成本并应对客户企业的产品诉求，让客户企业能够便利地获得产品。

（2）流通企业要能够依靠自身的信息系统迅速处理和履行客户的订单。

（3）流通企业要具备健全的服务网络和物流中心，可以灵活处理各种产品的流通业务。

（4）流通企业应及时且迅速地应对客户企业的需求变化，调整自己的战略。

（5）流通企业应该具备良好的信息处理能力。

2. 关系维系和拓展能力

流通企业要能够与供应商或者下游客户之间建立良好的关系并使其得到发展。建立关系之后，流通供应链的结构可以得到稳固，并最终促进分销绩效的提升。只有企业愿意在维持这种关系上做出投资，企业的绩效才能在供应链中得到提高。

在建立长久合作关系的过程中，信任、专用性资产、关系连续性以及信息分享也是十分重要的因素。除此之外，在企业的经营当中，产品的组合和结构也是影响企业之间关系建构的关键性因素，因为只有企业经营产品结构增强了客户的满意度，它才能实现良好的财务绩效。

3. 交易流程建构能力

交易流程建构能力能够反映供应链交易流程的顺畅性和市场开发度。此种能力对分销服务和企业的绩效能够起到非常大的影响。流通企业要懂得匹配和整合供需，企业各部门共同制定最贴近市场需求的预测，并据此实现业务目标。

二、贸易流通企业的物流独特性业务

流通业的未来发展趋势是成为综合物流和服务提供商，要想实现这一目标，流通业就必须制定出符合自身规律的业务战略要求，发展物流独特性业务。

所谓物流独特性业务，是指为某类或者某项产品单独设计相应的供应链。流通企业会根据客户的需求、供应商的运营能力以及对产品包装、仓储、交易和发货等能力的分析，让商品单独享受独特的物流业务，实现一对一服务。每个物流独特性业务都需要进行供应和需求分析，因为供应商的能力对供给产生影响，客户的购买能力对需求产生影响。

为了优化供应链绩效，在分析物流独特性业务的时候，有必要提出几个战略目标，如图 4-4 所示。

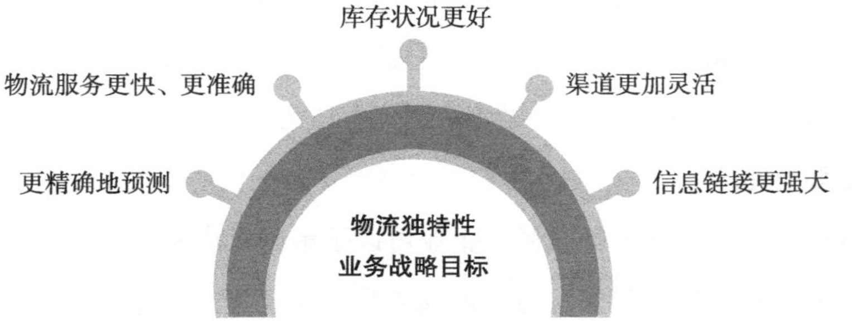

图 4-4　物流独特性业务战略目标

1. 更精确地预测

在传统的供应链中，供应商和下游客户主要是利用数据模型和变量来对商品的需求进行预测。如今供应链上下游可以实时共享任何时点的销售数据，共同制定并使用预测需求的数据。供应链中各方进行需求信息交换的方式是协同预测和补货，这样做可以使供应链中的供与需同步，减少库存，提高资产利用率。

协同预测分为三种，分别是简单协同、规划协同和模式协同。

（1）简单协同

简单协同是指上下游企业和贸易商之间每天通过信息系统传输数据，这些数据包括未来订单数量、仓库流动、销售预测等。需求量通常根据以上数据进行确定。

（2）规划协同

规划协同是由少数贸易商进行的较为复杂的协同，主要是为供应商进行需求量变动情况预测以及规划，以此来指导供应商补货。

（3）模式协同

模式协同是指两个企业共享运营模式，将各自的生产能力、经营状况、存货数量和未来订单都分享给对方，以便于使贸易合伙人实时了解，提高贸易效率。

2. 物流服务更快、更准确

提高物流服务的速度，让每一次物流运输量都减少一些，但运输次数增加一些，做到少量多次，缩短生产商从收到订货到出货所间隔的时间。这样可以减少生产商和零售商的平均库存，并且使零售商的订货模型更加稳定，为生产商的生产决策带来了很大的便利，促使生产商和零售商双赢。

3. 库存状况更好

贸易商一直努力保持存货水平和销售需求之间的平衡。经营者一般通过店面布置、陈列和设备、货架产品说明监控商品的销售速度，以防止缺货或者存货过多。不仅如此，供应商和经营者进行合作，提高了为下游客户及时补货的能力，减少了下游客户的等待时间，也减少了上游客户的库存压力。

4. 渠道更加灵活

在分析物流独特性业务的时候，企业可以了解到供应链系统支持的渠道类型和渠道数量，并掌握可以运用的渠道资源和数量。企业可以充分利用供应链的现有结构来满足相关产品的分销以及对市场的开拓，这不仅大大提升了渠道分销的效率，减少客户盲目投资渠道所产生的费用，还充分拓展了渠道的市场空间，最大化地实现了企业的经济效益。

5. 信息链接更强大

强大的贸易商应该能够结合先进信息网络，建立以物流独特性业务为导向的灵活的供应链结构，只有这样才能在世界市场上展示自身实力。

要想实现现代化的商流，商品的移动就不能因为等待正确决策而出现延迟现象。

目前供货时间和销售周期都已缩短，在这种前提下，要想具备竞争优势，企业之间就必须获取和共享准确的信息。以往贸易商可以利用优势产品避免在信息技术上落于下风，但如今成功的销售必须在信息技术和产品两方面都具备优势才行。

因此，贸易商应该在先进系统和通信网络上进行投资，并不断补充具备竞争性的商品，以此来设置新的进入壁垒，加快贸易流通的全球化经营进程。

三、贸易流通变革的四个维度

在充分了解物流独特性业务战略后，我们可以来分析一下贸易流通的变革。贸易流通的变革可以从四个维度来理解，分别是广度、深度、长度和幅度。

（一）广度——全球化网络运营

在经济全球化的大背景下，产业链的组织方式从区域向全球化生产经营转变。这主要得益于两个方面：一是离岸生产，二是互联网和新技术的推动。

1. 离岸生产

所谓离岸生产，是指企业将原本建于本国的工厂全部搬到其他国家，生产与本国保持一致，但这样人工更加低廉，赋税更低，还能获得能源价格补贴。离岸生产使得企业可以利用全球的优势资源，通过利用低廉的劳动力，节省成本，并将资源集中在自身的核心竞争力上，以便于创造更多价值。

2. 互联网和新技术的推动

在互联网和新技术的推动下，所有企业都能参与国际分工，将生产出来的产品销售到世界各地，或者购买消费来自其他国家生产的产品。在此基础上形成一个全球化的超网络系统，使全球供应链网络和社会网络通过该系统进行联系。

不过，在实际生产经营过程中，超网络系统存在着大量障碍和冲突。

（1）缺乏第三方信息和沟通渠道

由于缺乏第三方信息和沟通渠道，很多想要寻找离岸外包接包对象的公司因为缺少客户信息而不得不放弃外包。但那些希望接受离岸外包业务的企业，特别是中小企业，因为品牌宣传力度小、信用档案信息不完整，往往不能达到预期。由于以上原因形成的供需矛盾极大地限制和影响了企业的全球化业务发展。

（2）管理制度和企业文化的差异

生产和贸易双方所处的国家或地区不同，各自具有不同的管理制度和企业文化，这之间的差异会深刻影响全球化经营合作。很多情况下，中小企业不太熟悉国际规则，难以适应，再加上国际业务处理能力有所欠缺，这些直接影响了全球化业务合作的深度和广度。

（3）政策壁垒的影响

由于一些政策壁垒的影响，生产经营流程表现得比以往更加复杂。例如，全球贸易配额制度以及安全条款的出现，意味着产品有时要经过迂回的方式穿越国界，到达目的地。这样做无疑增加了供应链的长度和复杂度，使贸易商的风险加大，成本增加。

在这种情况下，如果流通商能够充分利用自身发展起来的全球网络和对国际市场以及生产组织的认识，帮助贸易双方各企业弥补需求与供给之间的差异，将信息沟通和信用管理进行有效的安排，从而降低交易成本，就可以为自身的发展寻求更广阔的空间。

（二）深度——基于信息化的协同商务

在各种经济主体中，不乏很多具有共同商业利益的团体，它们之间往往会进行合作。协同商务就是指对这些合作伙伴进行整合，商业周期内的信息可以进行共享，以此来实现和满足不断增长的客户需求。其实这是对各个合作伙伴竞争优势的整合。

当今市场竞争激烈，客户需求变幻莫测。而如今是信息时代，企业不能仅依靠降低产品成本或者及时响应市场来维持市场地位，更要不断补充养分，提高创新能力，获取更多知识，深化协同运作。

单一的企业组织难以具备满足顾客所有需求的所有条件，进行企业间的分工和协作是大势所趋。企业不仅需要内部跨部门的协调，还要协调好与供应链中供应商、客户、合作伙伴的合作关系。因此，企业要进行信息化建设，不仅管理好企业内部的资源，还要建立一个统一的平台，将客户、供应商、分销商和其他合作伙伴都纳入企业信息化管理系统中，实现信息共享和业务高效链接。

要想真正实现协同商务并不是一件容易的事，会面临众多障碍，比如如何协调不同环节、不同利益诉求的企业或组织，使其目标和行为一致；如何整合分散的数据；如何使企业之间互相信任，并降低潜在的依赖风险等。要想解决这些问题，流通商要积极发挥协同商务促进者的角色，协调不同组织之间的信息和资源。流通商可以一方面依靠自身在贸易和采购上的经验和知识协调供应端的管理，另一方面依靠自身在渠道和市场上的经验和智慧协调需求端的管理。不仅如此，流通商还可以帮助客户整合内部资源以及外部资源。可以说，流通商已经成为实施协同商务的平台。

从目前角度来看，协同商务的主要内容分为四个方面，如图 4-5 所示。

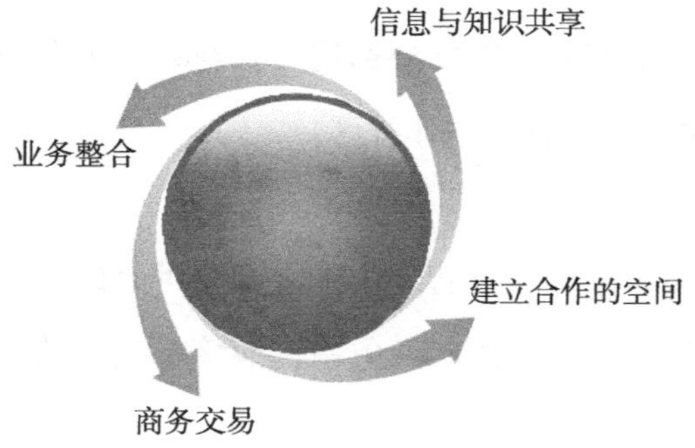

图 4-5 协同商务的四个方面

1. 信息与知识共享

信息与知识共享包括三个方面的内容。

（1）协同商务会将员工或者用户的信息与自身工作内容联系起来。与用户有关的所有信息都彼此有联系。比方说，员工在公司创造的文档可能与员工的客户有关，也可能与员工参与的项目有关。员工所需要的信息、可以看到的信息都是与他工作有关的。

（2）共享的信息不仅包括协同商务本身的信息，还包括了其他系统的信息，这些信息都集成在协同商务中。

（3）协同商务系统还要进行内容管理，尤其是对自身产品进行外部传播，比如在网上发布最新企业动态，建立与客户的沟通渠道，发布最新产品信息等。

2. 业务整合

如果企业内部员工或者不同企业之间的员工想要为了某一个共同的目标进行工作时，都需要让业务的整体部门提供协助。比如，当某员工做出产品市场设计时，他还需要市场部门、客户部门以及外部广告公司的协助。因此，这就需要对企业整个资源进行整合。

协同商务的整个处理过程也是企业内部业务的一个整合过程。客户通过在网上下订单，企业通过商务处理过程来满足客户需求，而客户可以通过客户端随时了解整体业务的处理过程，这无疑强化了与客户联系的能力。

3. 建立合作的空间

在企业运作过程中，员工有时需要其他部门的协助，比如一些知识专家对他提出的问题进行解答。这时，员工与其他部门之间需要利用一个空间或社区来进行这项活动，比如在线会议或者在线培训课程等。

另一方面，企业的很多业务需要外部用户参与，员工在完成客户需求的同时应该与客户进行有效沟通，从而建立协作社区。

4. 商务交易

协同商务需要对交易流程进行管理，提供安全可靠的商务交易流程，对客户的订单、合同、财务等进行管理。协同商务系统应该将交易结果与内部其他系统进行互动并做出数据的更新。

（三）长度——实现产业深度分销

所谓深度分销，又名区域滚动销售，其运作模式是在指定区域经企业或者分销商派遣销售人员开拓该区域内的终端客户，以达到增加市场占有率和覆盖率、提高分销商销量的目的。这种模式的好处在于可以减少渠道环节，减少产品流通时间，从而降低企业交易成本。

从本质上来说，深度分销就是一个发现终端、挖掘终端、维护终端和管理终端并最终掌控终端的过程，且这一过程是不断滚动和循环的。

在深度分销的过程中，流通商和贸易商可以提供很大的帮助。

（1）帮助企业划定目标市场区域，这是深度分销的关键。划定市场区域必须要兼顾配送服务半径和企业的基本利润。

（2）帮助确定客户，以便于有的放矢地将产品和服务送达目标市场。

（3）帮助确定产品和品牌。要做出这一决策，企业应该根据不同市场的情况调整经营策略和产品策略，确保不同市场区域搭配相符合的产品和服务。

（4）分销渠道之间肯定有价差存在，这是分销的核心所在。因此，流通商和贸易商要帮助企业确定通路差价，确保各分销渠道之间的价格层次分明，分配合理。

（5）流通商和贸易商要帮助企业依据不同市场和不同的产业业务确定合理的组织结构和经营方式，尤其要注重建立物流体系、网络路线等，对销售环节进行有效的把控。

流通商和贸易商只有做到以上几点，才能真正与生产企业高度结合，帮助上游企业有效开拓市场。

（四）幅度——综合性的产业服务

近年来，很多制造企业将产品涵义泛化，不仅指有形产品，还包括基于产品的增值服务。这种现象叫做产品服务化。随着产品服务化的发展，服务外包逐渐兴起。服务外包已经成为公司核心竞争优势的一个重要方面。很多跨国公司擅长使用全球的劳动力资源，将相关服务业务外包给其他国家的公司，从而获得技术支持和客户服务支持。

随着服务外包越来越普遍，服务供应链逐渐形成并发展起来。

服务供应链和传统的产品供应链具有相同的特征，比如都是因为专业化趋势和竞争力的发展，业务外包成为必然；两者的管理内容都是关于供应、计划、物流和需求等方面的；管理目标都是最小化成本水平，满足客户需求。

但两者之间有着本质的不同，这主要来源于服务产品和制造产品的区别。服务产品具有不可触摸性、不可分割性、容易消逝性、劳动密集性以及异质性等特征，这决定了服务供应链需要采取较短的渠道，采用市场拉动型运营模式，具备完全反应型的供应链特征。由于最终客户不太稳定，所以服务供应链的稳定度也不高，而且服务企业要根据客户需求的变化及时调整服务供应商。

对于贸易流通企业来说，服务供应链的组织与管理是其重要发展方向。贸易流通企业在服务供应链中的作用是：当客户提出需求后，服务集成商能够及时响应，尽快为客户提供系统化的服务，并在适当的时候分解客户的需求，把业务分包给直接或者间接服务提供商，从而快速有效地满足客户的需求。

服务集成商主要管理六项服务要素，如图 4-6 所示。

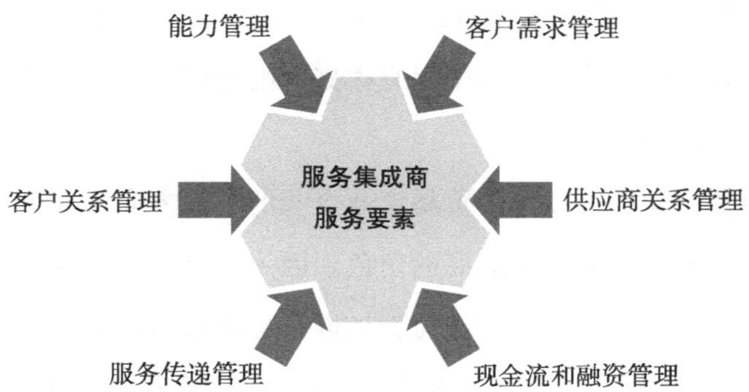

图 4-6　服务集成商管理的服务要素

1. 能力管理

服务集成商的竞争差异化主要体现在能力管理上。服务集成商要实现对产品和服务的设计、技术能力管理，控制服务的质量。

2. 客户需求管理

服务集成商要能够对客户的需求迅速做出反应，这就需要对客户需求进行预测，拟定应对计划。

3. 客户关系管理

服务集成商要能够全面开发和理解客户的需求，并尽全力集中资源，发挥自己的能力来满足客户需求。因此，服务集成商要细分客户，监管客户关系，而且还要能快速响应客户需求变化，确保客户的利益和需求能够及时而全面地满足。

4. 供应商关系管理

要想实现客户价值，整个链条上的参与方都要进行合作和协同，因此，供应商关系管理便是一个必不可少的辅助要素。供应商关系管理主要包括选择、评价、协商和管理供应商等多项管理活动。

5. 服务传递管理

在选择或评价供应商时，一定要基于工作内容和范围而定，包含清晰的服务水平协议，从而降低服务传递过程中的不确定性。

服务集成商要具备各种能力，尤其是具备协调服务供应链各节点间竞争与合作关系的能力，而且还要能够协调内部能力和外部资源，让供应链各参与方在供应链整体获益的前提下实现自身发展。

6. 现金流和融资管理

服务集成商要运用合理手段来管理供应商中的资金流，为资金困难的企业融资，确保参与方都能在协同运作的过程中保有很好的财务绩效，这样也可以极大地提高服务供应链中现金流量周期的效率。

以上所有服务活动都可以作为贸易流通企业的发展方向，甚至可以说，贸易流通企业应该将自己转变为服务集成商的角色。因为贸易流通企业本身就是服务型企业，在服务方面拥有丰富的经验和能力，加以合理改造后，结合产业供应链，能够最大程度地推动贸易流通企业的长远发展，完成“去中介化”背景下的变革转型。

四、贸易流通领域的供应链金融模式

在全面了解了贸易流通企业物流独特性业务战略方向与维度之后，我们可以根据其四个维度划分三种供应链金融模式，如图 4-7 所示。

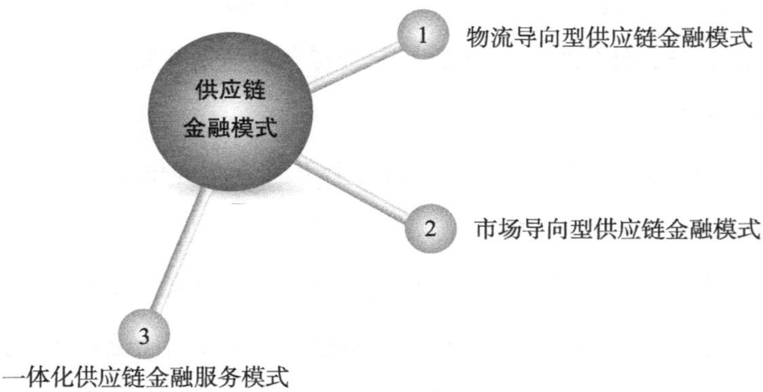

图 4-7　贸易流通领域的供应链金融模式

（一）物流导向型供应链金融模式

物流导向型企业最擅长实体物流运营能力，在为客户提供全面的仓储、运输、商检和通关方面难度不大，而且还能提供一些增值服务。不过，物流导向型企业在协同商务和市场开拓方面不占优势，无法为客户提供太多帮助。

物流导向型企业并没有在交易过程中过多地涉足商流，更没有做出商品交易的决策，而只是搭建了商品交易的桥梁，让买卖双方更快捷地达成交易。

物流导向型企业主要发挥将物流功能和金融业务相结合的作用。

如今越来越多的生产企业开始注重增加产品品种，但每一批次的产品数量不断减少；与之对应的是，下游客户为了减少库存，当在需要产品的时候才会发出送货请求并支付货款，而且要求生产商多频率送货，但每一次都要少量货物。下游客户的这种要求无疑为上游企业增加了生产困难。因为过于分散的配送将影响供应商的配送效率，增加物流成本，使回笼资金的风险加大。

对于那些中小型企业来说，本身规模就不大，也没有物流运营的能力，缺乏相应的物流中心和设施，再加上经验不多，发展时间短等原因，其并不具备物流服务的技术和窍门，所以很难适应下游客户多频次配送、每次少量的送货要求。

正是上游企业与下游客户之间在物流配送上的分歧，使得贸易流通商可以从中找到商机，发掘生存和发展的空间。

贸易流通商可以通过两个方面巩固自己的生存发展空间。

1. 提供物流配送服务

贸易流通商在物流服务方面经验丰富，也拥有相对完善和先进的物流设施，因此，贸易流通商可以通过扩大物流服务范围，利用自身在物流服务上的优势连接供应链中的上下游客户，使他们之间在商品配送与仓储等物流要求上的差异消失。

2. 提供资金融通服务

贸易流通商拥有资金融通能力，可以为上下游企业提供资金，以此来帮助上游企业及时获得货款，下游客户也能提高资金支付效率。

要想实现这类供应链金融模式，贸易流通企业需要具备三个条件。

（1）贸易流通企业要与上下游企业建立紧密的合作关系，相互之间有着很高的信任度。

（2）贸易流通企业要具备很好的物流运营能力，或者引入具有优势的第三方物流企业来进行物流综合管理。

（3）贸易流通企业自身应具备资金融通能力和风险承担能力。

（二）市场导向型供应链金融模式

在纷繁复杂的贸易环境下，供应链将分散到各地的商业活动有机联系起来，促进各商业主体之间的信息交互，降低成本，扩大收益。供应链中的各节点，包括供应商、制造商、贸易商、零售商和客户等存在信息交互，而信息交互是否有效以及是否高效就决定了整个供应链的运作效率，进而影响链上各成员的效益以及客户对所需产品或服务的满意度。

不过，随着供应、生产和销售网络的不断发展，链上各成员在获取信息以及信息共享等方面面临着巨大的障碍，供应链资金流动也变得极为艰难。

因此，市场急需出现一种能够解决上述问题的供应链金融模式，而市场导向型供应链金融模式则能很好地解决这一难题。

市场导向型企业具有较好的协同商务能力，能够有效整合供应链中的上下游企业，使交易更高效地完成。市场导向型企业在供应链中居于核心地位，贸易企业、生产企业和物流企业与该类企业进行信息共享，从而很好地实现买卖、生产和运送等业务。

市场导向型企业可以通过信息和交易平台与生产商或者物流商联系业务。一方面利用信息交易平台向生产商下达委托订单，使生产商准时生产或者转包给其他供应商，以在最短的时间内完成生产任务，并随时向该企业反馈进度；另一方面，可以向物流运营商下达服务委托，使其安排物流运营活动，组织物流资源，并随时反馈物流信息，从而准时将产品送达客户。

贸易流通企业在这一过程中构建了商流，发挥了平台作用，也承担了销售和订单管理的责任和风险。不过，贸易流通商并没有过多涉足物流活动。贸易流通企业只是发挥自身协同商务平台和市场拓展的能力，使链上成员能够方便快捷地进行信息共享和交易，并通过融资行为加速供应链资金流动，缩短现金流量周期，降低成本。与此同时，贸易流通企业也就成为了供应链商流运行中的重要一环。

要想实现这类供应链金融模式，贸易流通企业需要具备三个条件。

（1）企业在该行业要具有丰富的经验和知识，对行业内的关键环节和要素了如指掌。

（2）企业要具有功能强大的信息平台，促进链上各成员进行信息交互，协调各方的业务流程。

（3）企业要充分发挥协同商务的能力，通过掌握上下游企业的信用，解决由于信息不对称而导致的交易和资金流动障碍问题。

（4）企业能够很好地进行资金融通，且具备良好的风险管控能力。

（三）一体化供应链金融服务模式

所谓一体化供应链金融服务模式，是指将物流导向型供应链金融服务模式与市场导向型供应链金融模式结合在一起，不仅能为上下游企业提供全程物流服务，还能为客户提供深度分销。

对于中小企业来说，分销过程中面临着很多困难。由于大品牌企业已经掌控了分销网络，提高了行业壁垒，如果中小企业仍然按照原有的分销模式进行地毯式的推销，在地域上进行划分，很难在竞争中取得优势。因此，采用逆向分销策略，先从终端分销或者基层市场做起，对竞争品牌进行深入了解后，再有计划地合理设计渠道和分销工作，才能确保终端分销取得胜利，获得超常规模。在此基础上，企业再将逆向分销和原有的顺向分销有机结合，加大分销成功的几率。

不过，即使是采用这样的策略，对于中小企业来说也是困难重重。主要困难在于以下两点：成本控制和管理控制。

1. 成本控制

新品牌一经上市就采用逆向分销策略，需要在基层市场建立分支机构和物流网点，并对员工实施培训，而且业务拓展、公关、运输、仓储等费用将不计其数。中小企业是不具备如此成熟的运营能力的，而且资金不够充足，这一切都使逆向分销策略寸步难行。

2. 管理控制

一旦分销机构和物流网点不断增多，对其管理和控制的难度就会加大。而且管理活动会消耗大量资源，这也对中小企业形成了很大的压力。

假如贸易流通商能够提供一体化服务，便可以帮助客户企业在逆向分销上减少成本，而且解决其分销资金短缺的问题。这样一来，贸易流通商便成为客户企业极其重要的合作伙伴。

贸易流通商融入供应链整体运营，成为供应链的组织者和网络协调者，除了具备协同贸易和销售的能力，还要具备以下能力，如图 4-8 所示。

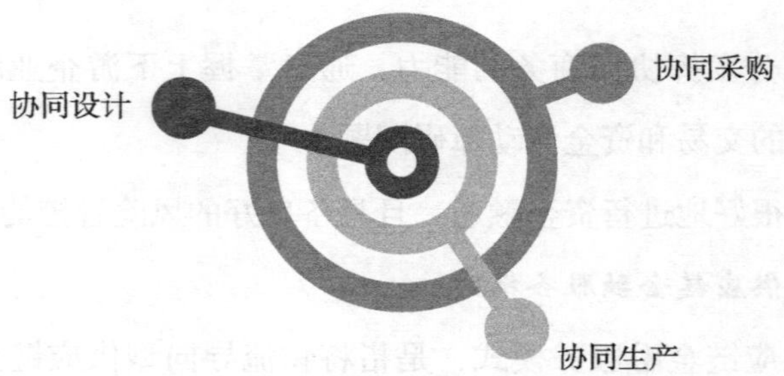

图 4-8　贸易流通商应具备的能力

1. 协同设计

贸易流通商与供应商之间通过共同参与方案或者产品的设计，分享设计或者方案的信息，从而高效了解终端客户的需求，采用对应的供应链运营体系。

2. 协同采购

贸易流通商与客户企业进行信息共享，协同资金流、物流库存和订单执行，及时获得消息并据此调整供应计划和交付过程，从而使采购与供应一气呵成。

3. 协同生产

协同生产是一种多代理、分布式网络化的协同制造体系。

分布式网络化制造系统是通过计算机网络组成的一种开放式多平台相互协作制

造系统，能够迅速响应客户的需求变化。分布式网络化制造系统是将各企业通过账户连接到计算机网络中，提高各个制造系统或企业之间的信息交流和合作能力，从而实现制造资源的共享，适应市场变化，取得竞争优势。

这类供应链金融模式要想成功实施，必须具备四个前提。

（1）贸易流通商要善于运用大数据，深入了解相关行业供应链运营的特点，发现其中存在的问题。

（2）贸易流通商在一体化供应链金融模式中要能够通过金融整合各方成员，并聚合服务各要素，打造具有成长活力和盈利潜力的供应链生态平台。

（3）贸易流通商要能够为客户企业进行融资，并对资金风险进行管理。

（4）贸易流通商要具备深度分销的能力，善于建设分销渠道，具有很强的网络覆盖能力和分销管理能力。

第五章　物流领域的供应链金融

物流领域的供应链金融，也就是物流金融，属于物流与金融相结合的复合业务概念。物流金融对于金融机构来说，可以帮助其扩大信贷规模，降低贷款风险，并协助其管理客户。对于企业来说，物流金融可以为企业进行融资，提升资本运作的效率。

由于物流金融是随第三方物流企业产生的，而第三方物流企业的业务很复杂，除了提供物流服务以外，还要与金融机构合作，提供一部分金融服务，因此，物流金融将贸易中的买卖双方、第三方物流以及金融机构紧密联系在一起，实现了供应链物流与资金之间的相互促进。

一、物流金融的实质

所谓物流金融，是指基于供应链中的供应商、金融机构、物流企业和终端用户等各方的共同需要所产生和发展的金融模式。物流金融分为广义物流金融和狭义物流金融。

广义物流金融是指在运营过程中开发各种金融产品，使物流领域中的资金流动更加顺畅，从而实现商流、物流、资金流和信息流的统一，提高供应链运作效率，最终使物流业和金融业融合发展。

狭义物流金融是指在运营过程中由第三方物流企业和金融机构向客户提供商品和资金，从而完成结算业务以及融资活动，进而使链上各成员共生共长的一种金融模式。

物流金融业务运行过程中涉及的业务种类繁多，主要有以下几种。

（1）买卖双方和金融机构的存贷款业务。

（2）投资方对物流货物和物流设施的投资业务。

（3）物流资产所有方和信托机构之间的信托业务。

（4）企业之间的物流租赁业务或抵押业务。

（5）物流企业的贴现业务。

（6）物流过程中的保险业务。

（7）物流企业的证券发行和交易业务。

（8）金融机构介入其中开发的中间业务。

物流金融之所以能够产生，主要是因为在整个物流运行过程中，商流、物流、资金流和信息流不能很好地达成高度统一，运行节奏较快的资金流被浪费，运行节奏较慢的物流资源形成库存而被积压，这一切都使物流运作过程中的成本和风险增加，整个物流系统也缺乏彼此间的信任。因此，供应链中迫切需要一个能够整合金融机构、物流机构、买卖双方而共同组成的业务系统来解决这个问题，这就是物流金融产生的缘由。

然而，物流金融也分为传统物流金融以及新型物流金融，不同物流金融模式下，第三方发挥的作用对供应链运行方式和效率产生了不同的影响。

（一）传统物流金融

在传统物流金融模式下，供应商希望能够快速获得货款，实现资金回流，缩短现金流量周期。要想实现这一目标，大概有三种方法，如图 5-1 所示。

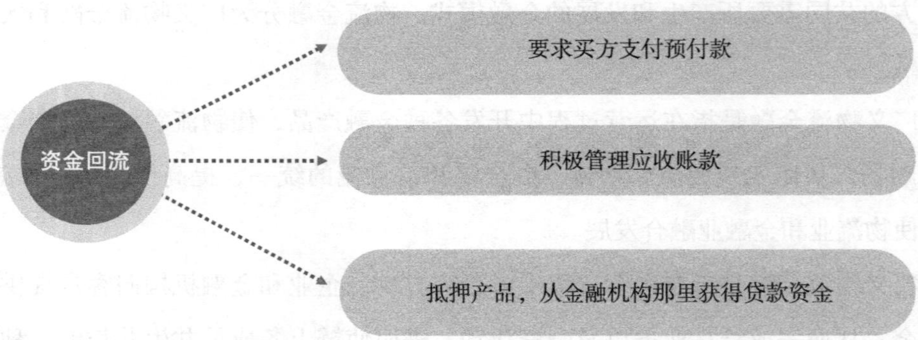

图 5-1　供应商让资金回流的方法

客户则不同，他们希望能够在产生需求的时候及时获得产品，从而降低库存压力和资金压力。为了实现这一目标，客户一般会要求供应商寄售或者由供应商管理库存，如果应付账款周期变长，对他们而言则更为有利。

供应商与客户之间在利益诉求上产生了明显的矛盾，对于供应链的有效运行极为不利。

除了供应商和客户以外，提供资金的主体也对风险持有谨慎的态度，在基于库存进行的融资活动中，如果融资方发生违约现象，资金提供方由于融资方违约产生的损失不能超过预期的风险控制程度。这一方面主要体现在对违约率和违约损失率的掌握上。

融资方的资信是影响违约率的重要因素，假如融资方利用信息不对称输出错误信息或者保留某些重要信息，违约率就会上升。

抵押或担保货物的性质是影响违约损失率的重要因素。如果融资方违约，而抵押品或者担保品具有良好的流动性和市场性，资金提供方就能通过将抵押品或担保品变现来弥补损失。

然而，资金提供方（主要为金融机构）并不直接参与物流运行，对供应商的了解并没有那么多，而且有关抵押或者担保的知识也是通过其他途径间接获得的，这都对控制违约率和违约损失率帮助不大。

在传统物流金融模式中，第三方物流与物流金融的关联度不是很大，只是希望自己的服务能够获得相应的回报而已，并没有把自己对交易双方的了解情况以及物流信息及时传递给金融机构。

我们来看一下传统物流金融模式的运行流程，如图 5-2 所示。

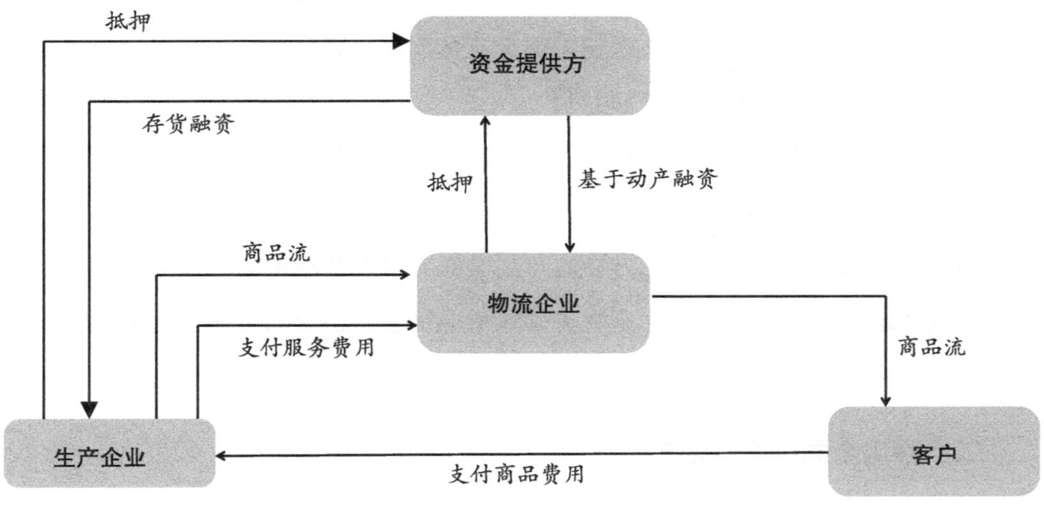

图 5-2　传统物流金融模式运行流程

（二）新型物流金融

新型物流金融模式下，第三方物流企业发挥了更加重要的作用。如图 5-3 所示，第三方物流企业在买卖双方之间承担了重要的金融媒介和管理职能。

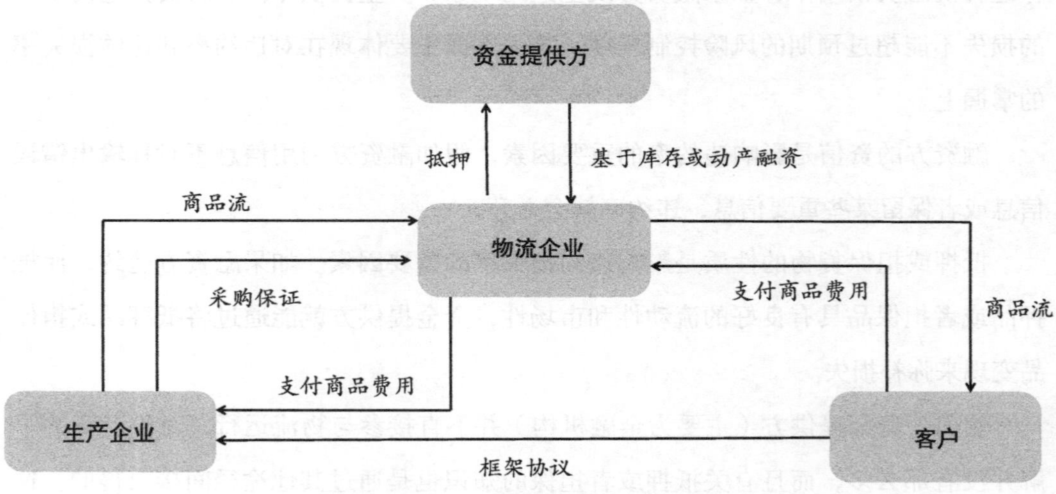

图 5-3 新型物流金融模式运行流程

我们将上图与前一张图对比之后会发现，第三方物流企业会从供应商处获得物品所有权，然后客户从他这里获取货物。与传统的物流金融模式不同，第三方物流企业在获得采购贸易保证以后会向供应商融资，这样做不仅保证买卖双方的交易持续进行，还能开拓自身的业务空间。

在这种模式下，买卖双方的矛盾暂时得以解决。供应商暂时将物权转移给第三方物流企业，及时获得资金，从而缩短现金流量周期；客户也可以在需要的时候及时获取产品，并在确认无误以后支付货款。

对于金融机构来说，这一模式很好地规避了信息不对称所带来的高违约率和高违约损失率，降低了资金借贷的风险。

物流金融的实质其实是第三方物流与买卖双方以及金融机构之间的关系发生了改变。确切地说，第三方物流才是物流领域供应链金融创新的主体，正是其服务资源和能力才使得金融活动能够开展。

二、物流金融的几种形态

在目前物流金融的运作过程中，按照第三方物流发挥的作用大小可分为不同的形态，如图 5-4 所示。

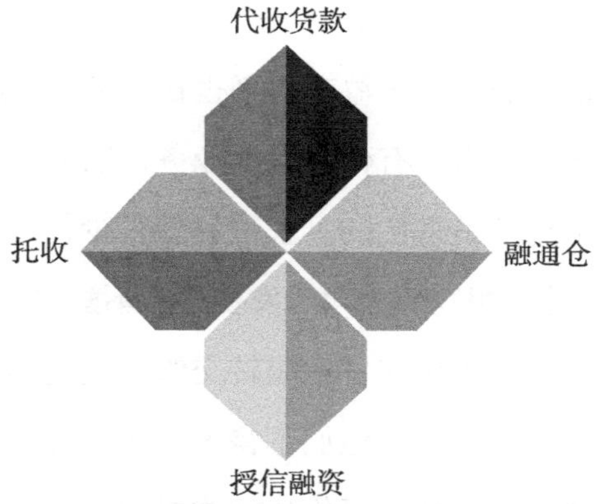

图 5-4　物流金融的形态

（一）代收货款

图 5-5 所示为代收货款的基本流程。

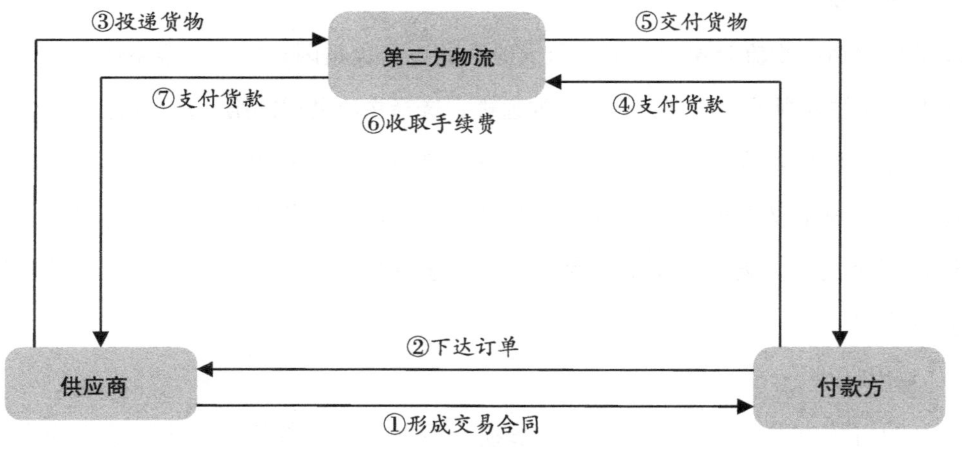

图 5-5　代收货款基本流程

代收货款是物流金融的初级阶段，此时第三方物流发挥的作用还十分有限，主要是帮助供应商向客户索要货款并将货款转交给供应商，它从中抽取一定比例的佣金。除了佣金之外，第三方物流在将手中的货款转交给供应商之前，该笔资金有一个沉淀期，在此期间，第三方物流可以通过这笔资金获得一笔利息，而供应商和客户获得的则是迅速便捷的物流服务和资金服务。

不过，代收货款如今却成为物流金融界的“雷区”。这是为何呢？这还要从物流公司、供应商和付款方三方来说。

1. 物流公司

物流行业的竞争异常激烈，整体盈利水平也比较低，一些小型物流公司的经营压力更是大得让其苦不堪言。由于有代收货款业务，物流公司可以获得一笔不用付息的资金，但这笔资金毕竟不是自己的，获得利息很少，再加上代收货款越多佣金越少，而物流成本很大，这使得物流公司越发变得入不敷出。

这其中有些物流公司根本无法支付本应转交给供应商的货款，因为这些资金被日常运营消耗了大部分。为了存活，他们不得不另辟蹊径。他们开始利用“拆东墙补西墙”的方式苦力维持，用各种优惠价格拉拢供应商，获得代收货款的资金，从而弥补自身资金压力。

但这种方式并不能长久，一旦资金链断裂，物流公司根本没有能力偿还货款，因此跑路现象时有发生。

2. 供应商

虽然跑路的物流公司很可恨，但供应商的盲目也是因素之一。很多供应商为了节省成本，往往忽视了“便宜无好货”的道理，选择物流公司的第一标准就是低价。

但低价往往意味着低质。因为物流公司要想把服务和内部管理维护好，运价不会低，毕竟成本摆在那儿。所以，一旦物流公司以明显低于市场价的价格收件，并着重强调代收货款服务，而供应商却自认为运气好，捡了一个大便宜，结果就只能是自讨苦吃了。

3. 付款方

有的付款方非常贪心，故意拉长账期，迟迟不支付货款，这让已发货的物流公司面临左右为难的境地。为了逃避这种困难局面，物流公司有时只能跑路了事。因此，物流公司一定要在收到全部货款以后再发货。

要想减少这种现象的发生，除了物流企业、供应商和付款方自律以外，还应该加强市场监管，弥补这一领域的监管空白，比如加强代收货款的物流企业的资质管理，制定代收货款的返还时限以及手续费标准，一旦违规，要进行处罚，甚至取消其代收货款的服务项目，直至追究刑事责任，从而维护市场各方的正当利益。

（二）托收

物流金融的托收方式有两种形态，分别如图 5-6 和图 5-7 所示。

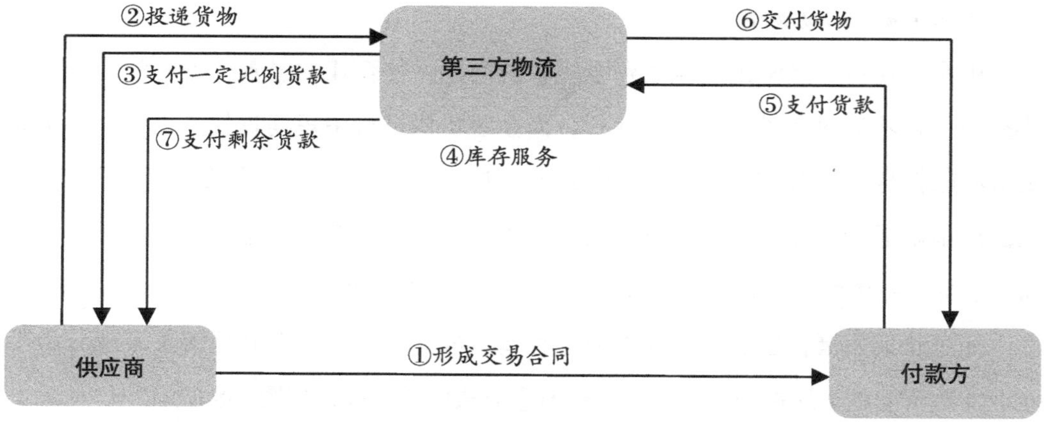

图 5-6　托收方式之一

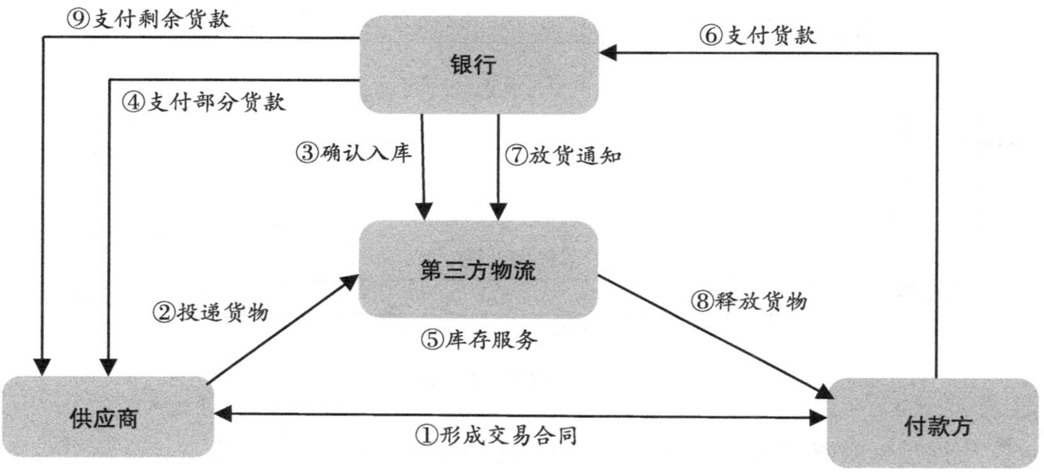

图 5-7　托收方式之二

通过对比两张图我们就可发现，在第一种托收方式中，第三方物流公司在为供应商发货时会先代付款方预付一定比例的货款，当付款方取货时再交付剩余货款；在第二种托收方式中，银行暂时取得货权，银行根据市场情况提供融资，当付款方向银行偿还货款后，第三方物流公司才能获得放货指示，让付款方拿到货。

可以很清楚地看到，第三方物流公司在第二种托收方式下完全成了配角，只是在向银行提供货物信息，承担配送货物以及控制风险的职责。这种托收方式对于第三方物流公司来说，能够将客户与自己的联系变得更加紧密，客户群更稳定。在第一种托收方式下，资金交付期前的沉淀期可以为公司提供一笔不用付息的资金。

（三）质押担保融资

中小企业由于经常出现流动资金短缺的问题，使企业的经营变得非常困难。中小企业不得不通过各种渠道进行融资，向金融机构进行中短期贷款。正是中小企业的应收账款与应付账款时间差造成了资金缺口，从而刺激了融通仓的产生。

所谓融通仓，是指以第三方物流企业为中介，以质押物资仓管与监管、价值评价、仓储、物流配送与拍卖为核心的综合性第三方物流服务平台。

通过长期发展，融通仓已经形成三种基本的运作模式，有利地解决了部分中小企业的融资问题。质押担保融资就是融通仓方式中的一种，如图 5-8 所示。

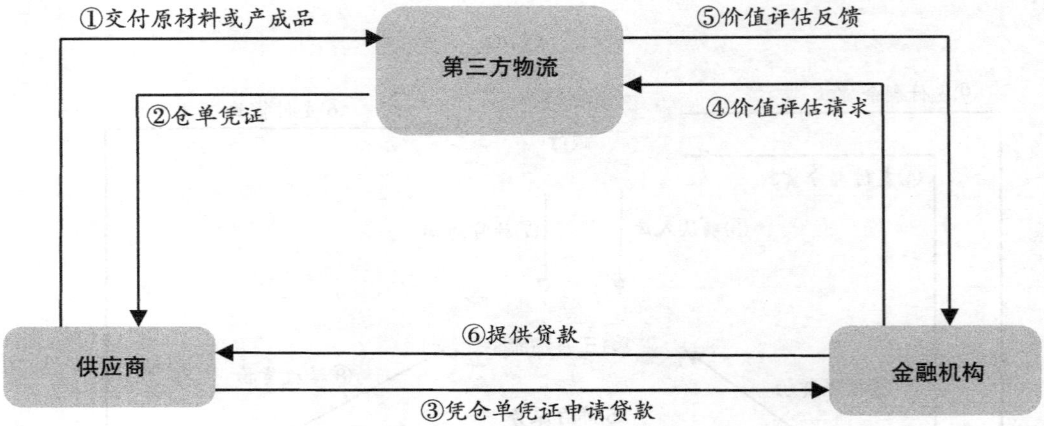

图 5-8　质押担保融资

质押担保融资的大致流程如下：融通仓先根据质押人（供应商）与金融机构签订的质押贷款合同以及三方签署的仓储协议约定，供应商采购的原材料或者准备销售的产成品应先进入第三方物流企业设立的融通仓，同时获得融通仓开具的仓单凭证，并以此向金融机构申请贷款；第三方物流企业主要负责对融通仓货物进行价值评估以及监管，还要向银行等金融机构出具证明文件；金融机构根据第三方物流企业出具的证明文件和供应商提交的贷款申请为供应商提供贷款，然后供应商正常销售其融通仓内的产品或者取走原材料进行生产。

需要注意的是，第三方物流企业要确保供应商销售产品的收款账户是在协作的金融机构开设，以便于当供应商收款后能够使金融机构扣除相应的资金以偿还贷款。假如供应商不能或者拒不履行偿还贷款，金融机构有权从质押物中获得赔偿。

质押担保融资对三方都有好处。

（1）供应商

质押担保融资让供应商通过流动资产获得贷款，并借助第三方仓储中心节省了仓储费用和管理费用。

（2）金融机构

金融机构增加了一种新的借贷模式，不仅减少了存贷差产生的费用，还产生了借贷利差，由此获得收益。

（3）第三方物流

第三方物流企业的收益主要来自于向供应商收取存放货物以及管理货物的费用，但为供应商和金融机构提供价值评估和质押监管服务也可以获得一定比例的费用。不仅如此，第三方物流企业还通过这类服务拓展了营业范围。

（四）授信融资

授信融资也叫信用担保融资，也是融通仓方式的一种形式，如图 5-9 所示。

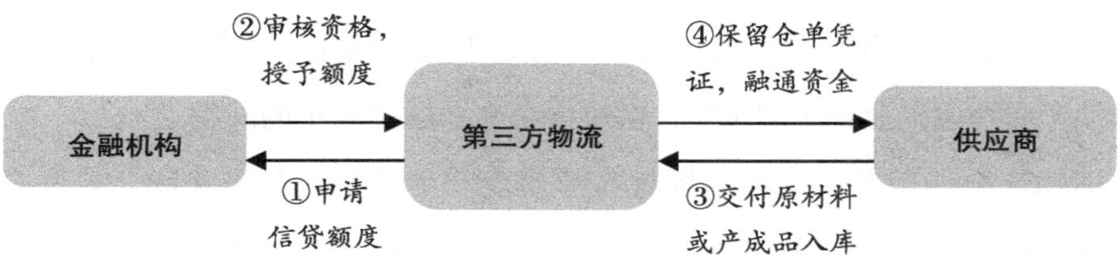

图 5-9　授信融资

金融机构为第三方物流企业授予信贷额度并不是没有条件，而是要根据其规模、业绩、运营状况、资产负债比例以及信用程度来确定是否授信。当为物流企业授信后，物流企业会根据与其长期合作的中小企业信用状况为其融资，并以供应商放在融通仓内的货物作为质押品来确保信用安全。

授信融资带来了三个好处。

（1）在授信融资模式下，融通仓可以直接与有质押贷款需求的企业接触和沟通，与其签订质押借款合同以及仓储管理服务协议，不仅为供应商企业提供融资，还可以为其寄存的质押物提供仓储管理服务和监管服务。这样一来就简化了操作流程，将申请贷款和质押物仓储整合操作，大大提高了业务效率。

（2）供应商一般会在质押物仓储期间不断补充库存或者出库，以往供应商出具的入库单或出库单都需要金融机构确认，而如今融通仓根据金融机构的通知进行审核，只需要将这些凭证经过融通仓确认即可，省去了金融机构确认和协调的环节，大大缩短了入库和出库操作周期，提升了供应链运作效率。

（3）金融机构避免了繁琐的审核确认步骤，提高了对质押贷款全过程的监控能力，对其更加灵活地开展质押贷款业务、降低贷款风险起到了关键的作用。

三、中国物流金融服务平台

随着物流业和金融业不断融合，物流金融业务的发展突飞猛进，市场规模日渐庞大。然而，物流金融业务在迅速崛起的同时，一系列问题接踵而至。华东地区曾连续爆发多起虚开仓单、重复质押的案件，导致银行业和物流企业损失重大。这些事件给物流金融业务的发展带来了巨大的压力。

出现危机之后，由于市场上没有及时出现有效的解决方案，物流金融业务不断下滑。很多银行和物流企业出于对风险的恐惧，逐渐缩减了业务规模，从而使中小企业的融资问题更加严峻。

中国物流金融服务平台正是在这样的背景下应运而生。它旨在防范银行业金融机构在动产质押融资业务中的风险，解决中小企业融资困难的问题。

中国物流金融服务平台由中国银行业协会、中国物流与采购联合会联合支持，中国仓储协会作为战略伙伴共同努力，集结各方力量，整合优势资源而创建，是国内第一家第三方全国性物流金融服务平台。该平台的服务对象主要是银行业金融机构、融资担保企业、大型流通企业和物流仓储企业等供应链上的各参与方。

中国物流金融服务平台的功能主要有以下几点。

（1）该平台的投入使用解决了银企信息不对称问题。

（2）该平台的投入使用可以促进物流金融业务的信息化建设水平，以此为蓝本设立物流金融业务的信息化标准。

（3）该平台统一收集各类数据，设立风险监管指标，为企业和银行提供规避风险的方法和手段，进而实现对整个物流金融业务的管理。

（4）该平台为物流金融提供全过程管理和增值服务功能，可以有效地规避物流金融业务风险，使各参与方放心大胆地进行业务交流，从而促进了物流金融业务的发展。

（5）由于该平台由两个国家级行业协会支持，所以该平台在行业内具有广泛的影响力，且能够参与制定国家标准或者行业标准，这对于提升和强化银行业和物流业等业务的行业管理效力来说作用巨大。

该平台主要的服务功能是担保存货登记与公示。

中国物流金融服务平台于 2015 年 5 月 19 日上线了“全国担保存货管理公共信息平台”，通过广大会员用户的积极体验和反馈，不断优化系统，及时更新迭代，基本实现了担保存货相关信息的动态登记与公示，有效地控制了供应链金融业务中的风险。

如图 5-10 所示，该平台有三大功能。

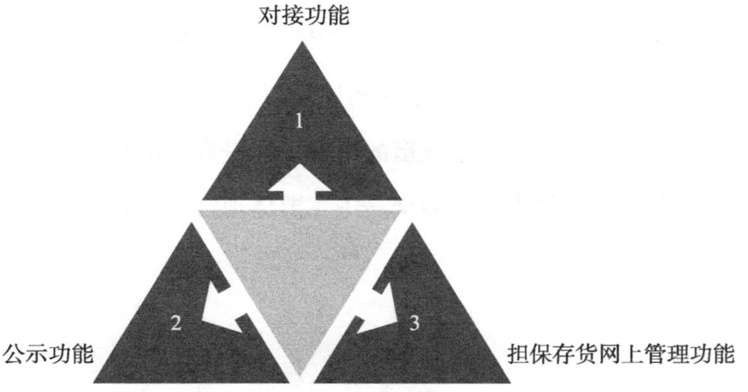

图 5-10　全国担保存货管理公共信息平台三大功能

1. 对接功能

根据每一笔担保存货，该平台都可以对接全国权威机构的物权登记系统，并对担保存货进行实时、动态、持续的状态提取，并传送到物权登记系统公示。

2. 公示功能

用户可以通过该平台的公示功能查询到自系统启动以来的所有担保存货公示信息，还可以看到贷款人、借款人及管理企业三者的情况。企业还可以对三年内的日常运营管理和信用情况进行实时发布。

3. 担保存货网上管理功能

该平台通过网上仓储管理系统操作平台建立了全国担保存货管理中心数据库，实现了统一电子化仓单。中小物流仓储企业可以免费获得这项功能，从而节省掉网上仓储系统软件开发费用，使自身专注于核心业务并在国家标准要求的规范下进行日常担保存货管理，降低操作风险和道德风险。

四、第三方物流差异化因素

第三方物流是供应链金融当中专业物流服务的提供者，但它所具备的能力以及为供应链金融服务的能力往往由不同的市场定位决定。定位不同，第三方物流的运行方式就会产生很大的差异。

差别化定位的形成主要有两个因素，分别是第三方物流的资源和能力性质以及产业组织要素。

（一）第三方物流的资源和能力性质

第三方物流的资源和能力性质主要是指其类型。资源和能力可以分为有形资源与无形资源。有形资源是指那些企业具备垄断性与限制供应性的要素，而无形资源是指物流企业的服务能力以及物流行业的知识等要素。不管是有形资源还是无形资源，都能为企业所用，是与竞争对手抗衡的法宝，也是竞争优势的主要来源。

第三方物流企业的资源能力在供需交易中主要体现在三个方面，如图 5-11 所示。

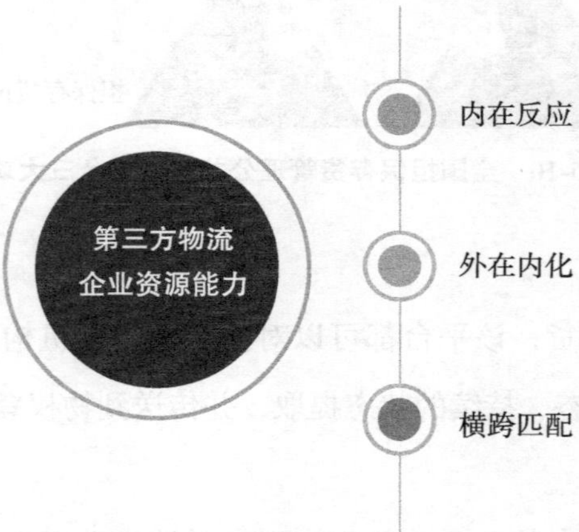

图 5-11　第三方物流企业的资源能力

1. 内在反应

第三方物流企业的内部运作能力可以快速地响应市场，拥有这类能力的企业可以在物流运输和组织资源方面占据竞争优势。

2. 外在内化

企业与竞争对手相比，能够更快、更早地预测并响应市场需求，从而推出适合的服务，一步一步地与客户建立稳固的合作关系。

3. 横跨匹配

企业在制定战略、定价以及开拓业务方面要比竞争对手更好地处理内在反应和外在内化之间的匹配问题。

企业的绩效要想提升，企业内在反应、外在内化和横跨匹配都需要得到增强。

第三方物流企业要想获得客户的好评，要从两个方面努力。

（1）运用物质资产为客户提供全面服务。比如，借助于自己的仓库、运载工具或者配送活动为客户提供服务。在这种情况下，客户往往对物流企业的物质资产颇为关注。物质资产是第三方物流的基础，是物质资产运营产生了金融业务。

（2）运用知识智慧发挥作用。第三方物流企业提供多种具有高度智力型的服务来带动金融业务发展，且兼管相应风险，比如加速库存周转、优化流程或者改进供应链系统等业务。

（二）产业组织要素

企业在产业中取得的绩效由产业和市场的结构以及企业的行为所决定。规模经济是产业结构中非常重要的一个因素。

规模经济是指通过扩大生产规模而使经济效益增加的现象。规模经济的优势在于，产量不断加大，而长期平均总成本呈不断下降趋势。当然，长期费用下降趋势不是无限的，有最低点，如果超过最低点，产量越大，总成本就会逐渐增加，形成规模不经济。

在物流产业中，规模经济指的是物流业务的增加和经营范围的扩大而引起的收益增加和总费用下降。对于那些在全国乃至全球范围内经营的物流企业来说，铺盖广泛的网络是关键要素，它可以通过网络覆盖和规模经济实现竞争优势。

当然，有的第三方物流只寻求区域性的市场运作，通过在特定市场经营来获得局部优势。这一种并不是规模经济的体现。

（三）第三方物流企业的基本类型

根据资源能力和服务范围划分，目前中国的第三方物流企业有四种基本类型，如图 5-12 所示。

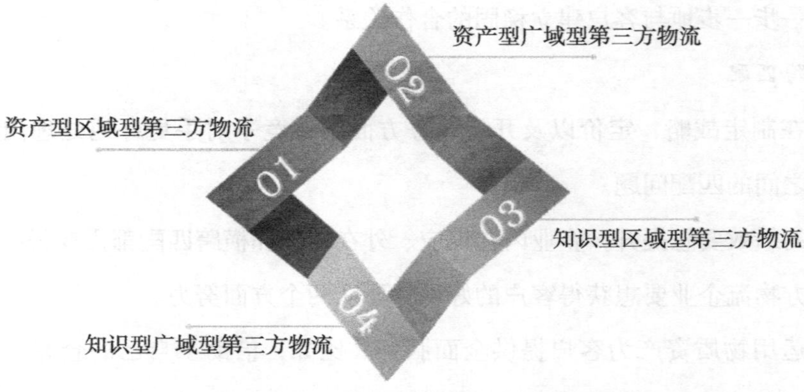

图 5-12　中国第三方物流企业的类型

1. 资产型区域型第三方物流

这一类的物流企业是传统的第三方物流形态，主要是借助于大量物质资产在某些地区提供基础性的物流服务。这一类物流企业生存的基础便是其拥有的物质资产，包括土地、物流园区、仓库、运输车辆及人力资源等。

2. 资产型广域型第三方物流

这一类物流企业与前者相同的是，都是以物质资产为生存发展基础，但这类企业与前者不同的是，它的服务范围比较广，拥有较大的物流服务网络，能够实现规模效应。因此，这类企业的优势不在于低成本提供服务，而在于依靠规模经济和庞大的物流网络帮助客户降低交易成本。

3. 知识型区域型第三方物流

这类物流企业只在某些区域展开业务活动，或者专门服务于特定的客户、行业。作为知识型企业，这类企业的生存基础主要是依靠专业的物流知识、管理技能和组织能力所带来的价值增值。

4. 知识型广域型第三方物流

这类企业不仅依靠自身的专业知识、技能和智慧为客户增值，而且服务范围和运营网络十分广泛，因此价值的创造也更为巨大。不仅如此，这类企业还可以凭借出色的综合管理能力和网络协调能力控制成本，全面降低交易成本。

表 5-1 清晰地展示了这四类物流企业的不同。

表 5-1　中国第三方物流企业

类型	生存基础	举例
资产型区域型第三方物流	拥有物质资产，以低成本满足客户需求	城市配送、仓储、小型运输
资产型广域型第三方物流	拥有物质资产，利用规模经济降低总成本	全国性的物流企业
知识型区域型第三方物流	利用专业能力、经验和智慧带来的价值增值	各地区当地的物流公司
知识型广域型第三方物流	利用专业能力、经验、智慧和规模经济带来的价值增值和价值创造，降低交易成本	具备外资背景的第三方物流企业，如 DHL、UPS 等

五、基于第三方物流企业的物流金融运作模式

基于四种不同类型的第三方物流企业，形成了四种不同的物流金融运作模式，如图 5-13 所示。

图 5-13　基于不同类型的第三方物流企业的物流金融运作模式

1. 传统物流金融服务

第三方物流企业通过运营自己的资产来运营一些基础性的物流活动，为客户提供金融服务，比如代收货款或者托收等。尽管这些金融服务能够为客户带来价值，但对第三方物流企业来说，这些金融服务投资回报率很低，而且为客户增值有限，甚至因为代付货款造成较高的负债率。在传统的物流金融服务模式中，第三方物流企业一直处于配角的位置。

2. 区域变革发展型物流金融服务

尽管这类服务的经营范围和空间仍处于一定区域，但与传统物流金融服务相比，服务的基础已经改变，已不再是之前单纯的物流服务和金融服务了，而是转变为以

知识和智慧为基础的高级物流服务和金融服务。

3. 知识型网络拓展物流金融服务

在这类服务模式下，第三方物流企业不仅能够提供增值性的物流服务和金融服务，还将服务网络扩大到全国或者海外。

4. 广域变革发展型物流金融服务

物流企业的类型由资产型广域型第三方物流转变为知识型广域型第三方物流，企业依托原来的丰富网络资源和规模经济，再创造性地提供智慧型的物流服务，为客户增值。这样做不仅使客户依赖度增高，也加强了物流企业与其他企业之间的业务关系，并为自身创造了新的业务发展方向。

第六章　商业银行的供应链金融

供应链金融服务是商业银行基于供应链核心企业，针对供应链设计的金融服务解决方案。它一方面优化了商业银行的业务结构，改进了商业银行的盈利模式，提升了商业银行的盈利能力和综合竞争力；另一方面，它为供应链上下游企业提供了充足的资金流，增强了供应链整体竞争力，有效解决了中小企业融资难的问题，降低了企业的融资成本，增加了销售量，提高了企业的市场竞争力。供应链金融作为商业银行的一种新的金融创新服务产品，具有较大的市场潜力。自1999年深发展（现已与平安银行合并）涉足供应链金融业务以来，随着市场竞争的加剧以及产业经济的发展，各大商业银行均进入了供应链金融领域。

一、供应链金融的前身——贸易融资

贸易融资，是指在商品交易中，商业银行对贸易双方提供的，与贸易结算相关的，基于商品交易中的存货、预付款、应收账款等资产的短期融资或信用便利，是企业在贸易过程中运用各种贸易手段和金融工具增加现金流量的融资方式。

贸易融资准入门槛较低，在一定程度上解决了中小企业因财务指标达不到银行标准而无法融资的问题。而且贸易融资审批流程相对简单，企业可以在短时间内获取所需资金，避免因资金流不足产生的风险。

对于银行来说，贸易融资比一般贷款风险低。银行可以通过以真实票据为基础的短期自偿性贷款，保持与资金来源高度流动性相适应的自身资产的高度流动性，有效降低风险。而且，贸易融资业务可以扩大银行收入来源，调整收入结构，提高银行的抗风险能力和综合实力。

按照不同的结算方式来划分，贸易融资主要分为以下几类。

（一）信用证项下融资方式

《跟单信用证统一惯例》（UCP600）第2条对信用证定义为："一项约定，不论如何命名或描述，该约定不可撤销并因此构成开证行对于相符提示予以兑付的确定承诺。"信用证的优点和生命力在于，它能为买卖双方提供融资服务。

作为国际贸易中使用最为广泛的融资产品，信用证融资是银行一项影响较大、利润丰厚、周转期短的融资业务，大多数银行都把贸易融资放在重要地位。

在信用证结算方式下，依据进出口商的不同融资需求，可以将信用证融资业务分为以下几种：信用证打包贷款、议付与出口押汇、福费廷、进口押汇、提货担保等。

1. 信用证打包贷款

打包贷款是指出口地银行为支持出口商按期履行合同、出运交货，向收到合格信用证的出口商提供的用于采购、生产和装运信用证项下货物的专项贷款。打包贷款是一种装船前短期融资，使出口商在资金不足的情况下仍然可以办理采购、备料、加工，顺利开展贸易。

具体做法是：出口商与国外进口商签订买卖合同后，在组织货物出口的过程中出现了资金周转困难的情况。例如，出口商用自有资金购买货物，存放在仓库里，资金积压占用。在这种情况下，出口商用进口地银行向其开发的信用证或其他保证文件，连同出口商品或半成品一起，交付出口地银行作为抵押，借入款项。整个过程如图6-1所示。

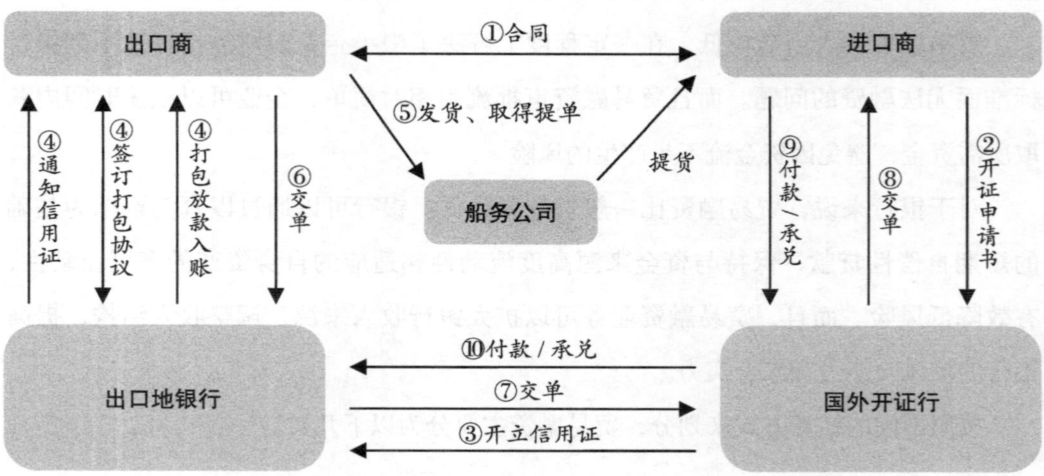

图6-1 打包贷款

打包贷款的期限很短，一般为 3 个月，出口商借入打包贷款后，很快将货物装船运出，在取得各种单据并向进口商开发汇票后，出口商通常前往贷款银行，请其提供出口抵押贷款，该银行收下汇票和单据后，将以前的打包贷款改为出口押汇，这时的打包贷款即告结束。在打包贷款中，如果出口商不按规定履行职责，贷款银行有权处理抵押品，以收回贷出款项。打包贷款的数额一般为出口货物总值的 50%~70%。

2. 议付与出口押汇

（1）议付

在信用证开立的过程中，是否可以议付成为信用证中需要规定的一项内容，由此产生了议付行为。UCP600 中对议付有明确的定义："议付意指被指定银行在其应获得偿付的银行日或者在此之前，通过收益人预付或者同意向受益人预付款项的方式购买相符提示项下的汇票及（或）单据。"实际议付过程即是出口商在备货发货后，依据所收到的信用证的提示，准备好全套相符单据，随后将单据交予议付行获得资金。

因此，在进行信用证融资业务时，一定需要注意信用证是否为可议付的。同时，在持有可议付信用证进行议付行为时，出口商一定要注意保证单据的相符性，单据相符是信用证议付的基本保证。

但是在实际业务中，至少在中国，议付的概念大部分是指向出口地银行交单据，出口地银行会审查单据，但并不会提供资金融通。在这里，银行就好像是一个代理人的角色，如果拒付了，银行就会通知出口商。如果付款成功了，银行会将其入账。在这项业务中，银行几乎是没有风险的，目前虽也将其称为议付，但实际上只是代理交单而已。

（2）出口押汇

在实际的银行业务中，出口押汇的内涵包含两方面：托收押汇和信用证押汇。在此需要重点强调的是信用证押汇。相对于托收出口押汇来说，信用证出口押汇的风险更小，为防范风险，目前银行比较喜欢做信用证项下出口押汇。

押汇，顾名思义，抵押换取款项。出口押汇中，出口商将全套相符单据抵押给银行，从而获得融资款项。需要提及的是，抵押的单据作为押汇行规避风险的一种手段，当押汇行无法从开证行处得到偿付时，可以将抵押的单据进行变卖弥补损失。出口押汇过程如图 6-2 所示。

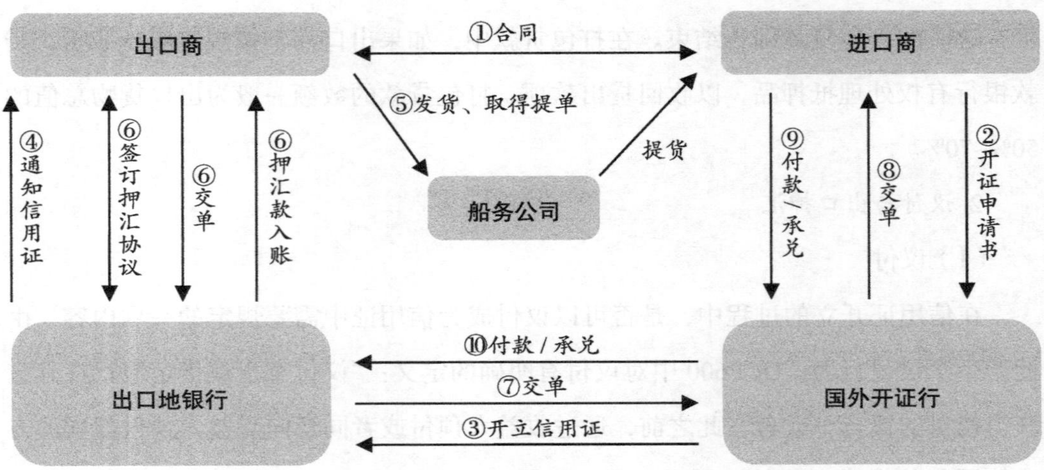

图 6-2　出口押汇

3. 福费廷

（1）融资原理及发展历程

第二次世界大战后，欧洲各参战国物资匮乏，为恢复经济，不得不从他国进口大量产品。但是，由于资金需求巨大，而国内银行业萎靡，无法提供充足的资金支持，这些国家不得不求助于国外银行。在这种情况下，中立国瑞士的苏黎世银行率先为美国出口欧洲谷物提供融资，完成了第一笔福费廷业务。

福费廷其实是 Forfaiting 的音译，而 Forfaiting 的来源其实是法语的“AFORFAIT”，其含义为“放弃权利”，这也代表了福费廷业务的最显著特点——无追索权。福费廷融资流程见图 6-3。

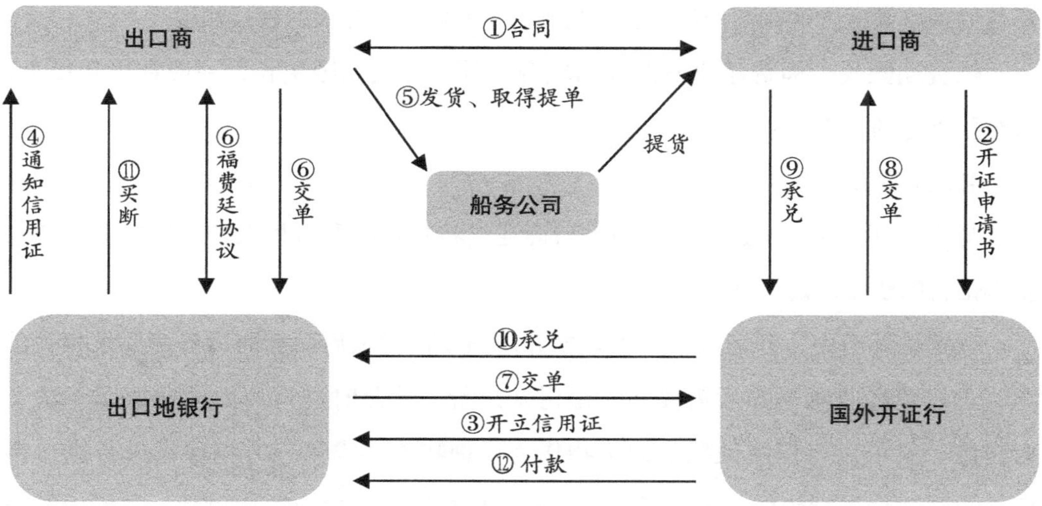

图 6-3　福费廷

（2）福费廷融资的特性

①无追索权

银行一旦通过福费廷业务给出口商融资，随后便无权通过任何形式将其融资款项追回。这实际上就是出口商将单据利益作为交换，获取款项。这种类似于买断的融资方式，能帮助出口商规避纠纷，保护出口商信誉，在债务债权发生问题时，将风险转嫁到银行身上。这种融资方式无疑会让银行产生高风险，但风险越大收益越大，为了高额的收益，很多银行都积极地开展福费廷业务。

②真实货物贸易

从苏黎世银行为美国出口欧洲谷物的第一笔福费廷融资开始，该业务都必须以真实的货物贸易为前提。这一点是由福费廷业务的第一点特性所决定，无追索权意味着银行将会面临着更大的风险，一旦出现欺诈行为，银行就有可能钱货两空。因此，每一笔福费廷业务都要求以真实的贸易为背景，降低银行自身的风险。

（3）其他特点

除去以上两个比较明显的特点外，福费廷业务还有以下几个特点。

利率固定。大部分融资业务是以浮动利率为计算利息的方式的，而福费廷业务则不然。福费廷业务会参照包括票据市场信息、关联方信用等级等多种因素，确定一个固定的利息。这点可以让融资企业规避因利率波动而产生的风险。

不影响授信额度。福费廷业务属于无追索权的融资方式，可以不使用企业在融资行的授信额度。这在某种程度上相当于为企业创造了更大的授信额度。

融资期限长。福费廷业务涉及的融资比其他方式期限更长，一般在半年以上，甚至可以达到 1~10 年。

4. 进口押汇

与出口押汇相反，进口押汇中进口商通过将货物的所有权抵押给银行的方式来获得银行的融资，让其垫付货款。

在贸易环节中，开证行在收到单据并向出口商付款后，会向进口商要求相关款项，进口商在收到通知后需要及时偿付开户行。若此时进口商因某些原因无法及时付款，就可以将信用证项下的货物作为抵押物或寻求第三方担保来进行进口押汇，让开证行先行垫付货款。开证行在收到单据后先行向出口商付款，然后根据与进口商之间的进口押汇协议及进口商签发的信托收据将单据交给进口商，进口商凭单据提货并销售后，将货款及利息在规定期限内交还开证行。进口押汇过程如图 6-4 所示。

一般情况下，当市场行情上升，进口货物量大增，且进口商短期内资金匮乏无力支付货款时，进口商将采取进口押汇的方式来先行获得物权，进行商品销售。这可以使进口商及时参与市场销售，抢占先机，避免因资金不足错过黄金时期。另外，银行也可以通过进口押汇的方式提高资金的使用效率，将收益最大化。

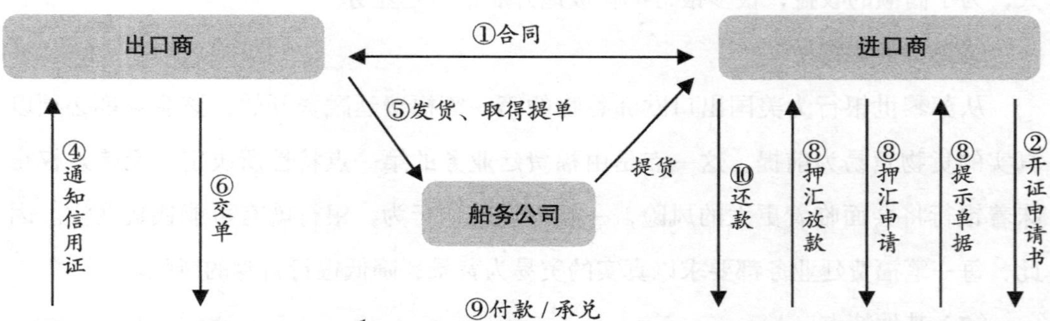

图 6-4　进口押汇

5. 提货担保

在近岸贸易中，经常会出现货物先于单据到达的情况，此时如果不能及时提货，进口商就需要向海关交纳仓库管理等费用，这无形之中就会加重成本。而且，市场行情瞬息万变，货物的滞留加大了风险，甚至可能会产生巨大亏损。因此，及时提取货物是十分必要的，在这种情况下，银行便开始提供提货担保业务。

银行以自身的高信用为进口商进行担保，帮助进口商提货。具体过程为银行在接到申请后，向船务公司出具一份书面担保书，其中注明在承诺日之前，银行会给船务公司补交提单。银行将从中收取相关的手续费。提供担保过程如图 6-5 所示。

在提货担保中，担保人会承担被担保人的一切责任和风险，因此企业的信用风险尤为重要。虽然提货担保业务可以给企业、银行提供诸多收益，但是由于业务特殊性，银行还是需要谨慎办理。

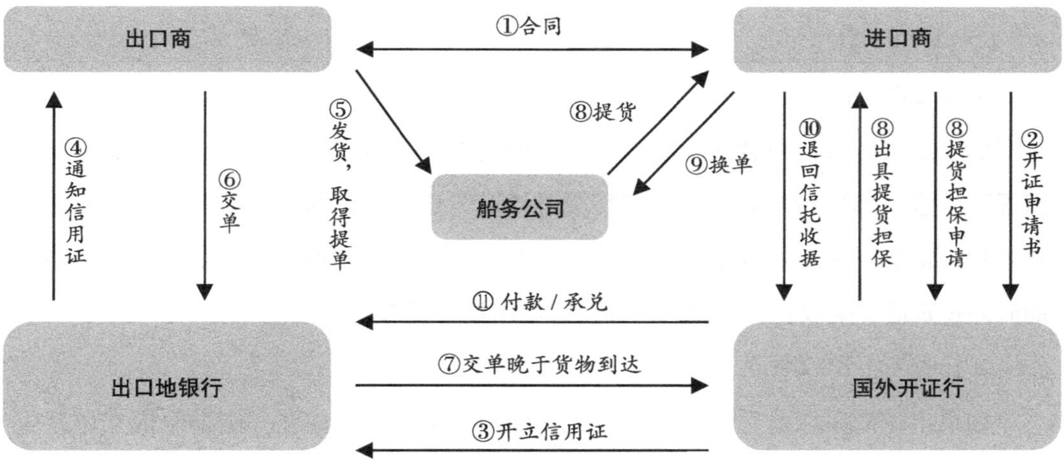

图 6-5 提货担保

（二）托收、汇款结算项下的贸易融资

随着信息技术的发展，信用证项下融资方式越来越少使用，尤其是在经济发达国家。目前，以托收和贴现为主的结算方式成为主流。

1. 托收项下的贸易融资

根据《托收统一规则》（URC522）规定：托收是指由收到托收指示的银行根据所收到的指示处理金融票据和商业单据以便取得付款 / 承兑。

托收根据随附单据的种类可分为光票托收和跟单托收，而两者的实质区别则在于是否一定附带商业单据，尤其是货运单。跟单托收按银行交单条件的不同又可分为付款交单和承兑交单。付款交单（Documents against Payment，D/P）可分为即期付款交单（D/P at sight）和远期付款交单（D/P after sight)。承兑交单英文为 Documents against Acceptance，简称为 D/A。

（1）进口项下

进口项下指托收项下进口押汇。在进口商收到出口商邮寄来的全套托收单据后，经审查单据符合付款要求，但进口商出现临时资金周转不及或与下游客户付款期出现时间差，则进口商可以依据托收项下的全套单据向银行申请托收项下进口押汇。银行在审核之后可以提供一定期限的融资先行对外付款，待进口商收回款项之后在融资到期之前将贸易融资归还银行。托收项下进口押汇业务近年来在商业银行界发展迅速，极大缓解了进口商的短期资金压力，方便了进口业务，同时也契合了目前信用证方式锐减而托收方式渐增的趋势。

（2）出口项下

①托收项下出口押汇

如果出口商采取付款交单托收方式，即只有在进口商支付托收项下全额款项的情况下，进口商银行才将全套单据转交进口商，那么出口商银行可以为出口商提供托收项下的出口押汇，提前将货款支付出口商，避免出口商因单据寄送和货款在途的时间过长而影响收益，方便出口商及时做出资金安排。

②托收项下出口贴现

如果出口商采取承兑交单托收方式，即只要进口商承诺在一定期限内支付托收项下的款项，进口商银行便将全套单据交付进口商，那么出口商银行可以凭进口商出具的付款承诺对出口商提供出口贴现融资，使出口商提前收回货款，减轻资金压力。但由于在承兑交单托收方式下进口商的付款承诺存在较大风险，因此出口商银行必然对出口商的资信等级提出较高要求。

2. 汇款结算项下的贸易融资

（1）进口项下

①进口汇款融资

如果进出口双方约定使用汇款结算方式，在货到付款时，进口商资金不足，可以向汇款银行申请进口汇款融资。银行在审查客户提交的单据并确认进口贸易的真实性后，可以向进口商提供融资，使其及时对外支付。银行通过进口商信用等级的评定来决定是否提供融资，必要时需要进口商提供足额的抵押担保。进口商将货物销售出去之后，以收回的货款偿还银行融资。

②进口预付款融资

如果进出口双方的合同条款中约定需进口商预付部分或全部合同款项，而进口商又面临资金临时周转困难，则可以向银行申请进口预付款融资，由银行直接对出口商支付。进口商应符合外汇管理政策规定，需要国家外汇管理局审批的，还应取得正式批复。由于进口预付款融资项下的交易尚未正式交割，不确定性因素较多，银行融资面临的风险较大，因此对进口商的资信要求较高。

③进口保理

银行作为保理商，对进口商合同项下应支付的款项核批一定的额度，由银行向外支付。如果款项中含有进口商在保理额度外支付的部分，则由银行一并汇给出口商。

（2）出口项下

①出口发票融资

出口商将货物发运后，可以凭其开具的出口发票向银行申请融资。申请融资时，出口商应在发票上注明将对应的款项让渡给融资银行。出口发票融资业务可以使出口商在货物发运之后及时收回货款，缓解资金压力，提前安排计划，规避汇率风险。但是对于银行来说，出口发票融资业务面临着货款收回的极大不确定性，因此除将发票项下的款项用作第一还款来源之外，融资银行还可能要求出口商提供作为第二还款来源的抵押担保措施。

②订单融资

出口商凭收到的国外订单向银行申请融资。这可以有效解决出口商收到国外订单后备货资金不足的问题。但是对银行来说，订单融资的时间更长，交易的不确定性更多，风险自然也会更大。因此融资银行对订单融资的要求也更高，甚至是所有国际贸易融资品种中最为严格的，一般仅限定极少数高信誉等级公司，而且对抵押担保措施要求也更高。

③国际保理

在赊销项下，融资银行买断出口项下货款。国际保理可以使出口商提前收回货款，规避汇率风险，同时减少应收账款，优化财务报表。而且国际保理的参与方更多，除融资银行外，关键的是进口保理商（即国外进口商的合作银行或专门从事应收账款买断业务的机构）为单个出口商核批的保理额度，融资银行在此额度内为出口商提供融资。如果国外的进口保理商无法为国内的出口商核定保理额度或者核定额度过小，融资银行则不会通过审核。也正因为如此，国际保理业务不占用出口商的银行授信额度，融资银行对出口商的资信要求也相对宽松。

（三）结构性贸易融资业务

随着经济全球化和国际贸易的发展，结构性贸易融资在国际贸易融资中的比重不断上升。在我国大型机电设备、有色金属等大宗商品的贸易中，结构性贸易融资方式得到了大量采用。其量体裁衣式的方案设计、一体化的融资管理受到了国内相关外贸企业的青睐。结构性贸易融资在改善我国出口贸易融资结构，增强我国出口企业竞争力上发挥了重要作用。

1. 结构性贸易融资概况

结构性贸易融资（Structured Trade Finance，STF）是指根据国际贸易项目的具体情况和项目社会环境的具体要求，创造性地运用传统的和非传统的贸易融资方式，将其进行最佳组合，使项目的融资得以实现，是一种集信息、财务、融资于一体的综合性金融服务。其工作机制如图 6-6 所示。

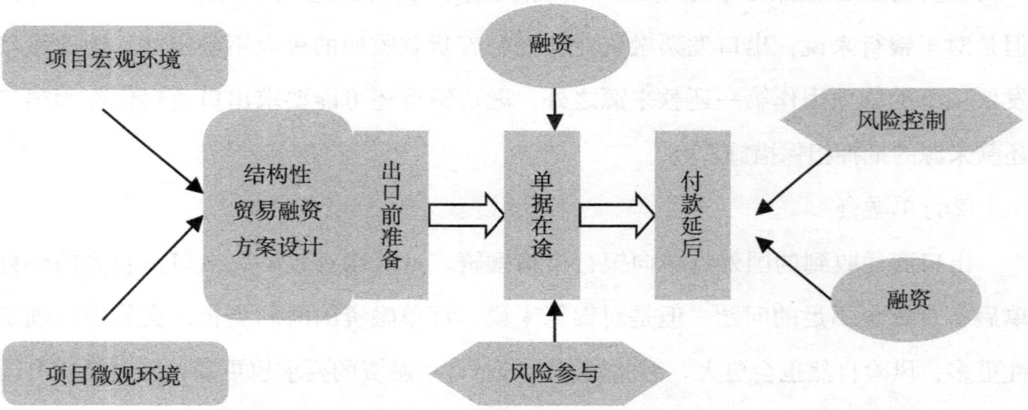

图 6-6　结构性贸易融资的工作机制

结构性贸易融资始于西方发达国家，最初用于钢铁、石油等大宗商品的进出口，进口方将货物出售后的现金流为其付款的主要来源。结构性贸易融资的产生有其客观要求和条件。首先，收付款存在一段时间差而且款项的金额巨大，进口方不愿或不能一次性全额支付。为解决这个难题，进口商主观上有了融资诉求，然而资本市场上存在着客观的融资困难，结构性贸易融资的出现为解决进口商想要融资但又融资难的困境提供了可能。其次，近些年来发达国家出现了多种多样的融资手段，外贸企业和银行充分意识到风险防控的重要性，另外各国政府纷纷加大了对本国出口贸易的扶持力度，为结构性贸易融资业务的产生发展营造了良好的环境，创造了合适的条件。

2. 业务模式的主要特点

（1）高度的综合性

首先参与方众多，涉及进出口商、银行、信贷机构、保险机构、政府等。其次融资手段是对传统的和非传统的国际贸易融资方式进行创新设计和组合。最后融资过程中融合了证券化、风险规避及出口促进等一系列方法，根据具体的国际贸易项目专门定制最佳解决方案。

（2）适用于大宗商品和资本类商品的进出口

大宗商品的融资额度高，对于涉及国家的进出口贸易有较大的影响，一些国家的政策性银行往往会积极开展结构性贸易融资业务，以支持本国的进出口业务。例如我国的船舶、铜、大豆等大宗商品的出口都是采用结构性贸易融资方式进行融资出口的。对于金额大、周期长、参与方众多、流程复杂的大宗商品出口来说，结构性贸易融资更优于传统的贸易融资方式。

（3）较高的安全性

结构性贸易融资的还贷主要不是依靠债务人的信誉，而是由项目本身的现金流量及未来的交易状况保证安全。相较而言，传统的国际贸易融资则不具备此类优势，因而面临更多的呆账、坏账和欺诈风险。

（4）特殊的授信评价体系

传统的融资授信主要通过对融资企业的财务指标、现金流量、所有者权益等进行调查分析来确定。而结构性贸易融资的借款人不是以现有的资金实力为依托，或者说实际借款人有别于名义借款人，在对借款人进行信用评估和授信测算时，不能采用常规的测算方法。

（5）融资价格变动

由于结构性贸易融资是一种因地制宜式的融资方式，不同结构必然有着不同的运作流程、操作难度、风险程度及运营成本，相应地，不同结构必然导致差异性的融资价格。

(6)有效控制融资风险

结构性贸易融资包括保险、抵(质)押、风险参与、金融衍生工具等风险缓释工具。综合运用这些风险缓释工具能更好地分散融资风险，保证资金的安全。

对进口方而言，利用结构性贸易融资一方面获得了优惠的付款条件，保证交易的达成，另一方面降低了融资成本。对出口方而言，首先，结构性贸易融资使得出口方能够在进口方严格的付款条件下达成交易，促进贸易的扩大；其次，结构性贸易融资减少了企业自有资金的占用，加快了资金的流转，缩短了资金的循环周期，避免了资金周转紧张；最后，出口方能够及时转移或分散风险，防范损失的发生。对银行而言，结构性贸易融资扩大了银行的业务量，优化了业务结构，提升了银行的利润，同时也为银行体系进行改革和创新提供动力和活力，使得银行更加具有竞争力。

二、供应链金融是贸易融资的延伸

供应链金融始于贸易融资，但又在贸易融资基础上结合信息化、大数据、云计算等技术手段，打通了供应链金融各方信息，使得供应链金融融资模式标准化、规范化、规模化。如果将贸易融资放在供应链金融的发展历程中的话，可以视作供应链金融的 1.0 阶段。贸易融资的原始阶段，是点对点、单对单通过贸易来进行融资的。从依托核心企业的线下“1+N”模式开始，贸易融资就真正进入了供应链金融融资阶段。

如果将供应链金融与贸易融资进行比较，我们就可以发现两者之间的继承性和区别点。

(1)信用评估的差异

贸易融资可以基于企业间的上下游交易，依托核心企业信用，也可以基于流通中“物”的资产价值来进行融资。供应链金融的发展，从以核心企业信用为依托，逐渐趋向将产业链、供应链的整体动态作为评估的主要目标。

(2)供应链稳定性的差异

贸易融资是基于贸易产生的，信用评估大部分基于核心企业信用和“物权”，偶发性因素较高，对供应链稳定性较难评估。供应链金融的发展方向基于稳定性的供应链数据，形成多维度、实时交互的大数据模型。稳定性的供应链流动性补充是供应链金融应用的基础。

（3）真实流动性的差异

由于缺乏长期稳定的信息化数据作为支撑，贸易融资真实性的验证较为困难，对信用和物权的真实性验证难度较大。供应链金融逐步打通多维度交易数据、物流数据、社会大数据，形成有效的流动性验证和主动性验证，将融资模型融于供应链中，以数据信息化为基础，形成有效的供应链信用体系。

（4）还款自偿性的差异

贸易融资的自偿性来源于交易本身，这就对交易本身的评估带来了较高的难度。虚假贸易、融资性贸易、物值和物权的不稳定，均会导致贸易融资自偿性大大下降。供应链金融发展趋势充分结合产业链特点和行业特色，形成结构化融资模型，不单独依赖交易本身，得以实现供应链自偿性的结构化。

（5）杠杆比例的差异

金融降杠杆、影子银行降杠杆都是为了让金融脱虚入实，真正服务于实体经济发展。合理模式和融资方式可视作杠杆，贷款比例合理性要结合产业发展趋势，结合供应链的稳定性、结合核心企业流动性补充的合理性综合考虑。

（6）融资模式封闭性差异

贸易融资对融资杠杆比例的考量几乎停留在原始的人为判断阶段，并且多方信息不共享，很容易造成过度融资。同时贸易融资注重形式上的把握，缺乏信息、物流、资金的一致性把握，容易造成供应链流动性资金缺乏闭环验证。这既不利于资金方的资金安全，也不利于供应链系统上下游资金分配的合理性和有效性。供应链金融逐步发展为信息打通、供应链流动性可视化的融资模式。依托供应链稳定性开展的融资，对供应链的补充是温和的、适度的、可控的。这样才能确保资金流向真正需要被支持且有行业竞争力的中小企业。

（7）资金来源的差异

贸易融资由于其信用评估对专业化要求非常高，结果银行在内贸的贸易融资方面较难开展，普遍只能开展依托单据形式的外贸贸易融资。银行资金之外的资金方，可以视作为资金的批发商，此类非银金融机构和企业众多，贸易融资普遍使用的是此类资金。而这类资金在金融降杠杆之时，既缺乏资金供应的稳定性，又缺乏资金利率的稳定性。

银行作为社会资金的主流，有能力也有意愿主动为产业经济发展服务，为产业供应链流动补充的最佳来源。银行资金进入供应链金融是发展的趋势，也应是未来供应链金融的主流。从资金成本上讲，偶发、低频、集中、难控的融资形式，和长效、稳定、分散、可控的融资形式，充分遵从了资金成本和风险成正比的价值规律。

（8）资金使用效率的差异

逐利是资本的天性，因此一定要充分发挥资金利用率，让资源有效增值，将金融的配置作用发挥到产业供应链的引导和强化上。要选择有价值的供应链进行流动性补充。贸易融资在实操中往往会集中于大金额、低频率的情况。而这对贸易融资企业业务判断的要求很高，在缺乏稳定供应链特征、多维度数据研判的情况下，内贸的贸易融资往往成了高风险融资形式。这和供应链金融崇尚以稳定的交易流、物流、资金流等供应链管理信息，长期有效补充供应链流动性的初衷形成了鲜明的对比。

（9）风险控制的差异

贸易融资和供应链金融从大的方向上均分为两类：基于信用的应收类、预付类融资；基于物权的货权类、仓单类融资。

基于产业链、供应链特性的风控贸易融资的核心是基于对产业的理解，对产业核心企业信用的把握，对物价值的充分把握。其中对形式上的“物”的把握是其风控的核心。为研判以核心企业为基础的产业供应链竞争性和稳定性发展趋势，供应链金融将产业供应链动态整体视作融资风控的核心。

（10）交易流程控制的规模化差异

贸易融资由于缺乏信息化联通，普遍还停留在线下的阶段。线下流程的繁琐倒逼着贸易融资主动去选择大金额、高风险的融资对象。资金体量和规模很大，但对中小企业的真正帮助并不大。供应链金融思维的发展依托于信息化连通，融资结构标准化、规模化，融资流程线上化，可以充分服务供应链中的中小企业。

（11）风控措施差异

贸易融资最大的风控难点在于信息不对称。这里的信息不对称包含了产业、企业信息的变动趋势，也包含基于三流（交易、物流、资金）的供应链信息，更包含融资主体的信息不对称。甚至可以说，所有贸易融资风险的发生，均是因各个方面的信息不对称造成的。贸易融资对数据信息的使用是单一的和孤立的，仅是用数据来进行流程管理，并不能及时、准确地分析数据背后反映的企业行为和非正常变化等重要信息。而供应链金融的发展趋势是向多维度、大数据风控体系的建设前进，打通多方（资金方、核心企业，上下游，供应链服务商等）协作信息，共同构建符合产业链特征的风控模型。通过充分覆盖的信用评估，系统化、动态化的风险警示方式，风险控制手段，风险处置措施来控制融资风险。

三、商业银行的金融产品创新

在现代社会里，金融经济环境发生了巨大的变化，行业之间的竞争越来越激烈，面对日益复杂的外界环境，商业银行金融产品创新已经迫在眉睫。对于商业银行而言，金融产品创新是提高自身市场竞争力的重要手段，是商业银行发展的必然方向。商业银行只有不断创新金融产品，才能获得更多的利润，才能推动自身的稳定发展。

商业银行作为我国现代社会发展的一部分，在我国现代社会中发挥着不可替代的作用。随着民营经济的发展，中小企业的融资需求来越来越大。在这样的环境中，商业银行要想更好地发展下去，就必须加大金融产品创新。另外，随着利率市场化的发展以及互联网金融的出现，金融市场竞争也越来越激烈，金融市场竞争的加剧也促使了金融产品的创新。对于商业银行而言，金融产品的创新已成为必然，商业银行只有认识到当前社会的发展形势，不断创新金融产品，才能获得更多的客户，才能在竞争激烈的市场环境下更好地发展。

（一）“长度”创新——国际化程度

目前，纵观国内外的市场经济形势，严峻的经济形势变化使银行之间国际业务的竞争关系日益显露出来。为应对严峻的挑战，各商业银行都选择了创新发展的思路，努力抓住机遇，为自身的发展谋求一条新的出路。

1. 商业银行国际创新的路径

（1）营销模式

国内银行的国际业务目前存在营销模式单一、营销渠道不畅等问题，极大地制约了国际业务的发展，因此需要在营销模式上更多地创新，改善目前的不足。一套合理有效的约束机制的创新，会使员工的工作潜力更多地被激发出来，无限的工作动力成为积极营销的有力支撑。商业银行国际业务的产品开发和营销的效力完全体现在从业人员的工作努力认真程度上，这将直接影响到一家商业银行的生存发展潜力，决定着商业银行的兴衰成败。因此，一套健全并且能有效提高从业人员工作热情的营销激励机制，对国际业务来说尤为重要。并且，一套完整的营销机制，既提高了工作效率，又体现了银行对客户极大的负责态度。

（2）管理理念

目前，许多商业银行都不重视中小企业的发展，对中小企业不开放相应的业务。但在目前的形势分析中，中小企业在国际业务上的需求量也很大，进出口业务风生水起，为商业银行国际业务的发展提供了有力支撑。重新审视以及做出适合目前经济发展的调整是所有商业银行急需做出的创新型改变。此外，国内商业银行可以选择与外资商业银行合作，谋求共同发展，互相合作，互利互惠。在国外发展分行也是其中的一项创新。

（3）人才培养

人才的竞争是业务竞争取胜的法宝。商业银行的国际业务想要在国际竞争的大背景下求得生存和发展，就要培养出一支外语能力强、熟练掌握电脑操作、素质足够高、熟悉金融业务、勇于创新的队伍。首先，可以借鉴国际业务人员培训的经验，上岗之前集中培训，上岗后不断考核，不断外派接受培训，提高从业人员的业务技能。其次，结合自身的实际情况，单独对不足的业务能力进行强化训练，加大培养力度。国际业务人员要不断加强自身的学习，从主观意识上，认识自己的不足，并积极改正，做到知法、懂法、用法，提高服务水平，实现国际业务的合法营销管理。

2. 商业银行国际创新的发展目标

国际化大商业银行是中国商业银行的发展目标。国际业务占整个市场业务份额的大小，是检验一个商业银行功能是否齐全、业务能力是否达标、是否具有国际化趋势的一个关键方法。创新对于国内商业银行的国际业务有着巨大的影响力。为提高我国在国际业务中的竞争实力，缓解目前无法满足客户多样需求的困境，必须深入研究国际形势，分析自身不足，提高自身的业务水平和业务能力，加强自身对国际业务的创新性研究，争取尽快取得有效成果，快速投入市场，为广大客户服务。

（二）“宽度”创新——扩大客户群体

“宽度”创新指的是商业银行通过各种创新，扩大客户群体，吸引更多的中小企业。长期以来，商业银行的经营遵循“二八定律”，对中小企业构成的长尾市场服务不足。究其原因，主要是商业银行的固定成本、交易成本和转换成本较高。信息不对称和信息技术支持不足等因素，亦制约了商业银行拓展长尾市场。在互联网金融快速发展的背景下，长尾市场有望成为金融市场的“蓝海”。

（1）扩充担保模式

除传统抵质押担保方式外，对于中小企业普遍缺少足值押品且资信度不高的情况，各行普遍采取引入专业担保公司或第三方合作机构，发放担保类贷款产品的做法。例如，农行北京分行的“园区落户企业担保贷款”、民生银行的“第三方担保贷”、兴业北京分行的“自然人担保贷”、北京银行的“担保公司担保贷款”等。对于具备一定条件，或与银行建立密切合作关系的优质中小企业客户，可以提供无担保信用贷款。担保模式扩充还体现在抵 / 质押品范围拓展方面，稳定可信的应收账款、仓单或知识产权、股权等无形资产被逐渐接受为有效的抵 / 质押物。近年来，联保联贷业务的普遍推广则是对担保模式的又一种创新探索。

（2）定向培育客户

各行有针对性地选取定向中小企业作为目标客户群，差异化设计特色服务方案和产品，培育特定客户群忠诚度。目标客户群主要有两种分类方法。一类是以特定行业为客户群的划分标准，如工行的“能源通”“棉贸通”，光大的“汽车全程通”，北京银行的“创意贷—文化创意贷款”等。另一类划分标准则是该客户群具备类似特征或共同资质，银行以这类客户集群作为整体，提供融资方案，如招商银行的“集群贷”、北京银行的“商圈贷”“厂商银”。

（3）产品配套组合

除贷款类产品外，同时结合贸易融资、贴现、保理、贷款承诺、保证、信用证、票据承兑等表内外授信和融资业务，为中小企业提供综合授信服务和一揽子产品包，尽可能全面覆盖企业各类需求，如农行北分的“简式快速贷”、民生银行的“动产融资”、中信银行的“中小企业成长伴侣计划”等。

（4）网络融资兴起

随着网络技术和电子商务技术的兴起，利用网络融资拓展中小企业业务的新模式也开始出现。互联网金融契合长尾市场的金融服务需求特征，具有低成本优势，可实现规模经济；具有开放性优势，可拓展交易集合边界；运用大数据技术，可降低信息不对称程度。在“互联网+”背景下拓展长尾市场，商业银行应扬长补短，构建“服务+平台+社区+场景”服务模式，以差异化服务培育竞争优势，搭建开放式金融生态平台，打造“移动+社区”金融营销平台，构建多元化的金融服务场景。

总体来说，随着监管机构的要求和自身利益的考虑，国内商业银行在构建中小企业金融服务机制方面已经取得了一定效果，在品牌建设、产品服务等方面初步形成了一定的市场规模，对于中小企业金融服务起到了一定的发展和促进作用。同时，由于我国商业银行在中小企业金融服务创新机制研究方面尚处于起步阶段，在对中小企业经营特点的掌握、融资风险的把控、产品定位的准确性等方面还有较大的差距与不足。

（三）“深度”创新——挖掘客户需求

“深度”创新指的是挖掘客户的特定需求，为客户提供量身定做的特定服务。我们按金融产品组合一体化和复合程度发展层次将金融产品创新分为：基础金融产品创新、衍生金融产品创新、组合金融产品创新。

基础金融产品创新分为三类：资产类产品创新、负债类产品创新和中间业务创新。衍生金融产品创新是依靠某种资产作为基础来表现其自身价值而派生出来的产品创新。组合类的金融产品是具有各大类金融产品的混合特征的组合金融产品，是多种金融产品的复合体，具有多种金融产品性质和特点。商业银行金融产品创新按其经营性质可分为基础银行产品创新、衍生产品创新和组合产品创新等。在创新内容、层次和趋势上，三类创新在一体化、客户化程度上逐次增强，其附加值也逐次增加。具体见表 6-1。

表 6-1　商业银行金融产品创新层次

层次	内容体系
基础金融产品	存款、贷款、票据、投资、结算、担保、代理、咨询、信托、租赁、保险
衍生金融产品	利率期货（期权、调期、互换等）、票据发行便利、金融期货交易、期权交易、货币利率互换、备用贷款承诺和循环贷款等

（续表）

层次	内容体系
组合金融产品	银证、银保、银证保业务资产证券化；银证保产品组合创新；各类金融产品之间、金融产品与非金融产品打包或一体化组合创新

衍生金融产品创新依赖于金融市场的发展，而银证保等组合金融产品创新则依赖于混业经营的金融市场环境和政策环境。从客户需求看，随着金融业特别是资本市场的发展，客户对简单业务的需求将趋缓，甚至有可能呈下降趋势，但是高质量、高价值的金融服务将供不应求。在产品创新一体化方面，客户对分散化基础化的功能要求在降低，而对个性化、高层化的产品创新的要求在提升，逐步向组合产品创新的方面发展。在产品创新和类附加值层面上，高附加值的衍生产品创新和组合产品创新具有更大的客户需求。

在金融产品创新的内容层次体系中，组合金融产品创新在一体化和客户化进程方面处于系统的最高层。这一层次本身又有三个层次：第一个层次是实现银行、证券、保险产品之间的交叉销售；第二个层次是可以将银行、证券、保险创新产品与传统业务打包，销售给不同的客户；第三个层次是实现组合金融产品完全一体化的服务，可以根据每个客户的要求和特点“量身定制”全部的金融资产组合。这三个层次产品组合创新对于金融业的技能水平的要求是逐步提高的，其一体化和客户化的程度也是逐步提高的，对其服务和业务所能够为客户带来的附加值，也是逐步增加的。

四、商业银行供应链金融类型化

供应链金融是商业银行发展的特殊产业链，对多种企业和金融服务都具有较大的影响作用。在供应链金融的融资管理下，供应链金融利用供应链上企业之间进行的物流与信息流沟通，用来保证现代交易下的金融服务。银行的资金在表面上是对小型企业进行服务，但是由于供应链的具体联系，可知银行的资金通过链条带动了整个供应链的经济发展。

近几年，我国供应链金融发展十分迅速，主要是由于新兴产业对市场经济的适应导致的。目前，社会生产的分工经历了产业分工和产品分工，逐渐对经济全球化产生了较大的促进作用。再加上供应链中生产者和销售者以及消费者三位一体，越来越多的国家也都参与到了供应链金融之中。这些都为供应链金融的发展提供了正确的方向以及大力的支持。产品内分工逐渐改变了传统产品生产的模式，令供应链金融向新的生产体系进发。总的来看，商业银行通过提供资金、信用和服务既能解决企业融资问题，又能促进金融与企业的互动。供应链金融让商业银行走出了单个企业发展的局限，向宏观的发展角度进军，从根本上改变了我国金融企业的发展模式和传统理念。

根据产业数据与不同业务整合的程度不同，可以将商业银行主导的供应链金融区分为信息供应链服务、跨境供应链服务、整合供应链服务。

（一）信息供应链金融

供应链金融实际上是一个系统化概念，是银行面向供应链环节所有成员企业的一种系统性授信融资。可以将供应链金融具体描述为银行将供应链上的所有企业作为一个整体，按照交易中构成的链条关系以及所处行业特性重新设计融资模式，从而为各成员企业提供更加灵活的融资服务的一种信贷创新解决方案。这种建立在真实贸易背景下资金封闭式运作的授信模式，降低了银行的信用风险，为银行带来大量存款和中间业务收入。由于传统供应链金融的运营管理方式在互联网时代有着诸多局限，曾发生不少融资骗局。随着网络技术以及大数据应用的逐渐成熟，银行拥有越来越多的信息获取渠道，降低了银行的风险，提高了资金的利用效率。信息供应链金融的作用主要体现在以下几个方面。

（1）加快了供应链核心企业及上下游企业的资金周转率

由于资金利用效率得到提升，资金将以最快的速度投到所需之处或者能够创造更多价值的项目。传统供应链金融一般只授信核心企业所需资金额度，只签署一份总合同，因此就需要供应链核心企业与银行以及上下游企业，供应链上下游企业与银行、仓储企业、担保公司、监管机构之间进行紧密合作沟通。在信息技术的发展下，供应链金融的手续日益简便，大大降低了企业融资成本，进一步提高了企业资金周转率，减少了经营成本。

（2）提升了供应链核心企业的经营管理效率

信息供应链金融不仅实现了金融服务在线化、金融营销互联网化、授信流程标准化及风险管理自动化，更深远的影响在于，为银行、供应链核心企业及其上下游企业建立一个开放的、交互的、可以信息共享的平台，从而推动供应链运转效率的极大提升。首先，信息供应链金融解决了银企双方软件系统升级更新速度不同步问题，通常银行系统升级慢、企业升级快，利用信息供应链金融平台可获得双向连接，双向匹配；其次，信息供应链金融通过打破商业银行传统金融产品生硬组合的模式，实现按需将金融服务渗透到企业商务活动各环节，既提高了服务水平，又缩短了服务时间。

（3）解决了银企之间固有的信息不对称问题

传统供应链金融模式下，银行主要查看供应链核心企业及上下游企业递交的财务报表，这些财务报表数据都是过去的静态数据；相比之下，信息供应链金融打破供应链金融线下通常由银行主导、直接面对单个企业提供相关金融服务，与核心企业及其上下游企业存在各不相干、各自为政的弊端。动态数据的有效收集，使授信银行能实时掌握供应链内企业的经营情况，大大提高了决策的灵敏性。同时打破了原有的地域限制，能更好地为供应链核心企业上下游提供融资服务。传统供应链金融因为业务归属区域的管理，通常只能和当地分支行进行合作，而信息供应链金融利用线上渠道，可以为供应链内不同区域的上下游企业进行融资。

（二）跨境供应链金融

长期以来，我国商业银行开展了很多国内贸易融资业务，而大量的国际贸易融资需求却未能满足。商业银行在对进出口企业融资时，比较关注进出口交易过程当中银行的参与和货币支付，通常只做整个融资链条中境内的一部分和中间的交易那一半，境外的基本上我国商业银行接触不到，也融合不进去，也不能提供相关的产品。面对跨国公司的大批国内供应商和分销商，我国商业银行也没有从系统的视角提出有效的解决方案，错失了大量的业务机会。

当我国企业积极参与国际合作，更需要商业银行为企业“走出去”提供跨境的金融支持时，在无法获得境外当地金融支持的背景下，国内商业银行的金融支持显得尤为重要。在这种形势下，一些商业银行已经提出跨境供应链金融，同时越来越多的商业银行正在将国内、国际与离岸三大贸易领域并重，从内部做起，整合掉原有的部门和业务，流程再造，将境内外机构对接，成立贸易融资部，取代以往的国际结算部，将国际结算、国际贸易融资等业务以及国内贸易融资整合到贸易融资部中，并进行流程再造，将境内外机构对接，为外贸企业提供适应形势发展的服务支持。

商业银行推出的跨境供应链金融服务，其做法是将境内外核心企业及其上下游企业视为一个整体，针对不同供应链环节的企业自身特点，应用不同的贸易融资产品和结算产品进行有机组合，对供应链上单一企业或多个企业提供综合金融服务解决方案。图 6-7 所示为商业银行提供跨境供应链金融服务框架。

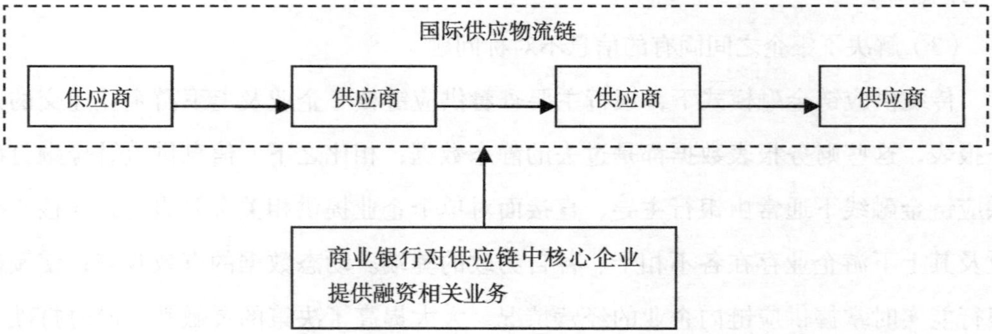

图 6-7 商业银行提供跨境供应链金融服务框架

1. 商业银行提供跨境供应链金融产品的现状

近几年，我国商业银行的跨境供应链融资有一定的发展，例如，深发展、浦发银行和招商银行等都开展了跨境供应链融资服务，其他中小银行也正在努力尝试。以浦发银行为例，跨境供应链金融产品包括以下内容：银行承兑汇票、票据贴现、商票保贴、汇票协议付息、动产质押、保函、国内国际信用证、国内国际保理、信用证议付押汇打包、福费廷等国内、国际贸易融资组合产品，此外也可以提供贸易代理商融资服务。招商银行也提供类似的金融支持和产品服务，其进口供应链金融服务类型包括进口开证、进口代收押汇、进口押汇、货物质押、进口保理、对外担保等，出口供应链金融服务类型包括订单融资、出口押汇、货物质押、出口保理、托收押汇、福费廷、信保融资、对外担保、出口买方信贷等，此外还可以通过为国内外核心企业核定进口保理额度，将核心企业的信用注入上游供应商群体，进而为供应链群体提供资金融通便利。

由于网点建设缺乏整体布局，境外与我国的金融服务市场尚未实现完全接轨等，我国商业银行提供跨境供应链融资还处于发展初期，提供的融资产品和服务还主要是针对单一企业的贸易融资和应收账款融资，推出的供应链融资产品和服务种类较为单一，难以同当地银行相比，与汇丰、花旗等老牌跨国银行相比还存在明显差距，无法提供全方位的针对供应商和经销商、融资和中间服务并重的供应链金融产品及服务。

2. 商业银行在开拓跨境供应链金融业务方面的策略

（1）多种手段控制银行风险

传统上，银行控制风险基本上是看两块，一是财务报表，二是看有没有货权，主要指信用证、提单、贸易合同、发票。银行利用其信用评估和风险控制方法，建立对客户的信贷动态分级制度，对客户进行全方位信用管理，降低质押率，与保险相结合。由于跨境业务风险加大，商业银行因此需要在适度范围内调低质押率。同时可以要求具有较高资信的国际性银行或大型公司提供反向担保，并合理运用各种保险业务。

（2）建立技术平台，提高效率

在商业银行跨境供应链金融业务的发展过程中，技术平台的建立是很重要的。国际银行开展供应链金融业务时就用到了先进的网络技术，如荷兰银行的 MaxTrad 技术，这套系统通过提供 24 小时的在线服务，可以将涉及多家银行及买方的信用证贸易单证统一处理，客户可以通过系统平台实现供应链与网上银行之间的连接，在全球各地获取实时信息，并实现发送交易指令、在线读取当局内容、查询交易、定制报告等功能，这样大大节省了银行和客户双方的成本，大幅实现了交易的程式化和自动化。

（3）实现信息共享

信息共享是商业银行开展供应链融资的业务基础，能解决供应链融资过程中的信息不对称问题。在提供跨境供应链金融业务当中，商业银行应动态地把握信息，这是银行必要的手段和能力。通过信息的动态把握就可以做到提前预警，比财务报表上能够看得更超前，能知道该公司将来发展可能会遇到什么样的情况，这对银行严守风险底线来说非常重要。摩根大通银行全球贸易服务部产品管理副总裁麦克奎因曾说过“通过提高货物运输信息的可视度，我们将为整条供应链提供更高水平的金融工具和更多的融资机会”。

以浦发银行的供应链金融平台为例，供应方、买方、中间商，甚至一些第三方服务机构如保险、物流的信息等会加载到这个平台上，这些信息的及时获取有助于浦发银行了解货物的实际流通状况，实现对货物的有效监控。这个链条还和沃尔玛、家乐福等大超市建立连接，以便浦发银行及时知道每天的货物销售状况及库存的变化情况。通过物流信息的无缝连接、交换和共享，商业银行能准确地掌握供应链上企业在各个业务环节上的信息，及时跟踪物流信息，有效减少供应链融资过程中的信息不对称，规避融资风险并提高融资效率。

（三）整合供应链金融

商业银行主导的整合供应链金融是在跨境供应链金融的基础上进一步发展整合性服务方式。在这里，参与者不仅仅包括银行和企业，还包括物流商、海关等。银行在整合物流、资金流、信息流、商流的基础上，达到对整个贸易过程的监控，帮助企业更好地整合资源，同时规避自身的风险。整合供应链金融中的银行已经从贸易活动中单纯的资金提供者变成了企业的合作伙伴，突破了目前的供应链金融模式。整合供应链金融中的银行必须拥有更强的信息整合能力、业务整合能力、国际化能力，这也是目前国际性大银行的发展方向，也是我国银行需要借鉴和参考的地方。

商业银行应该从商流、物流、资金流、信息流管理四个层面入手，整合推出供应链金融综合解决方案。以往银行只是将资金交付给合作伙伴自行管理，而现在银行要参与到对交易对手的管理中，否则，合作伙伴不能得到顺畅的资金流；以往合作伙伴没有参与到银行的风险管理中，只是风险管理的对象，现在则需要参与其中。

第七章　电子商务领域的供应链金融

传统供应链金融服务的基本运作模式是“M+1+N”，即围绕核心企业为其上下游的中小企业提供融资服务。这种运作模式只是解决了一部分中小企业的资金需求问题，对于更广范围的中小企业的资金需求没有给予更多的支持。在互联网全面普及、新兴技术手段不断涌现、电子商务迅速发展、个性化融资需求持续高涨的新环境下，这种僵化的融资模式无法适应当今中小企业个性化的融资需求。在此背景之下，电子商务供应链金融应运而生，电子商务供应链金融使传统供应链金融的信息不对称情况得到极大改善，并得以对供应链参与者进行风险的全面把控，最终使中小企业个性化融资需求得到满足，提升供应链金融的融资效率。

一、电子商务应用对供应链运营的影响

互联网技术的出现和发展推动了企业间业务活动的整合，其中特别值得注意的是电子商务在很大程度上增进了供应链中的信息分享、知识创造和组织方式的变革。要想理解电子商务应对供应链运营的影响，必须先了解什么电子商务供应链。

（一）电子商务供应链的产生

近十多年来，市场经济和技术的发展使企业不得不思考和改变它们的供应链战略。这些发展因素包括商品种类与组合增多、企业全球化、供应网络复杂因素增加、产品生命期不断缩短等。为保持领先的竞争优势，企业必须以“供应链整合”办法，获得更多的同供应链合作商之间的调整及协作。信息技术特别是网络技术在促使供应链整合实现其预定目标方面发挥着极其重要作用。

EDI（Electronic Data Interchange，电子数据交换）标准出现在 20 世纪 70 年代，起初这是大的零售商和他们的供应商之间的信息系统。直到 80 年代，大部分行业都有了自己的 EDI 标准，致使不同行业有了不同的 EDI 专业标准。所以，假如一个供应商有

属于不同行业的客户，就要用不同的技术应对不同的行业用户。尽管EDI能够实现企业和供应商们之间信息的交换，但它具有不可避免的弊端，使交易变得很复杂。由于行业间缺乏共同的规范标准，而且不能浏览以及共享信息，同时EDI的应用成本非常高，因此EDI只能局限于大公司。而互联网改变了这种现状。利用网络不仅使费用降低了，安全性也高了，能够建立适用整个网络的公共标准。当今，互联网商务活动已成为成本更低、效力更高的商务活动。

随着电子时代的到来，企业和企业之间的竞争也日趋演变为供应链之间的竞争。如何加快运营速度和决断能力、有效地整合供应链管理，是我们应尽早解决的问题。供应链行业作为电子商务产业经济枢纽，已经成为一个国家国民经济核心的重要体现。现代物流的发展已将信息管理、贸易经济、电子科技及运输配送等各个环节紧密地联系在了一起；随着贸易边界化的逐步放开及商业竞争日益的加强，现代物流已经被推到了时代最前沿。

1. 电子商务供应链的概念

电子商务供应链是信息化、现代化、社会化和多层次的供应链模式。该模式主要是针对电子商务企业的需要，利用计算机技术和先进的硬件、软件系统，严格地、守信地进行供应链的一系列活动，同时建立一套供应链成员之间沟通非常必要的信息系统，以保证满足客户的各种需求。

2. 电子商务供应链的结构模型

通过电子商务供应链概念，我们可以看出电子商务供应链是由多家企业加盟而组成的，这其中包括一个大型的核心企业，它可以是产品制造源头，也可以是大型的零售商，企业在需求信息的驱动作用下，利用现代化电子商务技术手段，通过强大的供应网络来进行责任分工和合作，以资金、物流等为载体，实现整个系统供应链的不断完善，以达到正常快速运作（见图7-1）。

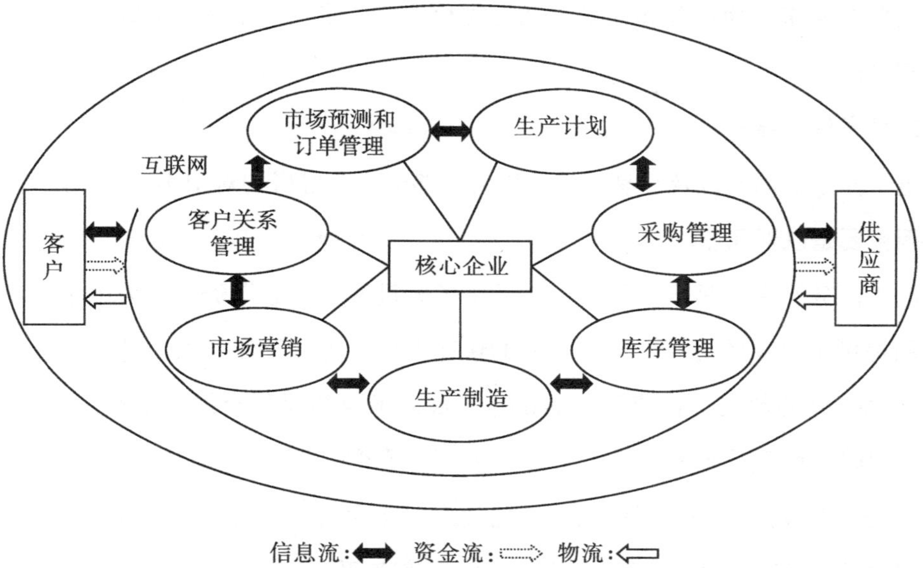

图 7-1　电子商务供应链管理

（二）电子商务应用对供应链的影响

电子商务这种新技术的应用对供应链产生了巨大的影响，我们可以从多个视角出发对其进行分析，在这里主要选取以下几个要点，以探究电子商务应用对供应链在什么方面、何种程度上产生了影响。

1. 实现集成化供应链管理

供应链管理模式要求突破传统的采购、生产、分销和服务的范畴和障碍，把企业内部以及供应链节点企业之间的各种业务看作一个整体功能过程，通过有效协调供应链中的信息流、物流、资金流，将企业内部的供应链与企业外部的供应链有机地集成起来管理，形成集成化供应管理体系，以适应新竞争环境下市场对企业生产和管理运作提出的要求。

电子商务的应用促进了供应链的发展，也弥补了传统供应链的不足。从基础设施的角度看，传统的供应链管理一般建立在专有网络上，这需要大量的资金投入，只有具备一定实力的大型企业才有能力进行自己的供应链建设。而电子商务可以实现全球化网络共享，使中小型企业以较低的成本加入到全球化供应链中。

另外，从通信的角度来看，通过先进的电子商务技术和网络平台，可以灵活地建立起多组织间的联接，改善商务伙伴间的沟通方式，将供应链上企业各个业务环节孤岛联接起来，使业务和信息实现集成和共享，使一些先进的供应链管理方法变得切实可行。

2. 提高供应链融资效率

电子商务的出现以及交易规模的扩大能够促进金融机构对中小企业的融资支持，其原因主要是以下几点。

电子商务平台交易规模的扩大，提供了大量的交易数据资源，为中小企业的风险控制提供了可靠的支持。物流行业的快速发展，为电子商务供应链金融提供了基础的运输、仓储数据。物流行业的快速发展，不仅使得平台加强了对货权的控制，把控了风险，而且基础的运输、物流、仓储数据可以从物流的维度提供数据的支持。互联网的快速发展，提升了信息传递的效率；互联网技术的迅猛发展，使得信息传递的渠道更加高效，加强了商业银行、电子商务平台、中小企业之间的信息交互，提升了信息交互的效率。

大数据技术的出现，使得交易数据、物流数据、金融数据、供应商产品数据这些原有的大量数据资源有效地整合在一起，形成不同维度数据的相互支持，即各维度数据之间的交叉出现，使得电子商务平台能够有效控制供应链的金融风险。

国家提出“互联网 +”、跨境电商、垂直电商、供给侧改革、全球物流网络建设，这些政策的提出使得供应链发展成为一张供应链网络，这张网上的中小企业产生了对金融的有效需求，而这个需求正在被电子商务供应链金融满足。

3. 供应链金融“去核心化”

电子商务的出现使得传统的供应链金融出现“去核心化”，虽然在每个供应链上都有所谓的优质企业或核心企业，但是在电子商务供应链中并不再依赖核心企业的信用外溢，只要中小企业基于稳定的、真实的、可持续的交易数据、物流数据，就能获得相应的融资支持。另外，供应链金融的“去核心化”，使得集中于核心企业的风险分散到整个供应链网络之中，实现了风险的分散化。

4. 满足了个性化融资需求

中小企业由于其自身的经营特点，往往对资金的需求呈现额度小、频次大、灵活性强的特点，而电子商务供应链金融的发展使得中小企业的个性化融资需求得到满足。电子商务供应链金融基于真实交易的基础，可以在风险控制的基础上满足这些个性化的融资需求。

二、建立在价值网络基础上的供应链

互联网技术和电子商务应用是通过以下两个方面影响供应链的：第一，创造出新的供应链模式与结构；第二，变革了运营流程和行为，这两方面的影响最终使供应链从以前的上下游单一的链条式、以物质产品经营为基础的体系转变为以价值网络为基础的新型供应链。

Mercer 顾问公司的著名顾问大卫·波维特在《利润区》（*Profit Zone*）一书中首次提出价值网的概念。他认为，随着虚拟网络、经济全球化以及顾客需求多样化、个性化的发展，价值网商业模式取代供应链是大势所趋的。

价值网从战略高度形成一种新型的以顾客为导向的价值创造体系，运用网络技术将顾客的个性化需求与灵活及有效率、低成本的制造相连接，即实现与供应商、顾客、合作者等利益相关者的合作，通过数字信息避开分销层实现直接配送，最终通过这种交互式的网络关系来满足顾客的要求。

价值网是个无边界的柔性组织，其核心任务是迅速将信息和资源传递到最有效的地方为客户创造价值。它将消费者的价值作为企业价值网价值增值的内在动力，供应链网络节点企业的活动都是围绕客户需求价值来完成的。从供应链的核心企业发现消费者需求开始，供应链网络就在价值网层面上不断完成消费者这一系列需求，只有价值需求的实现，才能完成供应链价值网络的增值过程，同时避免了价值网节点企业低价值的经营活动，提高整个价值网的绩效。

价值网是一种新型的价值创造模式，本质是在分工专业化的生产服务模式下，通过一定的价值传递机制和相应的治理框架，由处于价值链上不同阶段和相对固化的具有某种专利资产的企业以及相关利益组合连接成一个整体。在供应链中，制造企业、零部件供应商、销售商和第三方物流企业等各节点企业都创造价值，然后通过运输和配送等环节在分配零部件或产品时将各个点的价值连接起来，并将价值重新分配，从而使得时间价值创造和空间价值创造联系起来，最终形成价值网。每个成员创造的价值都是最终价值不可分割的一部分，产品或服务的价值是由价值网络的每个成员创造并由价值网络整合而成的。价值网基本模型见图 7-2。

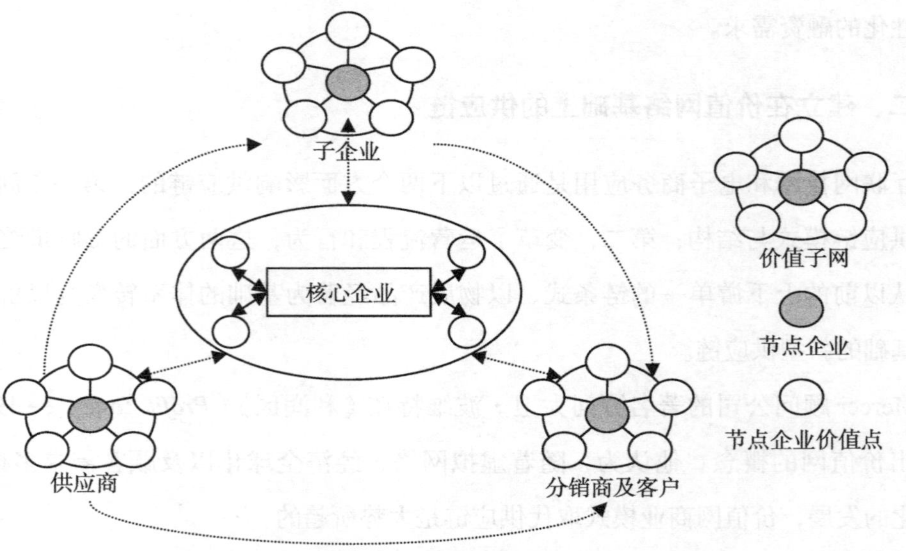

图 7-2　价值网基本模型

在建立在价值网络基础上的供应链中，服务尤为重要，它是以信息化为基础的价值网络供应链体系运作的核心竞争力，这里的服务不是像普通产品那样仅仅用于交换。这里的服务的典型特征就是在交易过程中的生产和消费的同步性，换言之，就是在客户与服务提供者的交互过程中，服务在被生产的同时又被消费掉，服务的交易双方共同创造服务的价值。由此可以看到，在价值网络供应链运作过程中，供需双方不再是简单的上下游关系，而是一种互动的、相互协调的、多赢的、共同创造价值的依存关系。

（一）建立基于价值网络的新型供应链手段

随着产品和服务的非物质化，以产品为基础的传统供应链管理不再适用于分析一些产业，也难以揭示其价值的来源，尤其是目前金融机构、物流、保险等相关行业正在经历着深刻的变革。此外，实业产业也正在进行着强化协作的创新，即通过网络中合作伙伴之间的相互组合来共同创造价值，在这个协同创造价值的体系当中，第三方物流、金融机构、电子商务平台也都是重要的组成部分，它们在协作过程中共同创造价值。

1. 优化采购和物流提升供应链后端优势

在采购方面，企业越来越多地借助于互联网和供应商建立战略协作联盟，签订长期采购合同，深入合作，根据现有库存和销售数据对未来的销售趋势进行合理的预测，企业据此自动补货，保证高效的库存管理。避免库存过多占用资金或库存不足影响生产。

在物流方面，建立在价值网络基础上的供应链非常关注商流与物流的深度融合，价值网络对高质量的物流服务和基础设施提出了更多要求，物流的发展是价值网络的一部分，也就是价值网络基础之上延伸出来的“物联网”。价值网络相当于人的大脑中的神经元，而物流相当于为这些神经元提供营养的血管，对于价值网络的发展不可或缺。

2. 使用大数据及可视化技术提升供应链前端竞争力

供应链大数据的运用以及可视化的决策是通过信息共享、产品和服务的定制化、长期的合作关系以及流程导向的管理实现的，进而加强了价值网络上供应链成员彼此之间的协调性。

（二）供应链金融是价值网络供应链发展的延伸业务

为了塑造生态化的供应链价值网络，让供应链参与者更有效率地解决融资问题，并且能让资金需求者以较低的成本获得资金，成为维系和发展供应链价值网络的关键，特别是在互联网环境下的供应链价值网络对缩短业务环节，推动参与者之间协同与互动要求更高，并且要求供应链参与者能够及时应对市场和客户多样化的价值诉求，尤其是金融方面的诉求。

价值网络供应链前端和后端竞争力的形成，为开展广泛的供应链金融业务奠定了坚实的基础。高度的信息化、数据化为更好、更准确地掌握整个供应链的运行情况与客户信息，并及时准确把控其中的风险、解决相应的问题提供了有力的支持。因此，帮助供应链参与者解决资金问题，提高供应链资金效率和效能的供应链金融，已经逐渐成为互联网领域价值网络供应链发展的关键。而价值网络的发展反过来又促进了供应链金融的发展，形成了一种相互促进、螺旋上升的关系。

三、电子商务领域供应链金融类型化

不同类别的企业或不同类别的供应链活动会采取不同的电子商务方式和相应的创新方式，最具代表性的则是将所用供应链中电子商务的应用分为三种类别：销售电子商务、采购电子商务、整合电子商务。

销售电子商务前端的信息平台直接将企业与客户相连，通过信息沟通系统使客户可以及时准确地了解产品的信息并完成交易。并且，销售电子商务还涵盖了上游的供应商，可以在很短的时间内将产品需求通知供应商，节省了大量的时间。借助于这种无缝连接，避免了沟通错误所产生的时间成本和库存压力。

企业资源管理系统是对企业内部资源进行协调和规划，但是采购需要与大量供应商进行沟通和协调，因此，围绕采购而进行的电子商务活动被称为采购电子商务。通过互联网平台，供需双方可以在线完成复杂的交易活动，从信息获取到付款结算形成一个有效的系统，降低双方的成本和风险，优化整个采购过程。

整合电子商务是销售电子商务与采购电子商务的综合，它通过互联网将供应链前端与后端整合在一起，在降低交易成本、提高交易效率的同时，实现整个供应链的良性发展。所有供应链的参与主体，包括供应商、生产商、经销商、消费者等都被纳入其中，而且从采购到销售、从库存到物流各个方面都处于整合电子商务的覆盖之下。

供应链金融服务作为供应链发展的重要方面，也随着供应链中电子商务应用的不同类别分为相应的三种模式：销售电子商务供应链金融、采购电子商务供应链金融、整合电子商务供应链金融。这三供应链金融产生的基础和运营主要有以下几种区别。

销售电子商务侧重于产成品企业与供应商之间的有效沟通和协调，以此保证产品的质量并有效地降低库存，满足客户多样化、个性化的需求，在最短的时间内为客户提供优质的产品和服务。采购电子商务强调通过电子商务平台对原材料或服务进行有效管理，实现高效率采购，节省物流时间和耗费。整合电子商务兼有以上两者的特点，既需要及时应对客户的诉求，又需要负责物流和采购的管理。

另外，销售电子商务强调以客户为中心，通过大数据和信息管理为客户更好地提供供应链服务，开发出更加符合客户期望的产品。采购电子商务则通过大数据来更好地沟通供应链的上下游企业，使采购得以高效准确地进行。整合电子商务既需要把握客户的需求又需要掌握整个供应链上所有参与者的行为，最终达到使整个供应链无缝连接的目的。

与此相对应，销售电子商务中的供应链金融产生于成品供应与分销中的资金需求，这里的风险根源在于销售者对客户需求的掌握程度，也就是销售情况。采购电子商务中的供应链金融产生于供应链上下游企业在采购过程中资金需求，其风险主要取决于供应链的复杂性和企业之间的配合协调程度。而整合电子商务中的供应链金融则需要综合考虑各方面的需求和风险，既需要掌握外部客户的需求，也需要把握内部供应链的运行。

（一）销售电子商务供应链金融

销售电子商务供应链金融指的是为围绕客户或消费者而开展的基于电子商务平台的供应链运营活动提供融资。其产生的基础有：为了有效地掌握销售渠道，为客户提供优质的产品和服务；以电子商务供应链打造特色服务，形成独特的经营模式和产品；电子商务平台对自身商品和服务进行不断优化，提升竞争力和吸引力；保证供应链上的所有参与者的交易安全，避免因管理不当给参与方造成损失，影响平台的信誉。

销售电子商务供应链金融创新将所有的交易和物流信息与平台强大的数据分析与流程管理能力进行结合，针对供应链流程的参与者，金融机构基于交易前、中、后发生的订单、库存、应收账款提供金融服务。首先，无论是客户管理还是订单管理，平台都为参与者提供了一个良好的基础；其次，平台对买卖双方实行良好的管理，维系双方的关系；再次，大规模高效率能更好地满足融资需求；最后，通过大数据和信息管理把控风险，掌握供应链的全过程。

京东集团旗下包括京东商城集团和京东金融集团。京东商城是 B2C 电子商务平台，有着优质的上游供应商以及下游消费者，拥有很多潜在的金融业务客户。作为交易平台，京东直接参与了上下游的交易，积累了大量数据，有着优质的大数据资源，开展供应链金融有着天然的优势。京东供应链金融是运用大数据开展供应链金融的典型，业务主要包括两个方面：银行放贷，即将有融资需求的供应商推荐给合作银行；自有资金放贷，即使用京东自有资金为供应商提供贷款。从银行放贷到自有资金放贷，这是京东供应链金融不断发展的结果。在发展过程中，京东推出了一系列的金融产品，其中最有代表性的金融产品有“京保贝”“京东白条”“京小贷”以及“云仓京融”。

1. 电子商务供应链金融起步：银行放贷

2012 年 11 月，京东开始涉足供应链金融服务，通过与银行合作，为京东的合作供应商提供融资支持，解决供应商的资金难题，其主要融资方式有订单融资、入库单融资、应收账款融资、委托贷款融资等。在这种融资模式下，京东商城负责完成供应商与银行之间的授信工作，银行负责发放授信资金。

2. 针对自营平台卖家："京保贝"

2013 年 12 月，京东基于其在零售平台上的供应链优势，首次推出针对其自营供应链的金融产品——"京保贝"。与之前的运作模式不同，"京保贝"不再是京东负责授信，银行负责发放资金，而是将授信企业与贷款方合二为一，由京东使用自有资金来提供全部的融资资金，但服务对象仅针对于自营平台的卖家。"京保贝"是在原有的供应链金融服务基础上，借助大数据进行的升级，从供应商提出申请到贷款资金到账，整个审批过程，均可以直接在线上系统中自动进行，不再需要传统的人工判断、审核。

另外，京东可依据以往的交易记录等大数据进行授信，供应商无需提供担保和抵押，只需在第一次申请融资服务时，与京东签订协议，并按照要求提供融资申请书等相关材料，再次申请时，相关材料可以直接从系统中调取，方便快捷。供应商在客户端进行申请，需求信息会从京东的零售业务系统自动传递到保理业务系统。保理业务系统可以通过 ERP 系统了解供应商以往的交易数据及信用状况，在此基础上为融资额度的核定提供参考。当融资申请金额在一定范围内时，根据相应的风险控制模型，线上系统会自动判断是否同意融资申请以及融资金额，京东的网银系统会完成资金的发放工作。

3. 针对开放平台商家："京小贷"

"京小贷"是京东金融于 2014 年 10 月推出的一项金融创新服务，服务对象是开放平台商家，通过对京东平台拥有的大量高质量、真实可信的商户信息进行分析，为开放平台商家提供融资服务，满足商家的融资需求。此项服务弥补了"京保贝"覆盖范围的不足，不仅处理了小微企业面临的融资难题，而且增强了京东金融生态圈的竞争力。

"京小贷"立足于信用基础，申请的商家无需进行抵押，自主选择贷款，随借随还。在京东金融平台上，商家使用自己的账号进行登录，可以在线查看贷款资格。自主申请及自动审批均在线上进行，方便快捷，申请成功后，融资资金会立即到账，无缝衔接商家在京东的支付和结算等环节，融资期限最长有 12 个月。"京小贷"可以为不同的商家提供个性化的融资服务，商家可以自主选择融资条件，并且不同的融资条件对应不同的利率。稳定诚信的经营活动、良好的借贷信用记录等，都可以为商家争取更好的融资条件。

4. 针对动产融资："云仓京融"

2015 年 9 月，京东联手中国邮政，推出"云仓京融"项目，这是互联网领域首个针对电子商务企业的动产融资供应链金融项目。京东电子商务平台储存了大量的商品 SKU（库存量单位），其中包括商品的现时价格、历史价格、价格的波动情况以及其他电子商务平台的商品售价信息等。依据大数据和云计技术对海量数据进行分析、处理，"云仓京融"能够预测在质押期间质押物的价格变化趋势，从而自动评估商品的价值和质押率，解决了在传统动产融资中常见的质押物价值难以确定的难题，给有融资需求的用户提供更为方便快捷的服务。

另外，传统的动产融资需要大量的人力、物力对质押物的进行质量鉴定、以及后续的监管，难度较大。"云仓京融"可以实现与仓储的 WMS（仓库管理系统）无缝对接，直接获取所需的仓储及销售数据。另外，只要与京东合作的仓储企业按照京东研发的监控系统发出指令，即可实现京东对质押物的监管，解决了监管效率低、风险大的难题。从上游供应商到下游消费者，京东的供应链金融走的是基于大数据分析的精准营销之路。京东供应链金融的这些主流产品，服务于自己的受众群体和整个电子商务供应链，覆盖点集中在消费者、商家和产品之上，强调信息系统和大数据平台的信息交换，依据大数据建立风险控制体系，可根据变动的数据自动计算识别出风险，最终完成授信。

（二）采购电子商务供应链金融

采购电子商务供应链指的是围绕原料采购展开的，以互联网为基础，以信息技术和电子商务为手段，通过对物流、资金流、信息流的整合和控制，对从原料采购到中间环节再到产品销售的整个过程的管理。

采购电子商务供应链金融产生的基础是：以某平台企业为支点，构建覆盖整个供应链的服务网络；通过电子商务平台和信息技术对整个供应链进行整合；这里的各个参与者都是相互独立的主体；通过互联网和电子商务平台将供应链中的交易、物流和金融集中到一起，建立快速高效的垂直供应链平台。

采购电子商务供应链金融创新将金融与网络平台上进行的采购、物流等结合在一起，由电商平台承担信息的收集、分析与传递，并对参与者进行信用管理，与金融机构一起为双方提供金融服务。一般而言，开展采购电子商务供应链金融创新的基础是：极强的行业整合能力，利用互联网技术和信息管理，将知识管理、信用管理、供需管理、物流管理、汇率风险管理、融资等结合起来打造行业供应链；将供应链、金融、物流三方面进行有效地整合；较强的信用管理能力，既包括供应商的也包括客户的；较强的信息处理能力，降低运行成本和风险。

某电子商务有限公司（以下简称“A 电商”），成立于 2013 年，注册资本人民币 1.2 亿元，是某大型集团控股子公司，是一家集钢铁供应链融资服务、线上交易和撮合、物流配送和信息服务为一体的大型综合信息化服务企业。

在“互联网 +”和“转型升级”的国家战略机遇下，A 电商不断引领本省钢铁电商发展，促进地区钢铁流通行业转型升级，目前已发展成为该地区最大的自主钢铁电商平台。A 电商依托本地区最大的钢铁物流交易中心——B 物流园，为近万会员提供全国、本省、区域内钢材市场行情和钢材相关热点资讯，日均挂牌量达到 50 多万吨，日均撮合交易 20 000 吨，代销业务量月均突破 12 万吨。

A 电商近三年开始投资建设地区最大最专业的钢铁物资专业信息交易平台“B 钢铁网”，平台集中了线上交易、撮合交易、金融服务、信息发布、货物管理、运输配送等多项功能，为客户、银行提供在线质押、融资监管、供应链融资等综合性金融服务，并通过整体物流解决方案，实现钢铁供应链的全链条服务。

1. 案例背景

某工程机械行业巨头（以下简称“C 企业”）钢材采购主要分为两种方式，一种是由钢厂直供，另一种为市场临时性采购。以前 C 企业的市场临时性采购为各事业部自行采购，C 企业拟改变这种采购格局，由各事业部分散采购改为 C 企业集中采购，即所有临时性的钢材采购，均由 C 企业与供应商签订战略合作协议，商定付款条件，各事业部根据采购需求制订采购计划与付款计划。

C 企业需要的钢材几乎涉及所有品类，需要找到能够实时掌握货品资源、有资金、有品牌实力的平台为临时性采购需求提供集中、整体的支持。该平台既要满足其对临时性采购的时效要求，又要保证货源品质，同时能够支持先送货后付款，定期以商票结算的模式付款。但是在实际的钢铁流通环节中，钢材供应商在为下游核心企业提供供货服务时，不希望垫资结算模式影响其资金周转，不希望商票结算模式影响其变现，需要寻找有实力的平台解决资金结算与流转问题。这样就与C企业希望的能够支持先送货后定期以商票结算的模式产生了根本上的分歧。

B钢铁网的“钢铁供应链金融服务平台”不仅满足了C企业对于采购产品时效性、质量方面的需求，还解决了C企业与钢材供应商之间垫资结算的问题。

2. 产品特点

B钢铁网供应链产品大体可以分为三大类，分别是预付类、存货类和应收类，见图7-3。

（1）预付类

代理采购融资是融合了传统的仓单质押管理、信用借款、担保、采购等业务的一种组合性融资模式，具有进入门槛低、业务效率高的特点。依托企业经营规模、资产、存货等基础资料，根据客户真实的贸易背景和资金需求进行操作，通过“钱货票互换、随借、随用、随还”等一站式灵活融资方案，方便客户将在厂、在途、在库货物或资金全面盘活，并做到专款专用，以提高资金综合效率，降低业务总成本。

一般情况下，如各方对协议内容无异议，融资无需额外担保，2天内即可进入操作，比如由A公司直接垫资，在保证金充足的条件下，不设资金额度上限，客户也可根据企业实际业务需要选择合适的周转期限。预付类产品见图7-4。

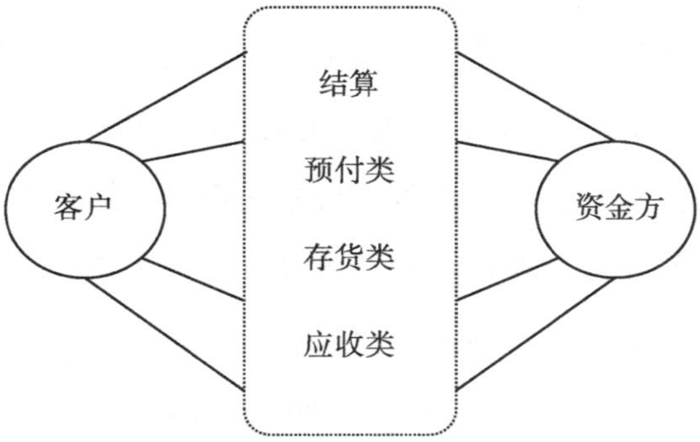

图7-3　B钢铁网供应链产品

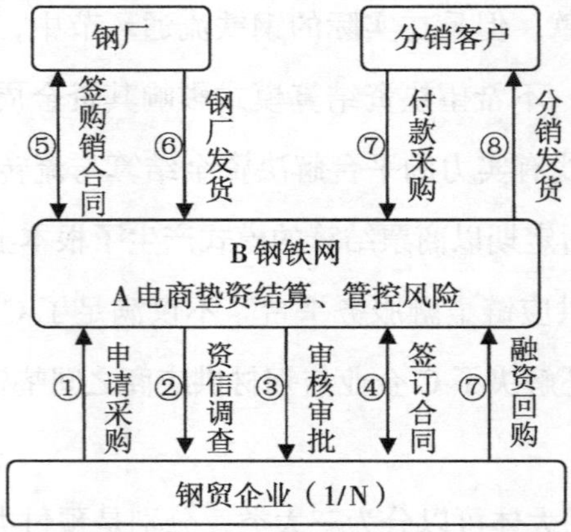

图 7-4 预付类产品

（2）存货类

此类情况主要是采用仓单（存货）质押的方式，帮助客户盘活存货（含在途货物）价值，快速融得企业运营所需流动资金。商户可根据自身条件选择 3~6 个月的银行承兑汇票或 1 年期的现金借款，采取先货后票质押（既有货权质押）或者先票后货质押（未来货权质押）的方式，获得存货价值 50%~70% 的融资度（实时可使用贷款额度以合作银行对客户审批的年度授信额度为限）。

（3）应收类

此类情况主要有以下几种方式。

保理融资：针对资信水平较高的买家（核心企业），对以这些买家为付款人的应收账款，以应收账款合法、有效转让为前提，提供商业保理融资服务。以此，卖方可以提高应收账款周转率，减少流动资金占用，降低财务费用，提高赊销能力，扩大销售规模，培养新市场和新客户；买方可以获取优惠采购条件，降低成本，扩大购买能力，稳定买卖双方赊销关系，形成稳定的购销渠道。

应收类商票保贴：卖方通过 A 电商平台采购钢材供给买方，以真实贸易背景为基础，在买、卖双方约定以商业承兑汇票（以下简称"商票"）方式结算的前提下，平台基于买方（商票承兑人或背书人）付款实力及商票项下的连带担保关系，为基础交易卖方（持票人）提供的商票贴现或质押融资服务。应收类产品见图 7-5。

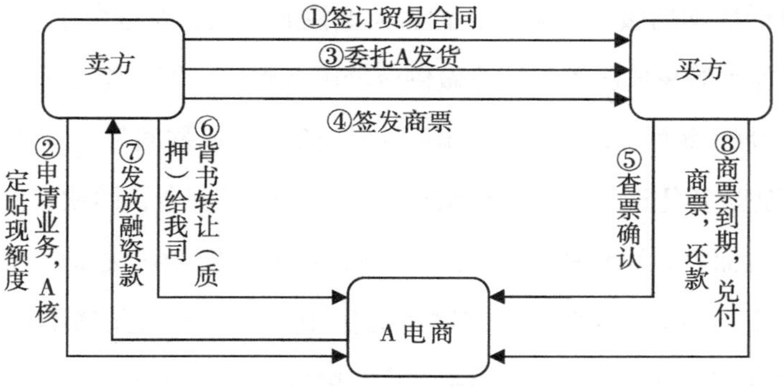

图 7-5　应收类产品

3. 实施过程

A 电商平台（B 钢铁网）汇聚了各类钢材资源，能够实时发布现货资源。同时 A 电商为本地区最大的钢铁供应链管理平台，一直专注于为业内一大批有实力的核心企业提供供应链综合服务，其供应链金融业务在行业内更是有口皆碑，其产品能够支持 C 企业的商票垫资结算模式。

本案例中，C 企业各事业部通过 B 钢铁网发布的资源信息寻找到匹配的货源和供应商信息，由 A 电商与 C 企业共同审核供应商入围资质。在采购执行中，C 企业将计划发送给 A 电商，在交易平台进行竞价并取得 C 企业认可，最后由 A 电商将资源采购配送到 C 企业各事业部（或者供应商按 C 企业要求先送货，后凭送货签收单到 A 电商结算的模式。）

4. 创新成果

（1）对终端客户而言，在降低决策成本的同时，更容易获得更优的品质、效率、成本与服务保障。

①高资信。平台资信优于经销商资信，以次充好的概率小；一旦出现质量异议，较之经销商，平台更具有谈判话语权。

②高效率。电商平台本身有资源发布与整合功能，能够为终端客户提供寻源比价的优势、更有保障的供货服务。

③高保障。钢材为资金密集型产品，经销商自身融资难，资金周转压力大，垫付能力有限，而平台资金实力强。

④高服务。经销商本身固定资产不够，而钢铁流动资产无法从银行获得融资，电商平台所属行业不同，融资渠道更畅通，更容易获得价格低廉的融资，所以自身

有能力提供更低成本的服务；同时，背靠大型控股集团，A电商平台能够提供资金、物流、仓储、加工等集成服务，专业做供应链服务解决方案，综合成本更低。

（2）对于经销商而言，回款有保障：经销商应收账款回款有保障，资金周转效率高。经销商凭送货凭证找电商平台结算，不需要垫付资金，回款有保障。

（3）对平台而言，可增强话语权与影响力：平台集合两端采购和销售需求（量变可引起质变），可起到为交易各方增信的作用，但经销商显然不具备此能力。同时，由于平台在交易中提供的服务给交易能给各方带来价值，从而更容易在终端、银行那里获得话语权，更容易碰撞出有利于多方的合作模式。通过不断提供增值服务，有可能使平台摆脱成为最大的经销商或是出资方的困境，真正通过提供服务来获取核心竞争力，从而有可能获得资本市场的认可。

（三）整合电子商务供应链金融

“供应商——生产商——经销商——消费者”在整合电子商务供应链中被有机地连接在了一起，可以说，整个生产、销售过程是一个整体。这样不仅大大增强了电商平台的服务能力，更有利于客户获得增值的机会。整合电子商务供应链将各个参与者紧密地结合在一起，大大地缩短了整个流程，降低了成本和耗费，并保证了时效性。

整合电子商务供应链与前两者的不同之处在于：范围更加广泛，整合电子商务供应链同时结合了销售电子商务供应链与采购电子商务供应链，覆盖整个供应链体系；整合电子商务供应链是一种对供应链关系的重建，利用互联网和电子商务平台实现对信息的有效整合，并最终保证资源的有效利用。

总之，要想成功地打造出整合电子商务供应链金融，需要具备以下几个条件：首先是良好的电商平台运营能力；其次是供应链参与者的信用管理；再次是良好的物流管理；最后是建立包括金融机构、供应商、物流等在内的生态系统。

随着互联网技术的发展，金融机构与企业ERP系统、经销商和供应商管理系统以及电子商务平台已经实现无缝对接，平台交易数据和企业与上下游客户的贸易往来数据均能直接从线上获取。而大数据技术的应用，能够通过分析客户信息和历史交易行为产生的海量数据，自动完成风险评级及授信，精简繁杂的授信过程，极大地提高授信效率及精确度，降低由于融资信息的不对称造成的风险。未来交易线上化将成为企业的标准配置，网络将企业、个人连接在一起，成为网络中的一个节点，节点与节点之间的互动会产生海量的数据信息，如何收集、整理、运用这些数据信息将成为重中之重。

其实，整合电子商务供应链金融只是一个大的发展方向，目前国内尚无企业可以实现，但许多企业都在向着这个方向发展，包括阿里巴巴、京东、苏宁等企业在内都在向着整合电子商务供应链金融的方向发展，可以说，这是电子商务供应链的必然趋势，假以时日，我国必将建立起完善的电子商务供应链金融体系。

第八章　智慧供应链是互联网供应链金融的基础

“智慧供应链”是结合物联网技术和现代供应链管理的理论、方法和技术，在企业中和企业间构建的，实现供应链智能化、网络化和自动化的技术与管理综合集成系统。复旦大学罗钢博士后在2009年上海市信息化与工业化融合会议上首先提出了这个概念。在传统供应链的发展过程中技术渗透性不断增强，很多供应链已经具备了信息化、数字化、网络化、集成化、智能化、柔性化、敏捷化、可视化、自动化等先进技术特征。在此基础上，“智慧供应链”将技术和管理进行综合集成，系统化指导现代供应链管理与运营实践。

一、新型要素对供应链变革的影响

“在产业面临严峻挑战的今天，只要我们能融入国际供应链体系，或者通过新的供应链服务模式推动企业的变革，那么我们就会站在产业这艘巨轮的船头。”这席话触及了一个最为重要的管理基础——产业供应链。产业供应链是指在经济布局和组织中，不同地区、不同产业之间或相关联行业之间构成的具有链条绞合能力的经济组织关系。产业供应链可以通过打破组织内部及组织间业已存在的业务孤岛、信息孤岛，进而有效地规划和管理产业链上发生的采购、物流、销售等活动，实现商流、物流、信息流和资金流的高效整合。

而要实现产业链的创新，就需要实现“四个有机化”：产业组织网络的有机化、产业价值网络的有机化、产业物流网络的有机化、产业资金网络的有机化。要想实现这四个“有机化”，就需要互联网、物联网、云计算、大数据等新的技术创新和手段，将这些技术手段融合进产业供应链管理中，就可以使产业链的诸多问题迎刃而解，还可以进一步创造出高度智能化、服务化的智慧供应链。

（1）产业组织网络的有机化

将产业中的各个参与主体整合成相互协调、相互配合、相互支撑的体系，通过现有的互联网化平台有效、合理的识别，组织和管理相应的参与方，就可以实现高效率的发展。

（2）产业价值网络有机化

产业链是一个分层的整体，在产业链架构中可为各企业创造不同的价值元素，通过协调产业链中不同的价值元素单元，最终形成属于自身的价值有机整体，提升平台实力，形成系统化价值体系。

（3）产业物流网络有机化

对于大多数企业而言，物流是较为重要的一环。现代物流不仅是产品在空间和时间上的流动，而且是对整个产业链的信息和服务进行收集和整理的过程。通过促进产品和信息在产业链中自由流动，从而形成异域化产业链金融信息有机化匹配结合，使产业链中的信息流发挥出最大效能。

（4）产业资金有机化

通过高效的资金融通，可以实现全产业链资金的充足、稳定、安全运行，降低产业链金融参与主体的资金使用成本，提高资金利用率。

香港冯氏集团（原利丰集团）是全球著名的供应链服务商，管理着沃尔玛（Walmart）和塔吉特（Target）等零售商的供应链，其运营模式便是通过遍布全球的网络（在 40 多个国家和地区中建立了 80 多家分公司及办事处，聘用员工超过 43000 名），借助于 DMS（方案设计 Design、供应链生产组织管理 Manufacture Managing、服务 Service）的模式实现产业供应链管理。

DMS 以方案设计为先导，将包括方案设计、结构管理、生产管理、服务管理（物流作业、物流流程设计、网络规划、库存管理、通关报关、文类管理、当地运输、分销物流）等环节在内的整条产业链完全打通，形成设计与制造管理相结合的服务模式，为客户提供优秀的工业设计方案和产品。

冯氏集团长期以来打造的业务驱动下的数字供应链体系，使得复杂的供应链管理变得触手可及，进而对复杂的产业供应链活动实现有效的协调，及时、有效地调整产业供应链中的某一环出现的波动或中断，并在客户需要日益多样性、多变化的时代，实现全球供应链的分布集中式计划和管理。冯氏集团的数字供应链系统涵盖了贸易、物流、分销全过程，以及供应链中的所有相关者和其他供应链相关参与者。

冯氏的数字供应链系统可以实现对不同区域供应商的搜寻，借此了解供应商的资料及历史绩效，还可以追踪客户订单运转信息，导入客户的票据连同采购和销售数据，生成新的数据，使客户及时准确地获取所需的信息，提高效率，缩短新客户审批、对账单以及发货通知传递等的时间。在物流和生产管理上，数字供应链系统支持上传物流单证、存储电子订单、移动质检报告、货物验收文件、供应商支付支持单据、供应链网络规划状态、配送运输和仓储管理等。

从冯氏集团的数字供应链系统的案例中我们可以看到，新技术下的智慧供应链拥有六个方面的能力：及时准确地反映供应链客户的真实需求，该系统可以及时追踪和捕捉到客户的真实需求信息和状态，进而灵活地提供相应的服务；使供应链全程可视化，对供应链运营的全过程进行监控，及时反映和追踪物流、交易状态和活动；建立模块化的供应链运营构架，运用自身、外部第三方等的能力建立起竞争力；实时的供应链计划与执行联接体系，在数据和流程两个层面同时实现供应链计划与执行体系的联接；完善的报告与绩效管理，即能运用供应链分析工具实现统计性流程控制；良好的供应链预警体系，建立覆盖整条供应链的综合预警系统，实现供应链活动的持续进行、质量稳定、成本可控。

由此可见，以互联网为核心的新技术可以更好地改良和优化产业，实现更优化的运作、更高效的效率、更开阔的空间、更透明的流程。而如何利用好新技术为自身的发展创造更好的条件，是每个企业都应该思考的问题。只有不断探索创新的战略、工具、技术、流程和组织，才能真正带动产业、企业和所有利益相关方的共同发展和进步。

二、智慧供应链的网络结构

传统的供应链是一种简单的上下游链式结构，各个参与者仅仅需要协调好与上下游企业的关系就可以了。智慧供应链则不同，它是一种复杂的网络化结构，实现了参与者之间的良性互通，是目前供应链中最高层面的结构。

（一）三个不同层面的价值活动创造

智慧供应链不同于传统供应链，也不同于企业价值链，它在价值链和供应链的基础上，通过物联网、信息技术等先进技术，超越了单一纵向的供应链，形成了多层次、多行业的多主体协同。价值链是基于企业层面的活动，供应链是基于行业层面的活动，智慧供应链（网络链）则是基于产业层面的。

1. 价值链

按照 James Martin 关于价值流的定义，价值流是一组相互衔接的“从开始到结束的连续活动，它为顾客创造了一种结果。这个顾客可能是外部的最终顾客，也可能是价值流的内部最终使用者”。美国战略管理学家波特在《竞争优势》一书的价值链分析模型中，又把价值连城称为价值活动。企业内的各种业务活动就是各价值流的活动，每个价值流都对价值增加做出贡献。企业创造价值的过程一般是由多条价值流组成，这些价值流组成了企业内部的价值链。企业的竞争优势的实现有赖于对这些价值链的管理。

在实践中，人们认识到公司战略的基石不是产品和市场，而是价值流。竞争的成功取决于将公司的核心价值流程转换为能够为消费者提供较高价值的战略能力。优秀的公司更注重分析与辨别哪些是企业对顾客最关键的价值流，并在这些价值流程上投入大量的资源和精力，形成超越竞争对手的竞争优势。

通过对价值流分析和管理，在企业内部找到不增值活动，并消除所有各式各样的倒流、废品和障碍，使产品的价值增值在企业内部流程上得以连续进行，在此过程中核心能力通过战略性的价值流活动，实现对经营业务的支撑。

2. 供应链

与波特的价值链分析不同，供应链思想的关键是如何有效地重新构造价值链，而不是仅仅在原有的价值链上进行重新定位。韩森（Hakansson）和施诺塔（Snehota）强调，“公司内部和公司间的活动结构是产生独特和优越的供应链绩效的重要基础”。领先公司的管理人员相信，如果本公司内部的关键活动和业务流程跨越多个公司实现连接和管理，那么公司的竞争能力和赢利能力都会得到加强。因此，“成功的供应链管理要求从管理单个职能转变为将各种活动集成到关键的供应链业务流程之中”。

马士华对于工作流的论述在此方面有进一步的启发意义。马士华（2000）首先从战略角度对库存控制问题进行了研究，提出了基于工作流库存控制策略，认为库存不是简单的资源储备或浪费的体现，而是一种组织行为问题，需要从战略角度将以物流控制为目的转为以过程控制为目的。

3. 网络链

新经济的发展使得企业之间、行业之间的界限逐渐模糊，单供应链间的交叉现象越来越多，链式供应链逐渐过渡到网络形态。传统的组织系统只有一条价值链，构成价值链的每一个价值增值环节活动在单个企业中由企业的不同职能部门完成；在供应链之中则是由一个企业来完成；而在供应链网络条件下，每一个价值增值环节则由多个企业来共同承担，这就使得供应链网络的管理需要对多价值链进行有效的整合。

上述三个不同层面可见，价值的形态和范围在逐渐发生着变化。随着单个企业发展到了供应链的竞争，再到供应链网络形态的出现，企业内部的价值流整合也随之发展到基于供应链各环节企业间的价值链整合，再从链式整合发展到网状状态，形成以顾客价值为导向的价值网，对应的核心能力也由单个企业的核心能力发展到集成单个企业核心能力支撑整条供应链的核心能力，并形成网络的能力。智慧供应链结构如图 8-1 所示。

（二）传统供应链与智慧供应链的价值来源差异

传统供应链与智慧供应链之间存在着明显的价值来源差异。传统供应链的价值来源主要是：优化生产运营、降低交易成本、产权合理化。智慧供应链的价值来源则不同，除了以上三点外，还包括社会网络理论、学习和网络外部性。

1. 传统供应链的价值来源

（1）优化生产运营

供应链覆盖了上下游一系列的参与者，涉及整个流程中的交易、资金、信息的协调。如果这里的供应链形成一个有机的整体，就能实现流程的高效率，降低生产运营的成本，提高客户的满意度。

（2）降低交易成本

商业活动中的不同主体有着不同的利益诉求，因此便产生了信息搜集、谈判等交易前成本和履约、监督等交易后成本。供应链可以有效地解决信息不对称的问题，降低参与者在交易活动中所付出的各种成本。

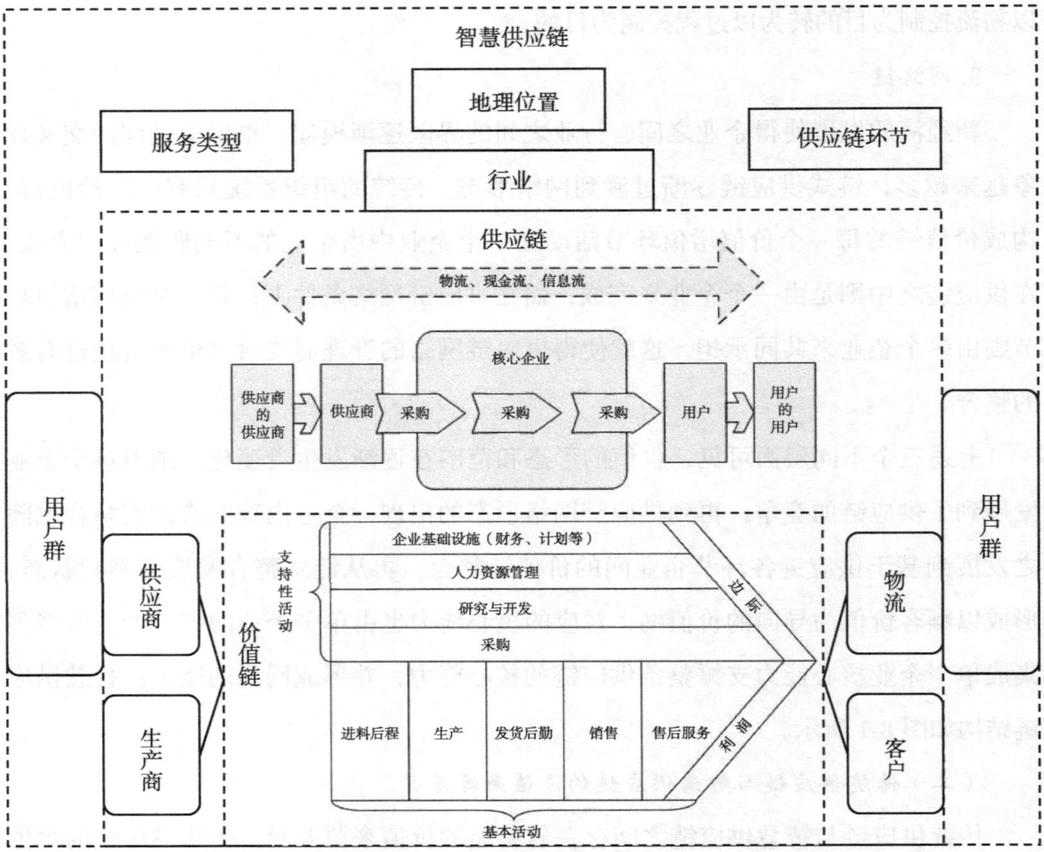

图 8-1　智慧供应链结构图

（3）产权合理化

当产权安排不清晰或该创新有赖于其他主体的资金时，创新的效益就会降低，创新者很难从创新活动中获得应有的回报。供应链可以通过协调各方的投资，共同投资并享受回报，避免以上问题。

2. 智慧供应链的价值来源

（1）社会网络理论

美国社会学家格兰诺维特在研究找工作的过程中发现，提供工作信息的人往往是弱关系。他据此首次提出了关系强度的概念，将关系分为强关系和弱关系，认为能够充当信息桥的关系必定是弱关系。强关系维系着群体、组织内部的关系，弱关系在群体、组织之间建立了纽带联系。通过强关系获得的信息往往重复性很高，而弱关系比强关系更能跨越其社会界限去获得信息和其他资源。

强弱关系概念的提出对社会网络分析产生了重大影响，回应了经济社会学家波拉尼提出的“嵌入性”观念。在此基础上，格兰诺维特对经济行为如何嵌入社会结构作出了进一步的阐释。他认为，经济行为嵌入社会结构，而核心的社会结构就是人们生活中的社会网络，嵌入的网络机制是信任；信任来源于社会网络，嵌入社会网络之中。因此，人们的经济行为也嵌入社会网络的信任结构之中。

智慧供应链的发展正好体现了强关系和弱关系的双重优势，即存在重复的、情感性的关系性交换，使企业与其他利益相关者达成有效的协作，避免盲目竞争；又存在偶然、市场状态的交换，企业可以获得新的信息，有利于自身的发展和创新，更使得整个网络具有充分的柔性和灵活性。

（2）学习

学习是智慧供应链价值的第二个来源，它包括两种状态。一是根据自己的资源发展独特优势，并以此为基础作为参与的资本。资源基础论认为企业的竞争优势源于企业拥有的异质性资源，其表现为有价值性、稀缺性、难以模仿性和难以替代性，这些构成了企业竞争优势的内生来源，也是创造租金的基础。企业的异质性资源是企业市场竞争优势得以建立的基础，拥有资源的差异形成了行业内企业之间的利润差异。二是根据自身的独特优势整合运营体系，实现协同专业化，进行价值增值。一般认为，弱关系实现了知识的异质性，强关系实现了协同专业化。

（3）网络外部性

网络外部性是新经济中的重要概念，它是指连接到一个网络的价值，取决于已经连接到该网络的其他人的数量。通俗地说，就是每个用户从使用某产品中得到的效用，与用户的总数量有关。用户人数越多，每个用户得到的效用就越高，网络中每个人的价值与网络中其他人的数量成正比。这也就意味着网络用户数量的增长，将会带动用户总所得效用的平方级增长。

由于互联网、大数据等新兴技术在供应链运营中的运用，各个参与者产生了网络外部性，出现了更多的机会，降低了交易成本。另外，由于在网络链中各参与方的资源和能力相互依存、相互补充，因此也形成了间接的外部性。

（三）参与者的依存形态

依存指的是各参与者相互依赖的程度，依存度低意味着各个部门能够独立工作，依存度高则意味着部门之间必须频繁地交换信息和原材料。美国管理学家、组织学家詹姆斯·汤普森（James Thompson）认为，部门间相互依存关系可以分为以下三种：集合性、序列性、相互性。

集合性的依存性是组织依存性的最低形式，在这种形式中，工作不能在单位间流动，每个部门都是组织的一个部分并为组织的共同利益服务，但工作是独立的。汤普森所提出的集合性的依存性存在于具有调解性技术的企业之中，调解性技术提供的产品和服务能够调解和联系外部环境中的客户，并在此过程中，每个部门的工作都是独立的。与集合性依存相联系的管理含义是相当简单的。汤普森认为管理者应该利用规则和程序去使各部门的活动标准化，每个部门都应该运用相同的程序和财务报告，因此，所有部门的结果都是可以衡量和集中的，各单位间几乎不需要每天进行协调。正因如此，集合性依存中的企业能更好地获得多样化的知识，也较容易带来更多的网络外部性。

当依存性具有序列形式，一个部门的产出成为另一个部门的投入时，就称为序列性依存。为了第二部门的正确运行，第一部门就必须正确地完成其流程，这比集合依存性的水平更高，因为部门之间交换资源并依赖其他部门才能完成得更好。序列性依存性发生在汤普森所说的长期连锁性技术中，即“指一个组织中连续性生产阶段的联合，各生产阶段都以前面阶段的产品作为投入同时也为下一个阶段准备投入”。大型的利用装配线生产的组织，例如汽车行业等，使用了长期连锁性技术并且以序列依存性为特点。序列依存性的管理要求也比集合性的依存性高，连锁工厂和部门间也需要协调。由于依存性意味着资源流动的一种方式，故一般需要广泛地计划和安排。工厂 B 需要了解它对工厂 A 的需要，故它们都能够有效地运行。为处理意外和例外情况，工厂间的每日沟通也是必要的。

最高水平的依存性是相互依存。它存在于当 A 的产出是 B 的投入，以及 B 的产出反过来又是 A 的投入的情况下，部门的产出影响那些处于相互性方式的部门。相互依存发生于被汤普森称为技术密集型的组织中，它在与客户的联系中提供各种产品与服务。医院就是最好的例子，因为它为病人提供协调性服务。病人在需要治疗时可能在 X 光和手术及理疗法之间进行选择。另一个例子是企业开发新产品，在设计、工程、制造、市场及所有满足顾客产品需要的资源之间都需要精确地进行协调。在相互依存的情况下，管理要求最高。其结构必须允许经常性的横向沟通和调整。例如，在医院，广泛的计划是必要的，但计划又不能预期和解决所有的问题。部门间需要日常的作用和相互调整，一些部门的管理者在面对面协调、团队工作和决策中是联合性的。相互依存性是组织需要处理的最复杂的依存关系。

很明显，在传统供应链中，各参与者之间的关系是一种典型的序列依存，也就是说，各参与者之间是一种投入与产出的上下游关系。因此，这需要对各个环节和各个参与者进行计划和协调，将各种资源有效地组织起来。智慧供应链则不同，它的各个参与者的关系是集合性依存与相互依存的融合，既能通过物联网和互联网将各个流程连接起来，为共同的目标努力，又能相互服务、相互影响，通过互动和相互调整产生价值。企业间依存关系见图 8-2。

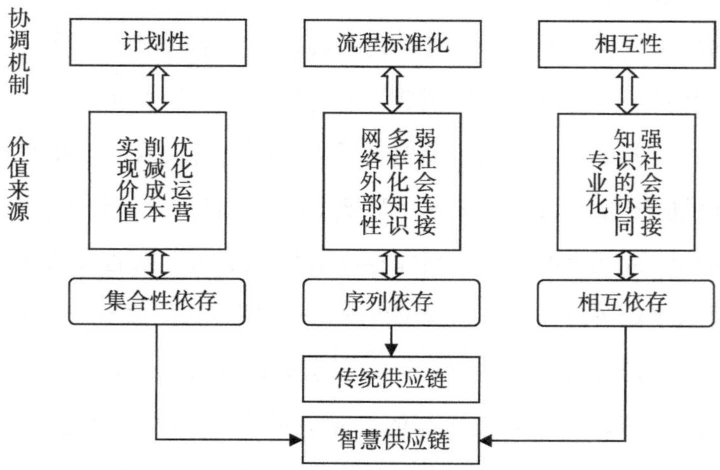

图 8-2　企业间依存关系

三、智慧供应链的"四化"管理

供应链的高效和持久运作依赖于综合需求管理、客户关系管理、供应商关系管理、物流服务传递管理、复合型的能力管理、资金和融资管理等主要流程的整合与协调。这六大流程能够帮助企业有效地掌握客户信息，合理地组织生产和服务，提高企业绩效。除了以上六大流程外，智慧供应链的流程更强调四个要素：可视化、生态化、智能化、集成化。

（一）智慧供应链的要素——可视化

供应链结构越来越复杂，会导致供应链的低效率和高库存。所以如何感知世界正在发生的事件，并且还能做到数据挖掘后可视化，并据此调整供应链，是学术界和实业界面临的新问题。智慧供应链更倾向于使用图片、视频等可视化的形式来表现数据，采用智能化和移动化的手段来访问数据。

我们可以想象这样一个场景：消费者在手机的电商平台上下了一个订单，之后他并不会关心这件货品是通过什么样的路径送达的，她关心的只是能否快一点儿收到。传统供应链的做法是，按部就班，从电商的仓库发货。而智慧供应链打通仓库和门店间的库存，从而判断消费者附近的品牌实体店是否有库存，如果有，立刻从实体店调拨货物。这样一来，发货速度大大提高，消费者的购物感受自然也相应提高了。

再想象这样第一个场景：厂家生产了商品之后，出售给了下游各个层级的经销商，经销商向厂家支付货款，从传统意义上来说，厂家的销售就算完成了。而事实上，商品并没有实现真正意义上的消费，不论是商品积压在经销商手里，还是在便利店货架上了，或者是真正达到了消费者手中，厂家所获取的信息并不全面，也就无法精确对其供应链的计划做出预测。而智慧供应链目的是全链条信息数据可视化。一方面，实现物流管理透明化，提高库存准确率，生产厂家通过系统可以实时看到各地区的库存水平；另一方面，如果能够进一步打通从厂家到下游经销商的库存，则可以掌握各地区销售的第一手信息，实现仓库布局优化，提高效率。甚至在一定程度上略过中间环节，直接到达末端的商超或消费者，减少物流成本。这样一来，商品销售的数据就直接反馈到厂家，优化供应链，做到精准预测需求，进一步实现按需生产。

要实现智慧供应链的可视化，可以从以下几个步骤入手：在第一时间感知各种信息，通过各种技术捕捉供应链中的各种信息和数据，获知发生了什么；在分析规律和目标的前提下，预先设定何时采取行动，采取怎样的行动，以及例外原则；可以从数据库和资料库中提取交易信息，也可以从社交网站上获取顾客相关信息，并运用统计学、经济学等知识进行分析；得出分析结果后，供应链中的管理者就需要据此对供应链进行调整，形成最优的供应链设计方案；为了实现上述目标，需要拟定具体的行动措施，以此来实现对供应链流程的优化。

（二）智慧供应链的要素——生态化

生态系统的概念来自于生物学。与生物生态系统类似，商业生态系统的特征是具有大量的松散联结的参与者，每个参与者都依靠其他的参与者，以取得各自的生存能力和效果。生态系统中的各参与者彼此命运攸关：如果生态系统健康，那么所有参与者都能够繁衍生息；如果它不健康，所有参与者都会深受其害。

最先观察到这一现象的是詹姆斯·穆尔，他率先将生物生态系统观应用于商业领域。他在1996年出版的《竞争的衰亡》一书中，指出了商业生态系统日益增强的重要性带来的一个重大变化：熟知的竞争正在死亡。不是没有竞争了，竞争比以往任何时候都更加激烈，但需要重新认识竞争。传统上，从产品和市场这两点出发看待竞争，你的产品或服务优于你的对手，你就胜利了，这将仍然是重要的，但如此视角忽略了企业的生存环境：企业需要在这个环境中与其他企业共同发展，既有竞争，又有合作，这包括建立对未来的共识，组织同盟，谈判交易，以及处理复杂的关系。

以香港冯氏集团的供应链为例，它可以在欧美设计、全球采购、中国制造、全球销售，其产业的组织生态化就是我们需要研究的问题。还有阿里巴巴的一达通，它致力于解决中小企业在出口过程中遇到的问题。中小企业缺乏获得海外订单的渠道，同时也无法处理海外订单所涉及的报送、通关、资金等问题。同时，2014年中小企业对外出口的赊销比率高达90%，这意味着严重的资金流问题。在这种情况下，阿里巴巴搭建了一达通平台，整合海外的买家和国内的中小卖家，集中处理包括关检、税金等在内的各种出口问题，这就是组织生态化的过程。

（三）智慧供应链的要素——智能化

智慧供应链决策智能化指的是在供应链规划和决策的过程中，能够用各种数据和信息来协助决策的制定。这里的重点是，决策是基于数据的分析而非决策者的直觉，依靠理性而不是直觉做决定。一个企业如果将自己定义为依靠数据做决策的数据驱动型企业，就能对自身的财务状况和发展状况做出最理性的判断。

通过大数据与模型工具的结合，整合各种信息，最大程度地节省成本和时间，实现物流、交易、资金的最佳匹配，最大限度地满足客户的需求。比如阿里巴巴的产业带，就是将原来分散的落后的产业集群搬到网上，公布公司的生产规模、状态、档期、产品的品质等信息，与其速卖通匹配，然后再通过淘工厂做供应链融资，这里就涉及决策智能化的过程。

智慧供应链还有一个要素是生产活动与金融活动的反复迭代，在推动产业发展的同时，也可以反过来拉动金融的增值性，但前提条件是供应链的管理和运营。目前智慧型供应链体系还没有完全建立起来，只有把生产活动与金融活动进行相互迭代之后，供应链才会出现一种更加智能化、智慧化的状态。

（四）智慧供应链的要素——集成化

要成功实施供应链管理，使供应链管理真正成为有竞争力的武器，就要抛弃传统的管理思想，把企业内部以及节点企业之间的各种业务看作一个整体功能过程，形成集成化供应链管理体系。通过信息、制造和现代管理技术，将企业生产经营过程中有关的人、技术、经营管理三要素有机地集成并优化运行。通过对生产经营过程的物流、管理过程的信息流和决策过程的决策流进行有效的控制和协调，将企业内部的供应链与企业外部的供应链有机地集成起来进行管理，达到全局动态最优目标，以适应在新的竞争环境下市场对生产和管理过程提出的高质量、高柔性和低成本的要求。

智慧供应链的集成要素主要表现为通过商流、物流、信息流和资金流等各环节的整合，向其他方面拓展：将金融机构融入供应链的运作环节中，为供应链注入资金，解决供应链中的资金紧张问题，提高运营的稳定性；消费活动和社交活动逐渐融入到供应链运营过程中。一方面，消费、社交活动使得信息的传播方式发生了重大变化，供应链中的信息交流自然也会日益多样化。另一方面，产业运营的环境和市场也发生了变化，供应链关系的建立和信任产生的方式也将发生变化；互联网与供应链的结合催生了互联网金融与供应链金融的结合，依托于互联网的各种金融业务创新与供应链金融紧密结合，既能降低供应链金融中参与者的融资成本，优化资金渠道，又能解决互联网金融基础不足、风险过高的问题。

总之，智慧供应链的核心首先是可视化，利用互联网技术，优化供应链的流程、库存、运输，了解自身的瓶颈；其次是生态化，其涉及跨组织的系统整合，并且做到流程的标准化，但更关键的是信息技术问题，最后是智能化和集成化。如果供应链真的具备了这些要素，无论是实业还是理论，都将欣欣向荣。

四、智慧供应链管理能力

智慧供应链管理能力是打造智慧供应链的重要手段，其中主要包括六个方面的要素：有效应对客户的价值需求、互联网控制下的供应链可视化、模块化的供应链构架、供应链计划与执行实时连接、完善的报告与绩效管理、良好的供应链预警、供应链智能敏捷化与高效精益化相结合。

（一）有效应对客户的价值需求

既需要了解消费者或购买方，也需要了解所有与企业合作的主体，通过满足他们的真实价值诉求来促进供应链的发展。我们不能仅仅满足于提供外在的产品和业务服务，还需要真正洞察客户内心深处的物质和精神诉求，最大限度地让客户获得优质体验。

（二）互联网控制下的供应链可视化

供应链整个流程中的各个参与者能够对全过程、海内外市场、物流、交易等做到及时监测和操控。传统供应链参与者复杂、信息系统落后、人工条件多，很难确定原料的需求与管理订单，自然会影响供应链运营的关键绩效指标。这样一来，库存资源的利用率必然大大降低，制造缺乏有效性和高效性，质量也无法保证，给企业造成损失。只有借助物联网等先进技术才能建立真正标准化、规范化、可视化的供应链系统。

（三）建立模块化的供应链构架

运用模块化方式进行供应链集成，能有效地利用各方的能力建立起独特竞争优势，既能实现供应链服务功能的快速定制，又不破坏原有体系。以此充分应对真实的价值诉求，及时、有效地设计、建构和运营供应链体系。

（四）供应链计划与执行实时联接

供应链计划和运营执行必须行之有效，实现数据、信息同步化，并对流程进行组织和管理。数据和信息在计划层面和执行层面包括历史和现在以及将来的所有方面，因此同步化概念尤为重要。它可以及时获取过往、即期以及将来的数据和信息，并指导供应链规划。同时，还需要根据即期的状况和未来的预测及时配置相应的资源，避免出现混乱，保证供应链的稳定。

（五）完善的报告与绩效管理，实现良好的供应链预警

智慧供应链的核心是既能实现高度智能化供应链运用，又能实现清晰有效的绩效管理，建立贯穿供应链各环节、各参与者、各层级的全覆盖预警体系，控制供应链活动的运行、质量、成本。企业运用供应链分析工具比较预期与结果，实现流程控制，防范因供应链运行超出预计，进而导致供应链中断以及其他可能发生的风险。

现实中企业最关注的涉及供应链管理的问题是通过新媒体实现客户反馈、削减运营成本以及敏捷适应客户需求。因此，如何实现完善的绩效管理，建立有效的预

警体系，是确立智慧供应链的关键所在。

（六）供应链智能敏捷化与高效精益化相结合

供应链智能敏捷化与高效精益化指的是快速响应和服务、总成本最优，这两个方面是相互独立的供应链运营的两种状态，各自对应供应链的效率、成本、服务、速度产生不同的影响。简单来说，如果产品结构单一、市场稳定，则可以建立高效率、低成本的精益供应链；如果产品多样化、市场波动性大，则可以建立反应速度快的敏捷供应链。

其实，在同一个供应链中精益和敏捷可以相互融合，同时实现，其关键在于根据市场的状况和产业特点设计和安排持有库存缓冲点。运用互联网、物联网以及云计算等先进技术实现持有库存缓冲点的前移，是智慧供应链建立的关键之一。不同的供应链战略见图 8-3。

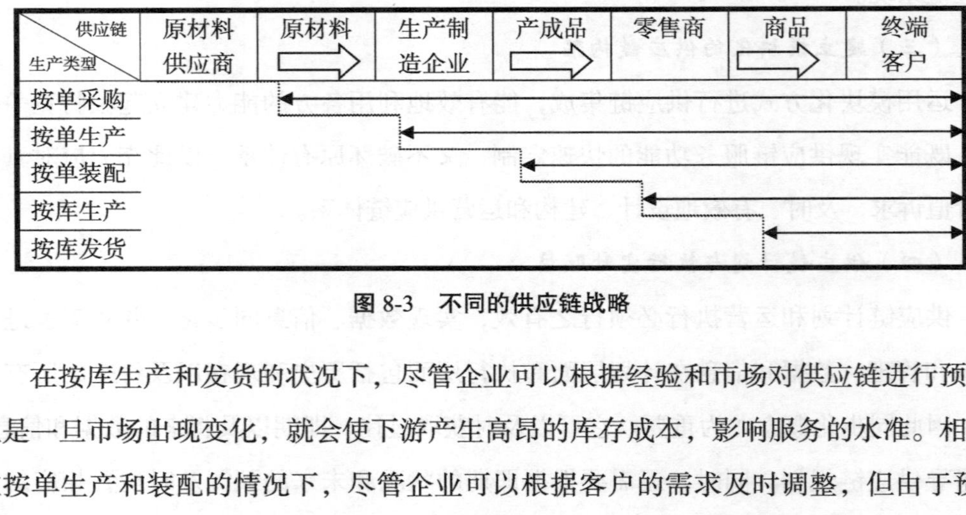

图 8-3　不同的供应链战略

在按库生产和发货的状况下，尽管企业可以根据经验和市场对供应链进行预测，但是一旦市场出现变化，就会使下游产生高昂的库存成本，影响服务的水准。相反，在按单生产和装配的情况下，尽管企业可以根据客户的需求及时调整，但由于预测成分减少，企业的库存也将大大下降，容易造成产能不足、资源短缺等问题。

智慧供应链摆脱了以上两种弊端，运用互联网、物联网和云计算等先进技术，及时掌握、分析供应链的各个环节，特别是终端客户的变化，在保证服务和成本的同时，使上游可以在第一时间获取数据和信息并进行产品的设计、规划和安排，实现生产的有序、稳定、高效，最终达成按单采购运营精益和敏捷结合的目标。

第九章　互联网供应链金融的形态

近年来，供应链金融市场突飞猛进，各路资本包括商业银行以及互联网金融巨头纷纷角逐于供应链金融领域。互联网供应链金融是将具有共享性、高效性以及低成本等优势的互联网与致力于服务实体经济的供应链金融紧密结合起来的新型金融服务工具。互联网供应链金融拥有了更好的资金融通手段以及风险控制手段，在为中小企业增加融资渠道、提高营运效率等方面取得了不俗的成绩。以现今互联网技术发展以及金融革新的速度来看，到2020年时，我国供应链金融的市场规模至少在15万亿元以上。

一、互联网供应链金融概述

供应链金融3.0时代是互联网供应链金融的时代，其服务提供主体越来越让位于互联网供应链构建者本身，它们是供应链流程的建设者和管理者，也是规则的制定者，能够掌控多维复杂且高度融合的信息流，最有能力管控金融风险。

互联网供应链金融解决了传统供应链金融交易信息电子化不足导致信用评估缺失的问题，其本质是填补信息盲区，补全信贷缺失环节，将服务覆盖更多的中小企业，惠及更多的供应链参与者。互联网供应链金融并不是对传统供应链金融的颠覆，而是在其基础上进行进一步拓展和创新。信息、资金、物流是互联网供应链金融的核心生态资源；风控、IT服务和进出口代理等是重要的辅助性生态资源。

在“互联网+”时代，那些手握实时数据和海量数据的互联网平台比传统商业银行更有资本涉足供应链金融。如果说供应链金融1.0时代和2.0时代是要建立一个产业“链”，那么3.0时代则是需要铺设一张“网”，制造更多“节点”，发现物流、资金流、信息流、商流的交叉验证关系，控制金融风险，挖掘更多金融服务机会。

互联网平台能够积累足够多的商业数据，再通过和金融机构合作获得资金来源，就可以做供应链金融。而互联网金融平台通过P2P或P2C模式解决了资金问题，再通过与行业内的核心企业合作解决信息问题，从而进入到供应链金融领域。

（一）互联网供应链金融的网络结构

互联网供应链金融的网络结构呈现出平台化、高度关联化的特征，管理流程也呈现出既高度复杂又互动化的特点（见图 9-1）。焦点企业需要进行横向价值链流程、纵向价值链流程以及空间价值链流程的全方位流程管理。

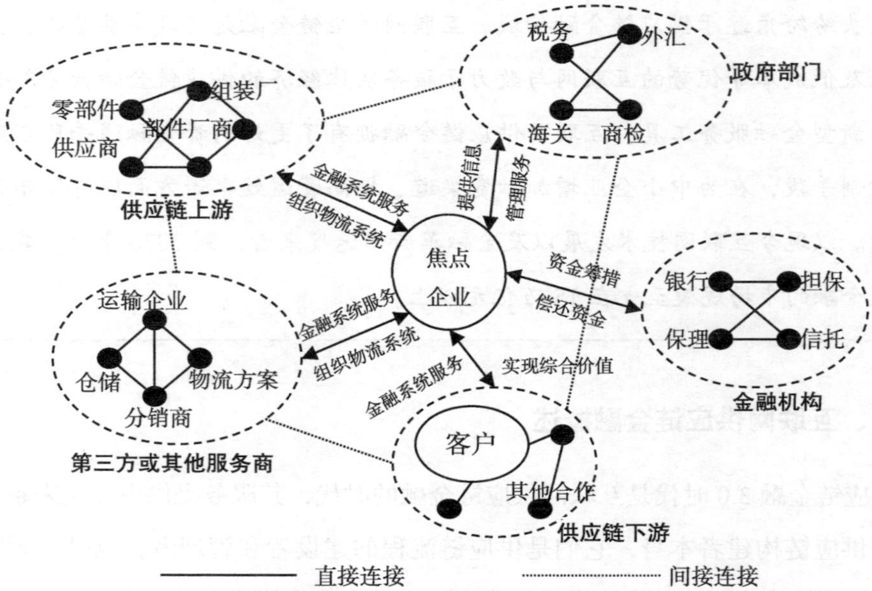

图 9-1　互联网供应链金融的网络结构

横向价值链是所有在一组相互平行的纵向价值链上处于同等地位的企业间的内在有机联系，横向价值链如果能够有机集聚，就会形成良好的产业内部分工，形成有序集群。纵向价值链将企业、供应商和顾客都分别视作一个整体，它们之间通过上述各种联系构成一种链条关系，这种链条关系可以向上延伸至原材料的最初生产者或供应者，也可以向下延伸到产品的最终用户，纵向强化上下游之间的协同和互动。空间价值链则跨越了单一地区，不仅在行业内部以及上下游之间形成有机结合，而且能与其他地区形成有机整合，真正实现了生态圈。

横向价值链流程、纵向价值链流程以及空间价值链流程之间的交互，形成了价值网，不但拓宽了焦点企业的信息来源渠道，而且增加了焦点企业提供额外服务的空间，为供应链金融业务的发展开辟了市场。因此，互联网供应链金融中的焦点企业与所有的供应链参与者之间不仅存在着序列依存和相互依存，而且还存在着集合依存。集合依存指的是群体中的个体都能为既定的任务做出细微的积极贡献，也就是说，这种贡献是由松耦合的组织做出，从某种意义上讲，组织之间的关系趋向于相对独立。如此，集合依存中的企业能够更好地获得多样化的知识，并且相互之间通过产品和服务直接或间接交换知识。另外，由于组织间关系趋向于松耦合，较容易通过采用新的技术和模式来寻求利益和发展，从而带来更多的网络外部性。

（二）互联网供应链金融发展趋势

近年来中小企业融资难问题成为我国经济发展过程中一个急需解决的难题，随着互联网供应链金融的出现和快速发展，新的融资模式满足了供应链中中小企业的资金需求。同时，互联网供应链金融随着市场的变化和经济的发展，也呈现出一种新的发展趋势，主要有以下六个特点。

（1）“传统核心企业 +P2P 网贷平台 + 供应链金融”模式

供应链金融服务将会更多地出现在由传统核心企业主导建立的 P2P 网贷平台，成为传统实体企业在“互联网 +”时代实现转型升级的重要途径，服务于传统企业的创新和发展。

（2）“SaaS+B2B 电商 + 供应链金融”三位一体

企业级 SaaS 服务将是 B2B 电商的流量入口，两者合一能够推动行业信息化，解决产能过剩和成本上升的问题。然而，SaaS 服务越来越倾向于免费，B2B 交易的利润空间有限，盈利的重心落在流量增值服务的头上，即供应链金融变现 SaaS 和 B2B 服务，通过利息收入获得高额利润。总之，将 B2B 嵌入 SaaS 流程，再加上整个行业的供应链金融方案，这是一个壁垒非常高的 B2B 服务解决方案。

（3）服务主体继续多元化，参与主体扩大化，生态圈建设是重点

银行作为供应链金融产品与服务提供的绝对主体地位将被打破。在“互联网 +”浪潮里，更多的企业利用自身的信息、交易以及客户资源优势，将转型成为供应链金融产品与服务提供主体。不仅如此，供应链金融的参与者从直接利益相关方延伸到各种间接利益相关者，如政府管理部门、行业协会等。较大型的供应链金融服务提供商都将努力构建整个业务体系的闭环，实现交易、物流、资金、支付、咨询等服务的整体业务生态圈，这样可以在不断发展上下游客户的同时，保持客户的黏性不会降低。

（4）垂直领域内的供应链金融服务提供商将会更多地出现

第一，更多的垂直领域内的核心企业将与金融机构合作，从事供应链金融服务；第二，供应链金融服务提供商为了控制风险和成本，更愿意专注于某一个行业，深耕该行业的上下游产业链，积累足够多的供应链数据。目前在计算机、钢铁、医药和建筑等市场空间较广、应收账款较多、产生品存货金额较大的行业，出现垂直供应链金融服务的可能性较大。

（5）供应链金融信用状况将完成在线数据化

为了提高效率和降低成本，供应链金融服务商都会努力采用互联网信息技术创新性地发展业务，如云计算、大数据、移动互联网、人工智能、区块链等新兴技术。FinTech 概念和实践在供应链金融领域内将得到普及和强化。供应链金融的客户信用体系的建立将更多地依靠新兴技术，更多地通过在线方式完成，从而获得在线数据，这样可以有效地降低交易和融资的成本，提高融资以及整个供应链交易的效率。

（6）互联网供应链金融服务商将利用中小企业的“长尾效应”扩大服务的覆盖范围

互联网信息技术使得供应链金融覆盖众多中小微企业成为可能。以前的供应链金融服务对象只是针对核心企业，并通过核心企业为其上下游企业提供金融产品或者服务。但是“互联网 +”下的供应链金融能够很好地将以前供应链金融无法覆盖的企业涵盖进来，能够很好地利用“长尾效应”，扩大自身的市场份额，赚取利润。从这种意义上说，“互联网 +”供应链金融将发展成为真正意义上的普惠金融。

二、供应链多样性融合服务

随着经济活动的发展和客户需求的变化，经营的关注点逐渐从强调以物质产品为基础的传统供应链转向了以服务为主导的供应链，同时，服务供应链的内涵和范围也在不断拓展。服务是伴随着生产制造、产品采购分销而产生的事物，但如今服务主导下的经营活动逐渐向生态化、动态化系统转化，互联网供应链金融的创新在此基础上获得了新的机会。服务供应链见图 9-2。

近年来，许多制造企业逐步把产品的涵义从单纯的有形产品扩展到基于产品的增值服务，这种趋势称为产品服务化。许多公司都在积极实施产品服务化，如通用电气的能源管理服务、壳牌石油的化学品管理服务、施乐公司的文件处理服务、IBM 和惠普的信息服务、伊莱克斯的一体化电气解决方案等。服务外包已经成为某些公司核心竞争优势的一个重要来源。许多跨国公司如通用电气、惠普、IBM 等已经擅长于使用全球劳动力资源，把相关服务业务外包给其他国家国内公司以获得技术支持、客户服务支持和产品设计。服务外包的不断增长，为服务供应链的形成与发展奠定了坚实的基础。

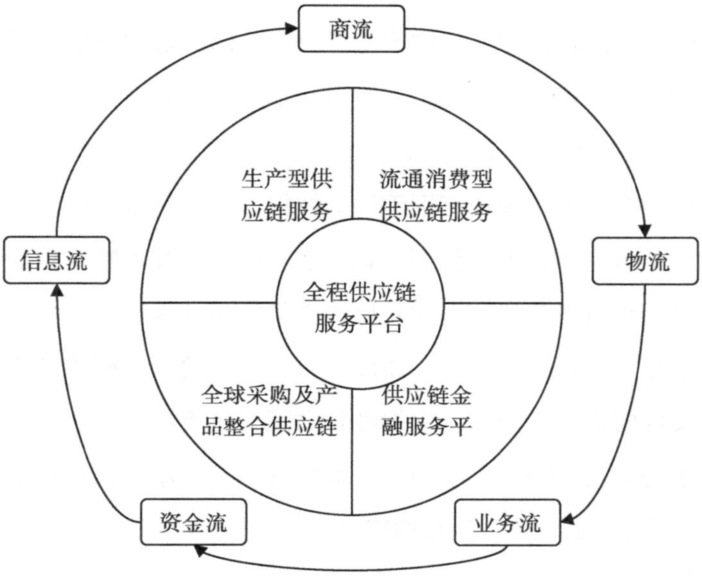

图 9-2　服务供应链

通过服务，企业可以增强自身在市场活动中的竞争优势，这对企业来说至关重要；客户从产品与服务的被动接受者逐渐转变为经营过程的重要参与者，通过自己积极主动参与来实现价值的协同创造，满足自己的需求。以上两点使供应链从产品主导演化为服务主导。在服务主导的情况下，以整合操作性资源为主的服务也成为交易内容之一，再也不是物质和产品的附属品。服务成为在客户使用过程中产生的服务提供商与客户协同创造的产品，再也不是可以直接交换的产品了。在供应链转变的情况下，企业必须重新定义其提供的产品和服务，创新思考方式和工作方式。能够在利用物质性资源的基础上，通过整合知识资源为客户提供优质服务的企业，才能在激烈的市场竞争中获胜。

（一）供应链运营中的线下服务

供应链中的线下服务是在运营管理供应链过程中真实发生的、面对面的、通过互动而产生的行为和能力，也可以说是具备实体管理要素的供应链管理活动。美国学者 LisaM.Ellram 在 2004 年发表了“理解和管理服务供应链”一文，标志着服务供应链正式开始得到关注。文中提出供应链服务流程有六个方面，分别是综合需求管理、客户关系管理、供应商关系管理、服务传递管理、复合型能力管理、资金管理。

（1）综合需求管理

需求管理是指以用户为中心，以用户需求为出发点，集中精力来估计和管理用户需求，并试图利用用户需求信息制定生产决策，以实现用户效用最大化的一种活动。综合需求管理是平衡供应链能力与客户需求的流程。良好的需求管理流程是供需匹配、防止供应链中断的重要前提。

服务供应链的综合需求管理有别于以上特征，它是使服务以及相伴随的产品供给与客户需求包括潜在需求能做到同步化。在充满竞争和不断变化的环境中，历史数据很难对未来给予有效指导，需求是历史销售和显性因素的函数，从更高层面来看，需求致力于创造一种集合式的、高度可行的未来情景，而非简单地通过预测来实现。因此，良好的需求管理需要掌握各种数据，还要加强与客户的沟通，深入客户的产业中，了解其真正的需求和想法及面临的各种困难，为客户降低经营中的成本和风险。这就是综合需求管理流程的特点。

（2）客户关系管理

客户关系管理是企业用来管理客户关系的工具。客户关系管理是一个不断加强与顾客交流，不断了解顾客需求，并不断对产品及服务进行改进和提高以满足顾客需求的连续过程。客户关系管理注重的是与客户的交流，企业的经营是以客户为中心，而不是传统的以产品或以市场为中心。为方便与客户的沟通，客户关系管理可以为客户提供多种交流渠道。

服务供应链管理中客户关系管理提供了一个与客户发展和维系关系的框架和结构。客户关系管理要准确识别不同类型的客户或群体，并能根据客户的不同类型确定客户在供应链网络中的位置和特性。在充分了解客户特点的基础上，可以通过提供定制化的服务实现与客户协同价值创造。在这个过程中，服务者与客户一同建立起发展、协调、管理的团队，在双向、互动的过程中帮助客户改进流程、消除非增值活动、制定业务标准等。

（3）供应商关系管理

正如客户关系管理是用来改善与客户的关系一样，供应商关系管理是用来改善与供应链上游供应商的关系的，它是一种致力于实现与供应商建立和维持长久、紧密伙伴关系的管理思想和软件技术解决方案，旨在改善企业与供应商之间关系的新型管理机制，实施于围绕企业采购业务相关的领域，目标是通过与供应商建立长期、紧密的业务关系，并通过对双方资源和竞争优势的整合来共同开拓市场，扩大市场需求和份额，降低产品前期的高额成本，实现双赢的企业管理模式。

在服务供应链的供应商关系管理流程中有三点值得注意：供应市场是一个复杂的市场，只有有效地协调各种不同能力或拥有不同资源的供应商才能保证获得良好的合作机会，因此，如何对供应商进行识别，如何确定不同的供应商在网络中的关系定位就十分重要；服务供应链中的供应商管理范围更大，除了经营体系中的直接供应商外，还包括与各经营要素相关的间接供应商；供应商关系管理的核心是对“合作实践”的管理，而非简单的“合作关系”，前者将供应商关系管理看作促进供需合作、不断交流沟通，从而实现供需能力匹配的过程，而后者仅仅将供应商关系管理看作一项降低供应商数量、维系长期合作关系的管理流程。

（4）服务传递管理

服务传递管理指的是服务集成商为实现客户的价值诉求，将服务从后方集合到前台，有效地将整体服务交付给客户的过程。服务传递系统必须最大程度地使消费者满意，同时能够有效提高服务组织的运营效率和控制运营成本。许多服务的观念是可以被竞争者效仿的，但是一个设计合理的服务传递系统却无法简单抄袭，因此，服务传递系统就成为潜在竞争者的一道障碍，成为服务组织的核心竞争优势。

美国著名的服务管理学家肖丝丹克（G.LynnShostaek）认为：服务传递系统可以用一个可视图来描述，并可进行服务设计，亦即服务传递系统可以用服务蓝图表示。而服务蓝图又称为服务流程，是一种有效描述服务传递过程的可视技术，它是一个示意图，涵盖了服务传递过程的全部处理过程。企业的服务传递系统分为前台区域和后台区域两个部分。前台区域是指直接与顾客接触的区域，而后台区域是指不与顾客接触、只提供间接服务的区域。设计一个高效率的流程是后台工作的目标。有时，对于决定服务效果的要素的关键性操作，还应当确定一个标准的执行时间。如办理港澳通行证承诺必须在 15 个工作日完成，有些银行贷款的审核要求在申请被批准后的 6 天内要完成等。

美国亚利桑那大学教授齐斯（Richard Chase）提出，服务传递系统可以分为高度顾客接触和低度顾客接触两种类型。在低接触区域，因为顾客不直接出现在生产过程中而不会产生直接影响，其生产经营观念和自动化设施均可应用工厂运作模式。而在高度接触区域，要让顾客感受到个性化服务，在设施选址上要接近目标顾客，设施布局要考虑顾客的生理和心理需求及期望，把顾客包括在生产进度表中，且必须满足其需要，对服务过程的设计考虑到生产环节对顾客的直接影响，考虑到顾客服务体验的需求，适当设计顾客参与。

很显然，内容、价值目标、内在要素（内部服务及整合管理）、外在要素（服务传递与外部环境的适应），这四个维度是服务传递管理中的重要方面。

（5）复合型能力管理

能力管理是指在企业管理活动中，为更好地执行所有的生产进度安排，建立生产能力的限额或水平并对其进行度量、监控及调整的职能。在服务供应链中，企业能通过其内部传递系统有效率和有效益地配置稀缺资源和知识以满足变动的客户价值诉求，实现有效的资源管理。然而，超出需要的过多服务会浪费成本和时间，完全没有必要。

有学者提出，能力管理是服务行业中最难处理的，因为服务缺乏如同其他行业一样靠库存等缓冲机制来进行能力管理的条件，不可能先行生产然后满足客户需求，而是要适时生产和传递，而且服务过程中的非物质化也让其能力管理呈现出高度的人力化和知识化的特点。

托马斯·斯图尔特（Thomas.A.Stewart）在美国《财富》杂志上发表了许多有关智力资本的文章，他将智力资本定义为“公司中所有成员所知晓的能为企业在市场上获得竞争优势的事物之和”。他提出了智力资本的“H—S—C”结构，即企业的智力资本价值体现在企业的人力资本、结构资本和客户资本三者之中。供应链服务复合型能力管理中也主要表现为这三个方面：对供应链网络中各个成员知识和智慧能力的组织与管理；网络关系体系的协调与建立；供应链体系中各种有形和无形资源的整合与运用。

（6）资金管理

资金管理是供应链服务管理中十分重要的一个管理流程。作为供应链管理的核心“四流”之一，资金流的管理在传统供应链中常常被忽略。在经济全球化的背景下，跨国公司的离岸生产和业务外包使供应链出现“低成本区域”，然而这种追求成本最小化的冲动导致供应链整体融资成本出现问题，供应链节点的资金流瓶颈带来短板效应，这其实已经抵消了“低成本区域”所带来的成本节约。事实上，资金使用效率作为一个重要方面，十分需要引起人们的重视，如何为缺乏资金的企业在控制系统风险的基础上提供资金，是供应链服务管理一个不可或缺的独特方面。

以上供应链服务流程的六个方面，是线下服务的主要途径。其原则是在质量、成本、创新中寻求均衡点，在保证质量的基础上有效地控制成本，同时又能根据内外部环境的变化及时创新，实现与时俱进。

（二）供应链运营中的线上服务

供应链线上服务指的是利用互联网等技术实现的一系列没有发生面对面交谈交互的服务，这类服务充分利用了互联网的优势，通过信息管理实现了服务供应链线上的有效管理。其中主要包括交易信息管理、物流信息管理、资金流信息管理、信用信息管理、技术知识信息管理以及环境信息管理六个方面。

（1）交易信息管理

供应链交易信息管理指的是通过技术将供应链运营过程中的细节、状态、单证等及时有效地在网上得到反映、整合。作为供应链运营中最为重要的一种信息要素，交易信息直接决定了预测、经营规划、运输规划等行为的质量。

有研究发现，交易信息在企业、经销商、制造商之间的分享，提高了企业的库存水准、货架以及商品销售规划和新产品开发的绩效。另外，及时准确的交易信息能让服务者清晰准确地了解客户的价值诉求，并根据客户的需求提供定制化服务，提高服务的质量。

（2）物流信息管理

物流信息管理是指运用计划、组织、指挥、协调、控制等基本职能对物流信息进行搜集、检索、研究、报道、交流和提供服务的过程，并有效地运用人力、物力和财力等基本要素以期达到物流管理的总体目标的活动。

物流信息管理作为一个动态发展的概念，其内涵和外延随着物流实践的深化和物流管理的发展而不断发展。在物流信息管理的早期主要是采用人工方式进行管理，当计算机出现之后，伴随着信息技术的发展出现了基于信息技术的物流信息系统。物流信息系统是利用计算机技术和通信技术，对物流信息进行收集、整理、加工、存储、服务等工作的人—机系统。企业的信息处理最初主要限于销售管理和采购（生产）管理，自20世纪60年代后半期以来，为适应市场竞争的激化、销售渠道的扩大和降低流通成本的需要，在物流系统化的同时，物流信息处理体系的完善也取得了很大的进步。特别是电子计算机和数据通信系统的进步，显著提高了物流信息的处理能力。电子计算机和通信系统的利用，使物流信息系统能迅速进行远距离信息交换并处理大量的信息，并且对商流、会计处理、经营管理也起着非常重要的作用。

（3）资金流信息管理

供应链资金流涉及整个供应链运行中资本的占用和支付情况及资金流转情况。资金流的流转既受制于供应链运营本身，又反作用于供应链运营。也就是说，供应链网络中各参与主体之间的业务往来和政策影响干预了资金流的流转，资金流是否充裕又影响了整个供应链网络的正常运行，如果资金流转不畅，甚至会造成整个供应链网络的崩溃。只有及时有效地追踪、监控、反映供应链中的资金流信息，实现有效的资金流信息管理，才能保证供应链的正常运行。这就要求管理者把握资金流在供应链中的方向、数量、速度：方向决定了资金流在各个主体之间的流动情况，以及相应的影响；资金流数量的大小则与资金被占用的状况密切相关；速度体现了资金在供应链中的流转频率，直接影响了资金的使用效率。

（4）信用信息管理

作为供应链运行中的核心要素，信用代表了企业根据签订的合约在当时获取价值，以后能承担责任的能力。具体来说，信用因素在企业中的影响可以分为两个方面，一个是微观层面的，一个是宏观层面的。微观层面是指企业运营层面或财务管理层面的影响因素；宏观层面是指环境或企业层面的影响因素。有学者将销售费用、流动负债比率、相对总资产的借款和应付总额、资本充足率、流动比率以及利息保障倍数列为影响企业信用的六个宏观要素。

（5）技术知识信息管理

在市场经营活动中，供应链中的企业需要与合作伙伴协同进行技术创新与共享，包括转换性创新、根本性创新、构架性创新以及持续性创新的所有创新都需要整个所有合作伙伴的知识和技术。在此基础上，对技术知识信息的获取、分析和整合在供应链和企业的创新与发展中就显得尤为重要。

（6）环境信息管理

在供应链运营中，资源环境、生产经营环境的变化很容易导致风险，当然，在风险中也会产生机会，因此，及时监控环境变化、掌握环境变化信息并利用信息来规避风险、把握机遇就显得十分重要。在这种情况下，有效地对长期的资源状况以及生产活动的变化进行监测和分析，将数据收集、空间分析和决策综合到一个共同的信息流中的环境信息管理成为一项重要措施。

线上管理服务的原则是透明、及时、对称：所有的信息都能为各参与方及时获取或接入；所有的信息都是实时更新的；交易双方基于平等互利的基础合作，否则一旦出现信息不对称，就会使一方处于信息优势，一方处于信息劣势，优势的一方就会产生机会主义动机，破坏整个供应链的运行。

（三）供应链线上线下服务融合

互联网金融的发展建立在以上两方面的融合之上，也就是说，通过线上线下整合消除可能出现的因多主体、多行业、多行为而产生的盲区。那些在供应链中经常出现的盲区一旦不能准确识别加以管理，就会使供应链产生巨大的运营风险，出现大量的违约行为。

1. 线下活动线上融合

对于大多数传统实体产业而言，既有的线下供应链体系十分完备，包括从采购到分销的不同环节、不同地区、不同合作对象、不同交易情况、不同物流、不同环境等，因此，所有与线下活动相关的信息能及时有效地在线上得到反应是金融活动开展的基础和前提。在这个过程中，对来自不同地方的信息进行有效的分析、整合和分享十分重要。

如果双方信息不对称，就会使参与者产生机会主义和道德风险，影响供应链的正常运行，只有将信息在不同成员之间进行共享，才能提升中小企业的融资绩效。除此之外，信息整合也是重要的一面，仅仅是电子商务本身并不能实现供应链绩效，只有整合上下游的信息才能实现绩效，而线上平台正是实现信息整合的基础。

2. 线上交易线下融通

同样，对于新兴的以网上交易为主的企业来说，线上的所有活动都需要线下的支持，包括企业内部的流程管理和企业之间的流程管理。

（1）企业内部的流程管理

SIPOC模型是一代质量大师戴明提出来的组织系统模型，是一门最有用而且最常用的、用于流程管理和改进的技术，也是过程管理和改进的常用技术，常作为识别核心过程的首选方法。戴明认为任何一个组织都是一个由供应者、输入、流程、输出以及客户这些相互关联、互动的5个部分组成的系统。这5个部分的英文单词的第一字母组成了SIPOC，因此称作SIPOC组织系统模型。供应商（Supplier）是指向核心流程提供关键信息、材料或其他资源的组织。输入（Input）是指供应商提供的资源等。流程（Process）是指使输入发生变化成为输出的一组活动，组织追求通过这个流程使输入增加价值。输出（Output）是指流程的结果即产品。顾客（Customer）是指接受输出的人、组织或流程，不仅指外部顾客，而且包括内部顾客，例如材料供应流程的内部顾客就是生产部门，生产部门的内部顾客就是营销部门。

（2）企业之间的管理流程

SCOR是由国际供应链协会开发支持，适合于不同工业领域的供应链运作参考模型。SCOR包括所有与客户之间的相互往来，从定单输入到货款支付。所有产品（物料实体和服务）的传送，从供应商的供应商到客户的客户，包括设备、原材料、配件、大批产品、软件等，所有与市场之间的相互影响，从对累计总需求的理解到每项定单的完成。SCOR不试图描述以下每一个商业流程或活动：销售和市场（需求的产生）、技术研究开发、产品开发、一些关于货物运送后技术支持的元素。SCOR呈现但并不清楚定义培训、质量、信息技术管理、行政（非供应链管理）。SCOR模型按流程定义可分为三个层次，每一层都可用于分析企业供应链的运作。在第三层以下还可以有第四、第五、第六等更详细的属于各企业所特有的流程描述层次，这些层次中的流程定义不包括在SCOR模型中。

总之，以上两类融合为互联网供应链金融的健康发展提供了基础，线下活动线上融合为金融服务提供商提供了整合化的信息，能更及时、准确地了解供应链运营中中小企业的状态，更好地把握各种信息，帮助互联网供应链金融提供者建构多渠道、多来源的交易平台，最后为互联网供应链金融的发展奠定基础。线上交易线下融通为互联网供应链金融的发展提供了系统化的流程和架构，如果缺乏系统化的流程和架构，任何交易的真实性都会受到质疑，金融活动的风险也就会上升，只有建立良好的线下流程和架构，线上的交易和金融才能得到保障。

三、客户归属与供应链服务底层化

市场营销学中的客户归属指的是当客户在人际交往或者组织群体交往过程中，

感到“轻松”、舒适或熟知时的一种正面情绪。这种归属只有通过销售与客户的互动才能产生，只要让客户认定成为特定关系的一部分，双方的合作关系就会大幅发展，让客户产生归属感。而这种归属感会促进信息揭示并改善关系交换现状。如何促进客户与服务者之间的互动和关系，使客户产生归属感，是互联网供应链金融建立的前提和基础。

作为一个复杂的过程，客户归属在以往的研究中往往被归因于关系愿望，换言之，客户有意识决策去选择、追求和欢迎与特定的服务提供商发展关系，或在最短的时间内愿意成为服务提供商网络中的一员。这种意愿使得客户可以产生与供应商长期合作的动机和信息。这两者对于客户归属来说是十分重要的：动机是客户内心对合作的期待，他认为能从双方的合作中得到回报，反之则会受到损失；信息是客户认为与服务供应商合作可以降低风险。而客户的归属感则是以上因素之和。包括归属和优先在内的以待遇为基础的因素与包括激励和费用在内的以经济为基础的因素共同决定了预期的客户价值。

因此，服务供应商只有为客户提供最基础、最低价的开展经营活动的平台，并不断进行新的创业性行为，这样才能让客户对供应链产生归属感，这也就是供应链服务运营的底层化。供应链金融服务创新的前提是客户归属，而客户归属的前提则是供应链服务运营的底层化。

那什么是底层呢？基础、根本的事实和原则，置于下面的体系，被称为底层，它具有隐形特征，因此，只有经过细致的审视和分析才能发现。根据 Web 应用系统的特点，Web 事务处理系统适宜采用层次架构，在架构的层次上实现低耦合与高内聚的特性。在四层架构中，将程序逻辑独立出来，系统架构由显示层、程序逻辑层、业务层、数据访问层构成。

显示层只提供如何为用户显示信息和接受用户输入数据的功能。显示层包含为应用程序实现用户交互的组件。程序逻辑层组件将决定以下内容：（1）用户使用程序的导航过程控制；（2）对用户输入的数据是否符合业务规则进行有效性验证；（3）将业务逻辑层返回的数据转换为显示层能够显示的格式，向显示层提供显示数据；（4）如何将用户输入的数据映射为业务逻辑执行所需要的数据类型；（5）用户身份的认证和权限分派；（6）根据程序执行过程来触发相应的业务过程。业务逻辑层是四层架构中的核心层次。业务逻辑层是通过将现实空间的业务模型利用面向对象的分析与设计技术映射到程序空间中的实体来实现的。业务逻辑层中包含了业务实体和业务实体之间的关联。业务层实体的创建需要从数据访问层提供的数据来完成。数据访问层组件为程序逻辑层和业务逻辑层提供数据访问能力，数据访问层将为系统提供对各种不同数据存储环境的访问能力。

供应链运营中同样存在着四层体系：产业呈现层、服务传递层、业务逻辑层、基础数据层。第一层是供应链运作的应用领域——产业呈现层，不同的应用领域有着不同的特征和价值诉求，进而对供应链体系产生了差别化要求。第二层是服务传递层，这一层是根据各领域以及客户的要求，形成各种不同形态的服务活动，诸如进出口贸易服务、虚拟生产组织、销售预测等，这些是因客户的需求而产生的供应链运营的具体业务形态。第三是业务逻辑层，这是整个供应链活动的核心，它充当了连接数据和服务传递的纽带，这一层是供应链运营底层化的重要方面，主要的形态包括生产服务底层化、交易服务底层化和物流服务底层化。第四层也是供应链服务底层化的关键，即基础数据层，三种不同的功能应用平台生成了大量的数据，这些数据经过挖掘，就产生了供应链参与者的信用体系，成为互联网供应链金融开展决策的依据。

（一）生产服务底层化

作为制造业和生产业企业，核心企业如何帮助上下游企业，与所有的利益相关者一起去提供一个供应链的咨询管理方案，这是供应链金融的一个重要切入点。上游企业、下游客户企业，各种利益相关者都存在一个很大的问题即如何优化供应链、如何实现供应链、如何提出一个切实可行的具体方案。以浙江宏伟供应链为例，这是一家专门为核电提供服务的企业。对核电涉及的多种各样的设备、多种多样的材料和工具做一个整合，为供应链上的参与者做整个物资采购的大包，这是作为生产性企业必须要做到的。

在研发过程当中产生了一种底层化服务，这种底层化服务包括技术工程现场服务，作为生产企业，一定要为客户提供工程现场服务、技术服务、一站式的采购服务、云仓储管理服务，更主要的还有研发应用基础方案。完成以上要求就能实现四个目标：数据信息管理、国际物流管理、金融管理、产业孵化。如果做不到这些，这四个方面是无法渗透出来的。生产服务底层化还有另外一个方面——生产运营即整个生产过程的实施，这个实施过程中有大量企业存在许多痛点，供应链需要帮助企业解决这些痛点。

（二）交易服务底层化

交易服务是供应链运营中的重要组成部分，它包括了供应链中发生的所有交易性管理活动。一般来说，供应链服务活动中的交易活动可以分为三个阶段：交易前、交易中、交易后。交易前的商流活动主要是各种信息的收集；交流中的商流活动主要是谈判和签约过程；交易后的商流活动主要是履约过程。对应的是，交易活动的底层化涉及所有以上活动的组织与管理。交易服务底层化内容见图 9-3。

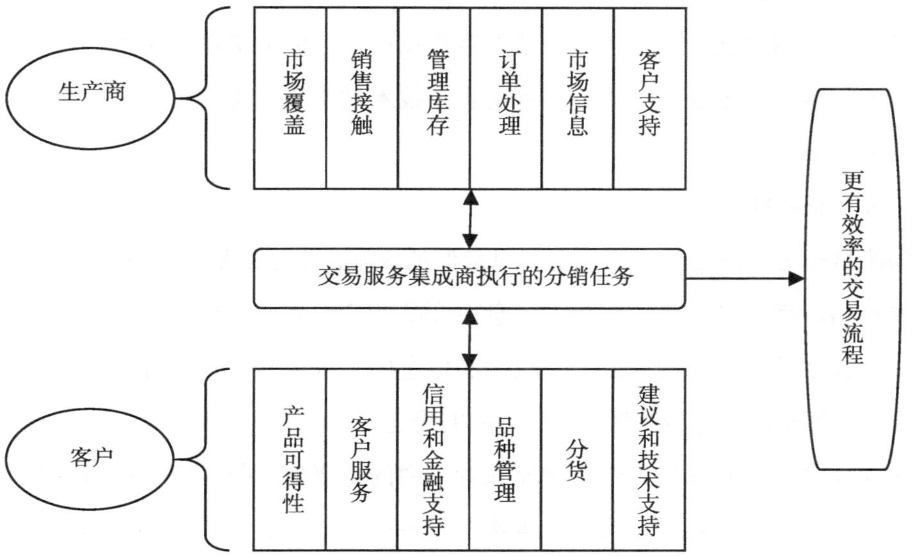

图 9-3　交易服务集成商的交易服务底层化内容

交易服务集成商为生产商执行分销底层化服务时的关键服务活动有：市场覆盖、销售接触、管理库存、订单处理、市场信息、客户支持。市场覆盖是指能够帮助企业有效地链接广泛分布的市场，对接远距离、分散的客户。销售接触是流通商的服务内容，过于分散的客户让分销服务队伍的代价极为高昂，生产企业难以承受，将交易分销中的服务交给流通商承担，就可以大大降低生产商的成本。管理库存是交易服务集成商的一项任务，通过帮助生产商储存产品，大大降低了生产商的资金压力和库存压力。订单处理是服务商提供的一种综合性服务，面对商品交易中繁琐的过程、过多的环节，生产商往往会付出极大的资金和时间成本，如果将订单分解、合并、报关、商检等活动由专业的服务商来处理，不仅能降低自身的生产成本，还能加速产品的流通，缩短交易时间。市场信息是能为生产商带来利益的一项重要资源，交易服务商可以将交易、物流通过互联网平台传递给生产商，帮助其制定合理的营销计划。客户支持是指通过各种增值服务帮助供方提高经营效率，如物流组织管理、保险等活动。

交易服务集成商为下游客户提供的分销服务包括产品可得性、客户服务、信用和金融支持、品种管理、分货、建议和技术支持。产品可得性是指集成商利用互联网等手段向客户提供产品和服务；客户服务是指集成商通过配送、产品组合、流通加工等活动实现价值；信用和金融支持指的是集成商通过信用管理和金融性支持活动降低交易费用；品种管理是服务商通过对产品品种及经营信息的分类，为客户提供分类信息和相关服务；分货是指帮助客户按照产品的分类将其送达指定位置；建议和技术支持是很重要的一点，不管是否是技术性产品，都需要一定程度的技术建议和技术支持。

（三）物流服务底层化

物流是指为了满足客户的需求，以最低的成本，通过运输、保管、配送等方式，实现原材料、半成品、成品或相关信息由商品的产地到商品的消费地的全过程。物流是一个控制原材料、制成品、产成品和信息的系统，是从供应开始经各种中间环节的转让及拥有而到达最终消费者手中的实物运动，以此实现组织的明确目标。

如今大多数企业都认识到了物流在竞争中的重要性，但并不是所有的企业都有实力建设自己的物流系统，因此，将物流服务外包给专业的服务提供商就成为一种最恰当的选择。将物流服务外包可以让企业将更多的资源投入到核心竞争力中。

一个贸易型企业的底层化，首先是为生产商、下游客户做高效率、低成本，甚至是无成本的分销服务。例如，为生产商做市场覆盖、管理库存、订单处理支持，包括对客户的可得性服务、信用支持、品类管理和风控等，实际上创造了更有效率的流通渠道，这是贸易活动里非常典型的例子。

物流服务底层化可以从三个方面来考察：第一是提供物流的维度特征；第二是与客户的关系特征；第三是拥有的核心竞争力。这是所有第三方物流在供应链金融中必须要具备的要素。

四、现金流量周期是价值回路的绩效表现

作为一个物理学中电学的基本概念，回路指的是只通过任何结点一次即能构成

闭合路径的支路集合，也就是说可以按原来的路径返回，是一个通路。借鉴回路概念，在供应链管理领域，下游客户常常发回反馈信息，成为事实上的协同创造者，服务市场导向和服务供应链更加强调价值协同创造对合作绩效的影响和促进，这里从客户价值诉求的提出到最终价值的实现和分享就建立了一个回路，这就是价值回路。

价值回路绩效表现的形式是供应链运营所实现的现金流量周期，而现金流量周期是企业供应链运作绩效测评的一种重要工具，其基本思想是单位货币从原材料投入到市场价值实现的周期时间。能实现多大程度的现金流量周期（价值回路的效率），主要取决于供应链运营的广度和深度两个方面。广度是指供应链运营设计利益相关方的程度或者协同价值创造者的数量；深度是指相应的管理流程活动的延伸程度，这两者决定了供应链金融施展的空间和价值大小。

（一）现金流量周期的概念

现金流量周期是当今企业供应链运作绩效测评的一种重要工具和手段，其基本思想是单位货币从原材料投入到市场价值实现的周期时间，这一工具所揭示的含义跨越了整个供应链活动的全过程，不仅包括了企业内部的采购、仓储、生产、分销等各种作业活动，而且涵盖了如客户服务等企业外在的经营行为。其计算可以按照库存商品所产生的收益周期来进行。现金流量周期能够帮助企业建立良好的绩效检验工具或矩阵，以优化企业的供应链物流行为，确立优化的商业运作模式。

现金流量周期的定义不尽一致，主要代表性的概念有 Stewart 的“单位货币从原材料投入到市场价值实现的周期时间”；Moss 和 Stine 的支付现金购买可再销售产品到出售这些产品之间的时间间隔。此后，运营周期成为了现金流量周期概念界定的标准，这种观点认为“现金流量周期是企业运营周期内所需财务和支持的天数，而运营周期可以看作是投资于库存和产品的销售天数”。此外，Pittiglio，Rabin，Todd 和 McGrath 等学者在上述概念的基础上，进一步发展了现金流量周期的概念，他们认为现金流量周期是企业支付货币购买原材料到获取产品销售所得的天数，这一数值可以用供应库存的天数加上产品销售的天数，再减去平均产品支付周期得到，与此相似，Schilling 也提出“现金流量周期反映了企业的运营周期，它测度了消耗现金为生产经营活动而购买库存，到通过最终产品的销售而获取现金的时间跨度，这个指标可以用天数来衡量，它等于平均库存期加上平均获得时间，再减去应付账款时间”，目前这个定义是学术界广泛接受的概念。在这一概念的基础上，一些学者进一步扩展了现金流量周期的外延，Soenen认为现金流量周期依赖于一系列的因素，包括从供应商获取原材料的天数、产品生产加工的天数以及出售前的库存天数，此外还包括从客户那里回款的天数。

（二）现金流量周期模型的意义

现金流量周期模型对供应链物流成本管理和综合绩效的实现具有重大意义，它对财务管理方面的影响表现为它测度了资产折现力和价值，而对供应链绩效方面的影响，则表现为度量了企业内部和外部的流程状况，并且借助于现金流量周期，确立了一个综合性的物流成本管理体系。

1. 财务成本管理——资产折现力和价值测度

在财务会计中，折现力反映了企业可得或需要现金时即可获得的能力，企业的折现力可以从两个方面来考察，即静态考察和动态考察。静态考察衡量的是基于特定时点的资产平衡表，通常运用传统的比率，如流动比率（流动资产 / 流动负债）和速动比率（流动资产 – 库存 / 流动负债）来衡量企业通过资产流动而实现目标的能力。

有一部分人认为静态考察阻碍了充分有效地衡量和反映资产流动的特点，为此，从动态的角度来反映资产循环不断的流动性成为许多学者的共识，Gitman，Sachdeva等首先提出了运用现金流量周期作为动态衡量现金流入流出的时间，此后一些学者开始运用这一模型来检验企业的资产流动性，并且认为现金流量周期能够很好地帮助企业评估流动资金的变化，监控财务运行的状况。

另外，为缩短现金流量周期企业还需要对各种财务决策进行权衡，从而提高企业财务管理的战略性思考。如果现金流量周期缩短，那么相应的最低流动资金也会减少，相反，如果企业的现金流量周期越长，那么所要求的最低流动资金就会增加。因此，如果企业的现金流量周期较长，就越需要企业从外部获得财务资源，而较短的现金流量周期会产生较高的净现金流价值，而较高的净现金流价值则形成了良好的企业价值。

2. 供应链物流管理——跨组织绩效测评

如今供应链物流管理已成为企业提升绩效的重要手段和发展趋势，企业管理重心已逐渐从以前职能化的管理转向整合一体化管理，强调通过各种活动和流程的整合与协同来降低供应链综合成本，现金流量周期模型跨越了供应商、下游企业和客户，为企业全面、有效地评价供应链整合的状态和具体绩效提供了基础。现金流量周期模型对供应链管理的作用在于：现金流量周期直接反映了企业内部运作的完善程度和各种流程和作业活动的整合程度，因此，现金流量周期成为衡量企业内部供应链物流改善的有力工具，反映了企业内部供应链物流运作的绩效；衡量了企业之间的结合程度。良好的现金流量周期不仅取决于企业内部的流程改善，同时受制于企业之间流程的整合程度。因此，企业能否与供应商实现良好的合作关系，同时能否有效地维系客户，都最终反映了现金流量周期上。

3. 确立了一个综合性的物流成本管理框架

要想从供应链物流管理的角度合理控制物流成本，实现既定的绩效目标，综合物流成本控制体系必须能够得到有效的建立。而现金流量周期模型的提出使得人们意识到，物流成本的控制和供应链绩效的实现不仅是由单一的管理活动能完成，而且是需要从全方位、全过程的角度建立起完善的管理系统。

首先是物流成本横向控制。物流成本横向控制主要有物流成本或成本因素的预测、计划、计算、分析、信息反馈和控制、决策等步骤，物流成本控制与决策是以物流成本资料为依据，结合其他技术、经济因素等进行研究、分析，决定采取的行动方针，并进行可行性分析后选择最佳方案。现金流量周期取决于多种供应链运作因素，因此对这些供应链因素进行识别、预测、规划和控制无疑会促进供应链库存下降，加速产品的流动和周转，从而最终降低供应链成本。

其次是物流成本纵向控制。物流成本纵向控制也是供应链物流过程的优化管理。物流过程是具有创造时空价值的经济活动过程，要达到最大的市场价值，就必须保证物流各环节的最佳配置。物流系统是一个庞大而复杂的系统，要对其进行纵向优化，需要借助适当的控制方法和管理手段（包括作业成本管理法、SCOR 模型、库存优化方法等），使其与横向控制交织进行。

最后是信息网络控制系统。信息网络控制系统是连接许多供货商、生产商、批发商、零售商和客户的大系统。物流成本控制引入信息网络系统，可以大大提高控制的效率。该控制系统不仅能处理从新商品资料的说明到会计结算所有商品交易过程中的作业，加速现金流量周期，而且诸如电子货币结算系统等能够直接有利于增加运营资金和利润，从而提高供应链整体运作绩效。

（三）现金流量周期的管理

对现金流量周期的管理涉及企业内部跨职能管理以及企业之间的合作型管理，而且这种合作管理不仅包括了直接的上游供应商和下游客户，甚至还涉及供应商的供应商，以及客户的客户，只有这样，才能真正实现良好的现金流量周期。具体来说，现金流量周期的管理主要涉及以下几个方面。

1. 企业内部管理

（1）延长平均应付账款

企业内部改善现金流量周期中一种有效的手段是延长与库存相关的平均应付账款，以此获得更多的无息财务资源。具体方式为在最后时刻支付成本费用，并且尽量对供方进行部分支付而不是全额支付。另外，还可以减少对外支付的频度，利用无息的信用卡或信用额度进行支付，或者直到应付账款实现后才对上游进行销售承诺，所有这些手段的目的在于控制和管理现金的支付。

（2）缩短生产周期，减少库存供应天数

库存是判定生产效率最重要的指标之一，一般库存有两种形态：一种是最适库存，另一种是过量库存。最适库存指的是“必要的库存，正好能够支持生产的需要”，过量库存则是“超出生产必要量的库存”。如果不是出于战略考虑的过量库存，就会对整个企业系统产生负担。企业一定要加强现金流量周期管理，控制过量库存，采用有效的生产和库存战略。

（3）减少平均应收账款

比起应付账款主要是控制或限制现金支付，应收账款需要的是加速资金回笼。具体手段主要是鼓励快速支付，利用折扣或奖励等手段增加应收账款的回收。对较低销售业绩的客户要求立即付款，因为这种企业更容易产生拖欠账款。加强利用光电子支付，电子支付是现代支付手段中很重要的一项，能够提升付款速度，加速资金回收。另外，企业也可以将应收账款委托给金融机构回收。

2. 企业间合作与协调

除了企业内部管理，企业间的合作和协调也十分重要，合作良好的企业比一般企业能够实现更短的订单前置时间。戴尔公司就是将信息有效地告知上游供应商，从而使供应商能够根据戴尔的需求及时交付产品。因此，企业间的协调和合作就是打破企业之间存在的各种业务壁垒，通过业务流程的整合和有效的信息沟通，提高经营绩效，从而是加速现金周转，缩短现金流量周期。也正是因为如此，在考虑各种客户销售确定因素的基础上，在形成经营预测和补货计划的过程中，订单预测的信息应当同步传输到配送中心，以整合和修正订单预测以及相应的企业库存结构和水准，再结合零售店铺的POS数据和供应商订单预测，切实制定供应链企业的业务和财务目标与规则。

3. 业务规划整合将逐渐扩展到承运商和第三方物流

由于如今的供应链贯穿三方（供应方、运输方、销售方）、连接四业（生产业、运输业、仓储业、营销业），因此，缩短现金流量周期不仅要求供应链参与企业之间的协同作业，也要求将业务整合扩展到运输业，形成协同运输管理（Collaborative Transportation Management，CTM），协同运输管理就是将企业产生的订单预测转化为承运预测，从而保障订单的准确实施。其目的在于通过卖方、买方、承运商和第三方物流之间的合作，改善运输和配送过程的服务、效率和成本。CTM通过承运商、供应商和第三方物流之间的合作，借助于现代信息系统，能够缩短规划窗，合理安排物流资源，确立相应的物流配送服务。

4. 整合财务管理和金融业务

现金流量周期模型是当今供应链物流绩效管理的重要理论和测评方法，它的突破不仅在于整合了供应链各参与者的业务规划、预测和物流作业，而且随着供应链管理复杂度的增强，也需要整合和管理其中的财务和金融业务，从而有效地保护企业的财务资源，产生良好的现金流，降低财务成本，促使实体供应链的顺利运作。供应链绩效反映在提供产品进入新市场的途径、扩展产品市场分销范围、品牌产品销售和理货管理、通道营销管理、提供市场信息和本地认识等几个方面，优化资金流程（包括资金取得和运作）则是供应链绩效的主要表现之一。

供应链中的财务与金融问题主要表现在。一方面，供方需要掌握及时配送的订单情况和服务条件，并且当订单产品为需方接受时，产生支付要求，而且这种支付的价格需要与合约的规定相一致。此外，为了保障资金的安全性，供方需要了解财务和金融风险，知晓上下游企业的财务实力和财务状况，同时保持足够的运行资金，以支撑自身的供应链运作。另一方面，作为需方需要明确自身的资金状况以支付所配送的商品，同时保持足够的运营资金支持自身的经营。

由此不难看出，供应链管理的发展伴随的是高度的财务和金融管理的发展，从供应链财务和金融管理的角度看，这一领域内的发展主要反映在三个方面。一是如何将供应链整合管理与财务绩效管理结合起来，利用财务管理手段和指标有效地监控供应链运作的各类活动，找出其中的差距，推动供应链整合的发展与优化。二是整体供应链运作过程中的财务和风险管理。供应链管理过程中容易产生的财务风险包括财务流程缓慢（由于人工或孤立的流程造成）、不可靠或不可预测的现金流（缺乏及时的信息告知）、高成本的流程作业（缺乏员工授权和认可）、较高的未结账款（DSO，支付延迟造成）以及欠佳的信用决策（人为设置最优限制造成），所有这一切都需要采用整合、一体化和自动化的端对端的财务和风险管理体系，其中包括采购卡和分销卡的运用、电子票据呈现和支付系统建立、票据图像化、建立供应商网络端口实现票据和信用查询、基于互联网的财务报告以及以运营资金天数、未结账款天数、库存天数和未结支付天数为表征的财务控制体系的建立。三是实现供应链融资，即以为企业解决在项目及订单取得、原材料采购、生产经营和货物销售等供应链管理各环节上的各种问题为主要服务目的，为企业集中提供信用服务、采购支付、存货周转及账款回收等多方面的业务支持。

这种融资推动了供应链的发展，在供应链产品形态不断被加工制造转化的同时，融资方通过为供应链参与企业安排优惠融资，实际上也扩大了核心企业的生产和销售；同时，核心企业还可以压缩自身融资，从供应链整体增值的部分直接获利，实现“零成本融资”甚至“负成本融资”。

此外，对于金融机构而言，供应链整体信用要比产业链上单个企业信用要强，金融机构提供的利率与贷款成数随着生产阶段而变动，并随着授信风险而调整，例如，订单阶段，因不确定性较高，其利率较高，可贷款成数较低，但随着生产流程的进行，授信风险随之降低，利率调降，贷款成数调升。因此，风险与收益相互配合，完全符合金融机构的风险控管并照顾客户的融资需求。并且，由于供应链管理与金融的结合，产生了许多跨行业的服务产品，相应地产生了对许多新金融工具的需求，如国内信用证、网上支付等，为金融机构增加中间业务收入提供了非常大的商机。

（四）价值回路的三个阶段

价值回路的组织方式和管理模式决定了现金流量周期实现程度，价值回路影响了供应链的运营方式和流程活动，还影响了对应的信息化系统，并且供应链金融的作用和角色也取决于价值回路的形态。

价值回路的形态主要分为三个阶段，并且在这三个不同的阶段中可以看出价值回路的形态。不同的业务活动对参与者的影响不尽相同，生态建构的深度也不一样，因此，对业务活动的刻画需要从商流、物流两个方面入手，以此探索具体要求；系统的功能要求与该系统覆盖的层级则与信息系统的能力密切相关；供应链金融创新的空间取决于通过业务活动和信息能力实现现金流量周期的程度，用时这也是供应链的目标。

1. 第一阶段

在供应链运营方面，第一阶段最需要强调的是跨职能之间的协同，如何协调跨职能和跨组织两对关系是供应链管理中的一个战略问题。跨职能指的是同一企业内不同群体之间的整体协调，企业需要为各个群体统一认同、规范和价值观，使不同群体可以保持有效的沟通和互动，其中最重要的是建立信任关系。因此，不同职能部门间的协调就显得尤为重要，销售与运营匹配系统成为供应链管理的重点。为了达成以上目标，企业需要建立起资源管理系统，也就是 ERP 系统。ERP 可以通过高度的整合创造价值，使业务网络中的内外沟通得到改进，强化决策过程。

作为这一阶段的主要目标，现金流量周期能否达成，主要取决于通过业务整合和信息化能力，降低库存，减少应收款，增加应付款，改善资金状况。不过，如果将自身利益建立在上下游企业的损失上，那将会损害整个供应链的正常运行，供应链金融因此变得不可或缺。通过企业与金融机构的合作，将应收转换为现金，从而大大缓解了资金压力。在第一阶段中，供应链主要依赖于供应链中的业务和信息，推动金融要素的实现。

2. 第二阶段

除了跨职能协调外，供应链运营第二阶段更加注重跨组织之间的协作，这种协作指的是在不同组织之间建立起合作性的持续关系，共同改善供应链运营质量，实现参与者的共同绩效。当然，要达成这一目标并不容易，首先需要强调的是，所有的供应链参与者都要协同业务计划，如果供应链参与者能在产品、生产过程、计划和能力等几个方面进行充分的信息沟通，就容易使大家形成目标一致的战略，最终提升整个供应链的质量。为了达成以上目标，B2B 产业关联就显得十分重要。不同组织之间的系统和 ERP 互联互通，建立跨组织集成系统，使信息能在不同成员之间有效流通，建立共享和交流体系，实现主数据流程、采购订单流程、销售订单流程、仓储协同流程、关务协同流程和运输协同流程一体化。

第二阶段的主要目标是拓展现金流量周期，不仅是加速现金流量周期，还要缩短整个供应链的现金流量周期，提高供应链的效率和竞争力。这不仅需要上下游企业之间的合作，还需要合理地配置资金，保证充足的现金流。也就是说，通过供应链上下游企业的作业协同和信息协同，及时地为参与者提供资金并调控风险，优化运营流程，并通过产业运用产生良好的现金流，实现金融增值。可以看出，供应链金融在两个阶段中发挥的作用完全不同，第二阶段中的供应链金融已经融入供应链运营之中，成为供应链的一个流程，与信息流和商流相互作用、相互依存，从而实现整个供应链的良好发展。

3. 第三阶段

智慧供应链或网络供应链是第三阶段的主要特征，立足产业群的第三阶段建立了跨线条、跨部门、跨领域多利益相关者的互动体系，实现了供应链竞争力的发展。从供应链运营的方面来看，网络链中的各参与方建立了一个真正一致的目标和行为，形成共生、互生、再生。共生是要创造一个可供生态圈中各参与者共享资源的价值平台，使价值创造活动能以联合库存管理、协同预测 / 规划提高不同主体、环节中的效率。互生指得是供应链中的各个参与者与其他主体以及供应链整体发展都密切相关，共享集体的价值。如果缺乏共享的机会，整个供应链体系的健康运营将受到威胁，参与者可能会受到损失并转向其他生态圈。智慧供应链的最高目标就是再生，通过资源转移建立更好的经济发展秩序和协作框架，建立能适应环境变化的生态圈。构建开放式的互联网信息架构是实现以上三个目标的重要途径，主要包括数据整合平台——高效整个各种数据，实现数据的一致性和一体化；数据服务层——整合业务数据，以统一的数据形式导入业务库和数据仓库；基础框架通过云计算开放、分布式服务架构，建立高可用、高扩展、高可靠和高性能的系统；整合各行业的应用——应用服务为企业量身定做解决方案；应用集成——整合运营商、CP/SP、CRM、ERP 以及其他应用接口，为业务拓展提供支撑；SaaS 服务平台——将应用服务提供给客户；以及整合多种类型客户接入渠道，支撑参与者之间的互动。

第三阶段的最终目标是创造现金流量周期，通过促进成员、客户之间的互动和交流，创造现金流，通过资金管理、融通、利润分配等方式，实现金融与产业活动的循环迭代，加速资金流动，创造产业价值。这一阶段的供应链金融体现出了互联网供应链金融的本质：供应链金融成为一种商业模式，构建产业新结构，促进各参与者共同进行价值整合。

五、供应链管理中的大数据

"大数据"也被称为海量资料，是信息爆炸时代的产物，它具有4V特点：Volume（海量数据资料），Velocity（产生速度快），Variety（信息类型繁多）及Veracity（信息真实）。在互联网条件下，信息量超光速增长，对于这些海量信息数据，需要我们进行获取、整理分析并加以应用，这在以数据流通为核心的供应链金融服务领域尤其显得重要。随着供应链运营全球化、互联网化以及信息化发展，数据已经渗透到每一个行业和业务职能领域，业已成为一个重要的生产因素，并且海量数据可以通过多种方式产生价值，因此，对于大数据的运用，就成为了企业获得竞争力以及获得供应链长远发展的战略。在这一背景下，企业在供应链运营过程中如何运用大数据，以及大数据如何帮助企业实现有效的供应链决策成为了目前供应链实践以及理论研究的重要趋势。

（一）了解什么是大数据

随着新兴信息技术以及应用模式的涌现，全球的数据量呈现出爆发增长的趋势。在数据管理中，存在多个维度的挑战，即数据量大（Volume）、数据类型繁多（Variety）以及数据增长快（Velocity）。同时有专家认为，大数据应该具有价值性（Value），即如果数据增长但隐藏在数据背后的有用价值却没有呈比例增长，就会增加我们挖掘数据价值的难度。另有一些专家认为大数据还具有真实性（Veracity）特点，这就意味着数据分析应建立在准确的数据之上，避免人为篡改或在传输中失真。虽然大数据成了近年来实践和理论研究的热点话题，但对于大数据的研究和预测性分析功能大多聚焦在对消费者数据分析、偏好预测分析等，大数据在供应链中应用的研究却相对缺乏。

如今供应链变得越来越复杂，企业要想保持自己的竞争优势，必须重视对于大数据的应用，工业研究咨询机构（Industry ARC）进行的研究指出，2018年全球供应链大数据市场将从2012年的大约4.3亿美元增长到37亿美元左右，2013—2018年的年度复合增长率约为31.4%。数据科学、预测性分析和大数据将会改变供应链的设计和管理方式，从不同的数据库获取信息来对供应链进行分析能够帮助供应链管理经理提高供应链的运营绩效，并且大数据还能促进企业间的信息协同，是企业的一种战略性资源。

要在供应链运营和决策中有效地运用大数据，首先需要建立良好的大数据库，具备分析、整合大数据的能力。这些能力要围绕大数据的数据类型、数据质量、大数据分析技术以及大数据分析的人力资源等几个方面展开。

1. 数据类型

数据类型涉及大数据的数据形态和获取的途径和方法，供应链中的大数据主要包括以下四种类型：结构数据、非结构数据、传感器数据、新类型数据。

结构数据是指那些在电子表格或是关系型数据库中储存的数据，这一类型的数据只占数据总量的5%左右，主要包括交易数据和时间段数据。现在的大数据分析大多以这一类数据为主，其中重要的结构数据包括ERP数据，因为ERP系统中存储的数据是企业运转多年的系统积累的大量行业数据，这些数据对于企业的经营决策和预测来说意义非常重大。

非结构数据主要包括库存数据、社会化数据、渠道数据以及客户服务数据。尽管现在有大量的研究和报告在探讨数据和分析能力对供应链管理的重要性，但对于非结构数据，例如社会化数据对供应链的影响和作用的研究却相对缺乏。然而，社会媒体数据对于供应链运营管理的作用是十分重要的，如何利用社交媒体数据来指导企业进行供应链活动的规划（包括新产品的开发、利益相关者的参与、供应链风险管理以及市场探查等）以及社交媒体数据对供应链绩效产生影响的具体机制将需要深入探讨。而要想从内容丰富的非结构化数据中挖掘出商业智慧，就需要使用不同的研究方法和度量方式，包括描述性分析、内容分析以及网络分析等。

传感数据主要包括RFID数据、温度数据、QR码以及位置数据，这类数据增长很快，并能为供应链金融带来巨大商机。

新类型数据主要有地图数据、视频数据、影像数据以及声音数据等，这类数据多用于可视化领域，并能够帮助提高数据质量，使数据的实时性更强、提高了数据分析的精准度。

2. 大数据的质量

企业在进行大数据分析时，需要考虑数据的质量问题。低质量的数据不仅会影响企业的决策，甚至还可能导致企业产生损失。事实上，数据的有用性取决于数据质量，随着大数据重要性的跃升，对高质量数据的需求也增加了。

虽然现在对于数据质量评价还没有统一标准，但是大家一致赞同数据质量评价应包含多个维度指标。指出数据质量的评价应包括数据内在（Intrinsic）要求和情境（Contextual）要求。内在要求指数据本身所具有的客观属性，包括数据的准确性、及时性、一致性和完整性。情境指数据的质量依赖于数据被观察和使用的情境，包括关联性（Relevancy）、价值增值性（Value-added）、总量（Quantity）、可信度（Believability）、可及性（Accessibility）、数据声誉（ReputationoftheData）。

3. 大数据分析技术

（1）分析学。分析学是大数据分析的基础，它能帮助企业更好地基于事实做出决策，定量技术、预测模型等能提高企业的盈利能力。另外，大数据分析不仅能帮助我们获得新的见解，还有助于提高预测的准确性，而这些益处都是建立在数据挖掘和统计分析基础上。甚至可以说，如果没有分析学对数据进行解析，大数据也就仅仅是一堆“数据”，毫无价值。大数据需要分析学，但是要想让分析学崭露头角，拥有数据却是不够的，还得借助于分析工具。当然，分析学如果没有大数据作为研究对象，其也只是数学和统计的工具和应用方法罢了，无法发挥其对于企业的价值。

（2）供应链分析。大数据分析技术也是目前供应链管理的研究热点，德勤 2014 年的工业研究报告认为供应链分析首先需要从广泛的内部和外部来源获取数据，并借助相关的分析工具和技术进行数据进行剖析，以通过数据获得见解，从而帮助供应链降低成本和风险，并提高运营敏捷性和服务质量。尽管有很多企业已经利用了大数据分析技术来优化企业的运营决策、辅助进行商业营销决策，但是大数据在供应链中的运用研究相对贫乏，并且即便有关大数据分析与供应链管理的实践文章和咨询报告开始增加，但是内容大多是重复的，并且缺乏严谨的科学调查。另一方面，即使一些企业已经开始采用大数据分析方法，但是运用方式不仅混乱，还无法触及分析实质。

大数据分析技术与企业的业务和运作流程相关。有专家从创新扩散理论和信息加工视角分析了供应链情境下云计算技术的应用，实证研究表明当企业的业务流程很复杂或是供应链中各个组织的信息系统已经良好兼容时，云计算对于供应链价值就大打折扣；相反，对于那些创业型企业或是信息系统具备特殊功能性时，云计算对企业则更具价值。由此可见，企业文化、业务流程和特性等会影响企业对大数据分析技术的应用。

4. 大数据分析能力和人力资源因素

供应链大数据运用的能力是企业利用分析学进行供应链决策的关键驱动因素。当前有些企业放弃大数据分析技术的一个重要原因是企业缺乏相关人才。大数据不但会改变供应链的设计和管理方式，于此同时也会给物流企业和供应链管理带来新的挑战，这首当其冲就是缺乏拥有大数据分析能力和供应链管理相关专业知识的复合型人才。

数据分析家应当具备的技能包括预测（定量和定性的）、运筹、统计学（估算和抽样的方法）以及经济学（决定机会成本）等。此外，数据操作以及沟通与人际交往能力对于大数据分析运用也不可或缺，因为数据操作技能不仅要求数据分析家能从数据库和资料库中提取交易信息，还需要从社交网站上获取顾客的相关信息并与企业内部数据进行整合，也就是需要数据分析家能够对结构性数据和非结构性数据进行整合分析。当然，数据分析家不仅需要高效处理数据，还需要将分析见解准确传达。此外，大数据分析在供应链管理中的运用还要求数据分析家具备供应链管理相关知识。总的来看，数据分析家需要具备企业业务流程和决策制定、数据管理以及分析和建模等相关技能。

（二）供应链金融需要大数据的原因

大数据的运用是为了解决重要的商业问题，实现企业目标，在大数据应用中需要综合运用定量和定性方法解决问题，预见未来可能发生的结果，大规模数据分析和相应的知识与分析密不可分。在互联网供应链金融中，需要明确数据分析应用的目标，目标的确定对于所收集数据的类型、渠道、分析方法等有着重要作用。

互联网金融立足于多利益相关方建构的网络，通过融资等金融性行为优化商业流程和经营行为，以此促进产业与金融的融合，最后实现产业与金融的效益倍增。由此看来，大数据运用的主要目标是了解互联网供应链金融中的相关利益方，其中最重要的是融资对象，一定要了解其经营状况、潜在能力、预期风险等。

经营状况指的是企业在市场和行业中的地位以及市场竞争力，一般而言，可以从“软”“硬”两个方面来分析。“软”指的是企业的隐形能力，也就是那些无法明确化、只有当面交流才能传递的技能，包括领导力和创新、创业方面的能力，文化建设和协调、团队建设方面的能力，外部形象和相关利益者协调能力等。“硬”指的是一个企业的显性能力，也就是那些可以记录、无需讨论的实时性的能力知识。“硬”能力包括技术、研发方面的能力，如技术、设计、工程、工艺等；运营方面的能力，如生产流程、品质、组织管控、资金财务、供应管理、信息系统建设等能力；市场营销方面的能力，如渠道、分销、品牌、客户关系管理等。

大数据分析的第二个目标是分析判断融资对象的潜在能力，除了企业已经表现出的能力外，其未来具备的能力也十分中重要。要从动态的角度去看待企业各方面的培育能力和发展趋势。

第三个目标则是融资对象的预期风险，也就是某一对企业目标的实现可能造成负面影响的事项发生的可能性。企业会在实现目标的过程中遇到各种各样的风险和挑战，通过大数据分析可以了解企业将要面对的这些负面影响，评估企业的风险程度。一般来说，企业的风险主要包括运营风险、资产风险、竞争风险、商誉风险、战略风险五大类。

（三）供应链金融分析谁的数据

了解了大数据分析的目标后，还要了解搜集、分析“谁的数据”，这是大数据分析的一个重要组成部分。一般来说，供应链流程中的主要参与主题有：融资对象、与融资对象关联的交易对象或合作者、与焦点企业合作的关联服务者、检点企业网络平台的参与者以及对上述所有主体作用的环境。数据搜集分析对象见图 9-4。

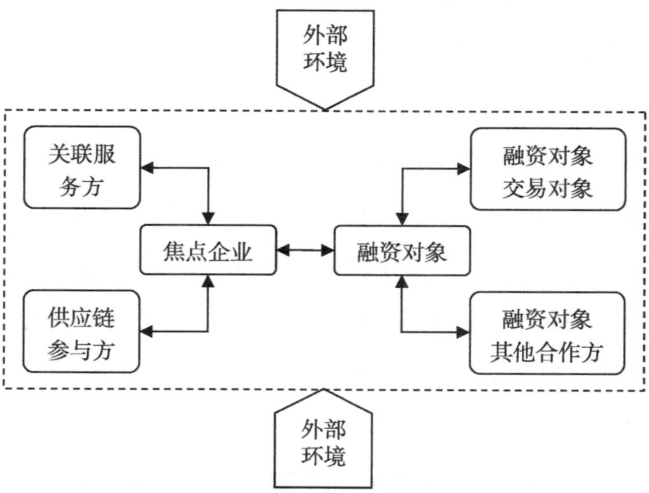

图 9-4　数据搜集分析的对象

融资企业是互联网供应链金融的直接参与者，也是受益者，直接决定了业务的风险与能否成功；有时运营中的风险来源于与其发生交易或合作的焦点组织的行为失当；为了获取充足、低成本的资金，并有效地管理风险，焦点企业要与其他金融机构展开合作，但如果这些合作者出现信用缺失就会直接对供应链产生负面影响；供应链中的平台参与者共同为融资对象提供相应服务，如果他们出现失误，就会影响供应链的运行，甚至导致供应链运营中断；环境的竞争性和动态性对供应链参与主体会产生巨大的影响。

（四）供应链金融分析怎样的数据

互联网供应链金融中搜集分析的数据需要保证准确性、一致性、及时性和完整性，这关系到能否真实地把握分析对象的状况，判断行为的合理性。具体来说：准确性指的是用数据分析刻画融资对象，使焦点企业可以掌握融资对象的真实状况；一致性原则是要求数据具有稳定的形式，避免出现不同对象、时间、地域中的同一信息具有不同形态；及时性是指及时获得各种数据，在最短的时间内反映融资对象的状态；完整性则要求数据要追求多种多样，只有这样才能在多来源、多形态的数据整合分析中，刻画出融资对象的全貌。

如何才能达成以上几个目标呢？关注以下几种类型的数据是很重要的一点。

（1）时间与空间

时间数据指的是同一现象或数据在不同时间的数据序列，反映了事物在时间上的变化。相应地，空间数据指的是事物的位置和分布，可用点、线、面等空间数据结构来构建事物的数据。

（2）主体和客体

主体是供应链活动的参与者，掌握主体的数据对于把握主体的能力和关系十分重要，而主体的数据则包括了资源、能力、资质、信用、偏好等各种信息。客体则是主体的目的物，比如商品、工具等事物，客体的数据从侧面反映了主体的信息。另外需要注意的是，不同场景或要求中的主客体关系也存在差异性，例如库存管理、运输管理或关系管理，其中对应的主客体有着特定的数据形态。

（3）要素和情感

要素指的是供应链运用中的各种社会资源，也是保证供应链及企业正常运行的基本因素，主要包括传统要素——土地、资金、人力，以及新要素——信息、平台、知识。情感数据指的是态度的一部分，它与态度中的内在感受、意向具有协调一致性，是一种较为复杂、稳定的体验。它的价值是在一种特定的环境下，对用户行为进行回忆和分析，最后将场景再现，了解、体会到用户的真实心声。对于互联网供应链金融而言，情感数据既可以让焦点企业了解供应链参与主体的体验，也能间接知晓其行为特征和环境状态。

（4）单点和网络

单点数据指的是某个特定的供应链参与主体发生的各类数据，比如交易数据、物流数据、资金流数据。而网络数据则指的是某个特定的参与方所嵌入的网络或集群数据，这些对企业会产生很多促进或制约作用。因此，充分了解供应链参与者所在产业网络和集群的政策、结构、业务状态和竞争力等，大大有利于对行业和企业竞争力的判断。

（五）供应链金融获得数据的来源

除了获得什么样的数据外，从哪里获得数据，考虑数据的来源也十分重要。我们要综合考虑各种数据来源的直接和间接渠道。直接渠道指的是在焦点企业与相关方的基础上建构的智慧供应链或社会化网络和平台，借此获得数据来源。直接渠道一般包括供应链运营系统、金融信贷及一些关联服务组织。间接渠道则是焦点企业依托其他组织或自有平台，借助自身的手段和途径能获取的数据来源。

供应链运营系统中的组织包括供应链网络中的所有参与方。我们可以通过供应链上游供应商和下游客户获得供应链运营中的交易数据。除了上下游企业外，第三方物流也是数据获取的重要来源，这点主要是为了帮焦点企业分析物流状态和水准。

金融信贷机构包括商业银行、信托、理财公司、保理、小额贷款等金融机构，他们在与供应链主体进行交易时往往会对融资对象进行征信或调查，这些数据对于融资对象能力和状况的判定具有十分重要的意义。

另外，一些关联服务组织也可以获得数据，这种组织主要包括协助供应链正常运行的互联网服务平台、第三方支付、保险公司、政府管理部门、经营 / 生活服务部门等。供应链相关利益方需要通过互联网平台完成交易或物流业务，必然会在互联网平台上沉淀大量的相应数据。第三方支付指的是有一定信誉和实力的第三方企业通过与商业银行签约，为交易双方提供信用增强的平台。在交易时，买家选购产品后货款将暂时打到支付平台上，然后支付平台通知卖家发货；买家确认收货后，支付平台再将货款转到卖家账户上。第三方支付平台是大数据的一个重要来源，供应链参与者的实力和状况都可以通过支付情况得到反映。保险公司也是数据的重要来源之一，从保险公司的数据可以了解到企业的风险程度和健康状态。

作为监督和管理企业经营活动的公共管理机构，政府部门往往拥有大量企业数据，而这些数据可以清楚地反映出企业状况的重要方面。政府部门掌握的数据一般包括海关部门的通关状态、仓单信息、外汇核销单状态、进口付汇证明、出口退税证明、出口结汇证明、深加工结转状态、商品税率、报文状态、快件状态、报关员计分、知识产权备案信息等；国家质监部门掌握的以组织机构代码为标识的企业信息，生产许可、强制性认证等行政许可信息，政府奖励等良好记录以及质量不合格或违法违纪的不良行为记录等；外汇部门掌握的货物贸易、服务贸易、直接投资及一些资本项下的交易，物流、资金流，企业名录，跨境结售汇等；税务部门的涉税数据，工商部门和其他部门所掌握的信息。

作为为企业或企业中的个体提供服务的机构，经营 / 生活部门能为企业提供各种公共服务，这样的机构有供水公司、电力公司、物业管理等。在提供产品与服务的过程中，这些机构会掌握大量的企业数据。这些基本数据可以从侧面反映出企业的经营状态和能力。

还有一些属于独立组织或平台的机构也属于间接性关联服务机构，如果焦点企业努力获取，也可以通过合作等方式获取数据。这类机构主要包括行业协会、标准化组织、专利局等公共机构，还包括 VC 等商业机构，这类机构会对企业的各种数据进行全面搜集和审核。

（六）供应链金融分析什么时间点的数据

互联网供应链金融分析的时间点需要既考虑历史数据，又考虑实时数据或将要发生的数据，这样才能全面辨识融资对象的能力、潜力和风险。已经发生过的历史数据可以准确反映企业曾经的状况，这是判断企业能力的基础。但仅仅依靠历史数据是无法满足供应链需求的，因为产业和市场都是不断变化的，企业以前拥有的资源和能力也会发生变化，历史状态只能反映过去的情况，对现在或未来的状况无法覆盖。在这种情况下，实时数据和即将发生的数据就成为重要的数据组成部分。

实时数据分析指的是利用大数据技术高效地快速完成对大量数据的分析，达到近似实时的效果，及时地反映数据的价值和意义，掌握供应链的实时状态。实时采集、实时计算、实时查询是实现数据实时分析的前提。必须保证可以完整地收集到所有日志数据，为实时应用提供实时数据，响应时间要保证实时性、低延迟性；实时计算和实时查询在流数据不断变化的运动过程中实时地进行分析，捕捉有用信息并将其发送出去，供业务部门查询与决策。

（七）供应链金融获得大数据的方法

互联网供应链金融中数据获取的途径是很重要的一个方面，焦点企业必须考虑和布置多样化的途径和手段才能获取相应的数据。大数据获取的方法主要有四种：通过业务的底层化运营沉淀积累数据；通过第三方获得相应的数据；通过公共渠道获得特定数据；通过物联网及云计算模式获得数据。

物联网是通过射频识别（RFID）+ 互联网、红外感应器、全球定位系统、激光扫描器、气体感应器等信息传感设备，按约定的协议，把任何物品与互联网连接起来，进行信息交换和通信，以实现智能化识别、定位、跟踪、监控和管理的一种网络。简而言之，物联网就是“物物相连的互联网”。在物联网应用中有三项关键技术。一是传感器技术，这也是计算机应用中的关键技术。大家都知道，到目前为止绝大部分计算机处理的都是数字信号。自从有计算机以来就需要传感器把模拟信号转换成数字信号计算机才能处理。二是 RFID，标签也是一种传感器技术，RFID 技术是融合了无线射频技术和嵌入式技术为一体的综合技术，RFID 在自动识别、物品物流管理方面有着广阔的应用前景。三是嵌入式系统技术，它是综合了计算机软硬件、传感器技术、集成电路技术、电子应用技术为一体的复杂技术。经过几十年的演变，以嵌入式系统为特征的智能终端产品随处可见，小到人们身边的 MP3，大到航天航空的卫星系统。嵌入式系统正改变着人们的生活，推动着工业生产以及国防工业的发展。如果把物联网用人体做一个简单比喻，传感器相当于人的眼睛、鼻子、皮肤等感官，网络就是神经系统用来传递信息，嵌入式系统则是人的大脑，在接收到信息后要进行分类处理。这个例子很形象地描述了传感器、嵌入式系统在物联网中的位置与作用。物联网信息流程见图 9-5。

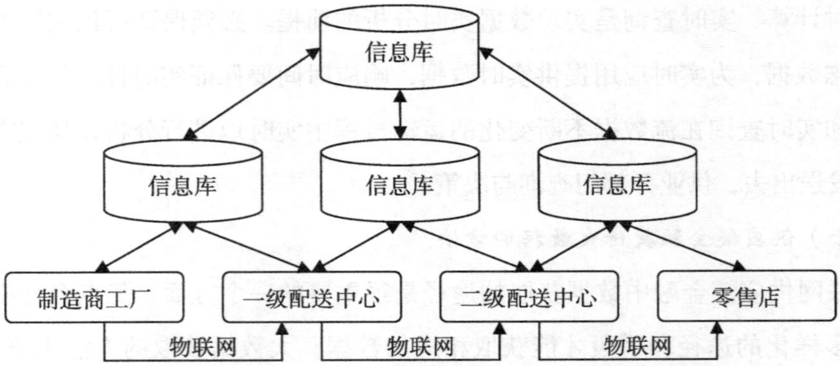

图 9-5　物联网信息流程

云计算是一种基于互联网的计算方式，通过这种方式，共享的软硬件资源和信息可以按需求提供给计算机和其他设备。云是网络、互联网的一种比喻说法。过去在图中往往用云来表示电信网，后来也用来表示互联网和底层基础设施的抽象。

云计算一般包括以下几个层次的服务：基础设施即服务（IaaS）、平台即服务（PaaS）和软件即服务（SaaS）。这里所谓的层次，是分层体系架构意义上的“层次”。IaaS、PaaS、SaaS 分别在基础设施层、软件开放运行平台层、应用软件层实现。

IaaS（Infrastructure as a Service）：基础设施级服务。消费者通过互联网可以从完善的计算机基础设施获得服务。Iaas 通过网络向用户提供计算机（物理机和虚拟机）、存储空间、网络连接、负载均衡和防火墙等基本计算资源；用户在此基础上部署和运行各种软件，包括操作系统和应用程序。

PaaS（Platform as a Service）：平台级服务。PaaS 实际上是指将软件研发的平台作为一种服务，以 SaaS 的模式提交给用户。因此，PaaS 也是 SaaS 模式的一种应用。但是，PaaS 的出现可以加快 SaaS 的发展，尤其是加快 SaaS 应用的开发速度。平台通常包括操作系统、编程语言的运行环境、数据库和 Web 服务器，用户在此平台上部署和运行自己的应用。用户不能管理和控制底层的基础设施，只能控制自己部署的应用。

SaaS（Software as a Service）：软件级服务。它是一种通过互联网提供软件的模式，用户无需购买软件，而是向提供商租用基于 Web 的软件来管理企业经营活动。云提供商在云端安装和运行应用软件，云用户通过云客户端（通常是 Web 浏览器）使用软件。云用户不能管理应用软件运行的基础设施和平台，只能做有限的应用程序设置。

以上所有的云计算服务模式的实施都是以大数据为基础，在云平台的支撑下，规模庞大的数据得以保存。云储存为大数据分析提供了充足的准备；云服务与云计算则有助于数据的挖掘。

六、共同进化的产业价值生态网

随着管理的发展，传统的供应链管理活动逐渐成为一种综合性的管理流程活动，通过信息共享平台的建设和分享实现产业链中所有参与者之间的协调和互动，这里的综合信息化平台的建设及协调就成为了供应链管理活动的核心。近年来日益流行的产业生态的概念拓展了供应链管理的核心，这种借助生物科学的概念，使得供应链管理方式发生了巨大的改变，其中最重要的一点便是创造了能给所有参与者带来价值的有机网络。这种运营模式超越了原有的资产互补，更加强调共同进化、共创共享。产业价值网络为互联网供应链的开展提供了广阔的空间和前提条件；互联网供应链金融本身成为了产业价值生态发展的手段，因此，价值生态成为互联网供应链金融不可或缺的一部分。

（一）产业价值生态网的特质和实现方式

竞争优势是企业经营活动的重要动机，对企业利润的增长起到了重要作用，而基于独特的资源，具有其他企业难以获取的经营能力，则是市场导向的组织获取竞争优势的重要手段。在经济全球化和资源全球分配的格局下，以服务为核心的价值生态网络越来越受到人们的关注。其实，经济和企业的增长除了初级的客户价值活动外，还包含更为广泛的源于邻近价值链的活动。以服务为中心的价值生态网络通过信息分享、流程导向的管理，以及与合作伙伴的计划协作、知识分享、知识创造和传递与投资行为的一体化来建构价值网络体系。

服务的供需不同于普通产品，在服务交易中，生产与消费是同步进行的，也就是说，买卖双方共同创造了服务的价值。在价值网络运作中的供需双方从简单的上下游关系变成了一种互动的、相互协调和共同创造价值的依存关系。产品供应链与价值生态网络的区别主要在于以下三点。

首先，两者价值实现的形态有所不同。产品供应链的核心在于产品，供应链结构的搭建基于最终产品的生产，供应链上的各个主体都按部就班处于各自的固定链条上，各个企业只需要向下游企业提供成品即可。而价值生态网络中的各个参与者，包括供应商、合作伙伴、联盟商和客户等都将参与到价值的创造中，在多方协调的活动中创造价值。在这种价值创造活动中，不存在明显的生产者和消费者，只存在行动主体，每个行动主体都有自己的价值主张，根据不同要求和能力对自己进行定位并进行资源整合。

其次，价值生态网的结果是创造共同的知识和智慧。信息分享、产品和服务的定制化水平、建立长期的合作关系及流程导向的管理等供应链管理战略，构成了供应链管理的核心话题。信息共享是加强供应链主体之间协调性的重要手段，共享的内容一般包括库存、预测、订单及产品计划等。除了信息分享外，创新能力才是决定企业胜败的最重要因素，创新能力的培养要注重信息传递过程中对信息的收集、整理、编码后形成的知识创造和传递。这样一来，价值生态网成员间将享受各自拥有的不同信息及资源，共同获取信息，根据信息创造知识、传递知识，最终形成一种共有的智慧。

最后，价值生态网的组织方式不仅是链式的，更是辐射式和星座式的。链式形态指的是在供应链运行中，客户的需求有时候会促进新技术的发展，同时供应商也是最终产品创新的驱动力之一。在这种形态中，主要关注的是从供应商到客户端及上下游企业的集成价值网创新方式。除了链式形态外，价值生态网还有更加复杂的组织方式。作为一个开放、动态的目标系统，企业不仅需要考虑静态结构和联系，还需要强调动态情况以及与外部的交流。除了传统的联系外，企业还必须跨越技术和市场寻找新的机遇。企业要同时寻找从核心到外围的关键资源，包括积极参与到创新活动中的客户、供应商、互补者等。这种以企业主体为中心，联合相关企业、政府、学术机构、金融机构等相关者的情形就是辐射式形态。另外，价值生态网的网络结构中的互补创新也十分重要，这种互补不仅仅能带来规模和范围的扩张，更能促进各产业板块间的协同专业化。而这种以产业为基础细分层次并协同各业务创新的便是星座式形态。

产业价值生态网以所有利益相关者为主体，通过网络价值分析、互动、协作共同创造和实现价值，推动各方共同发展、进化，价值网络分析则是其中的关键所在。一般认为，价值网络分析可以分为五个阶段：定义网络目标、识别并界定网络成员、从网络成员的视角定义各成员理解的价值、定义价值连接、分析和形成价值网络。

（1）定义网络目标

第一阶段的主要目标是确定网络中价值的存在，而定义网络或价值分析的边界是重要前提。要学会从网络节点的视角加以分析，在这些网络中商业模式赖以存在的组织或业务单元，共同构成了相互依存、相互作用的网络结构。

（2）识别并界定网络成员

从网络节点出发，识别所有价值网络的传递者，这是识别并界定网络成员的重点。作为所有影响网络或被网络影响的组织构成的系统，网络需要从价值链的视角分析所有能设计、产生、推动、传递或实现价值的参与者。这些参与者包括平台提供者、供应商、渠道商、竞争者、规则制定和管理者、技术方以及客户等。这其中，作为最终决定价值的主体，对客户的识别最为重要，客户是网络中重要的组成部分，价值生态网的运行不仅是产品或服务的传递，更是一个创造价值过程。

（3）从网络成员的视角定义各成员理解的价值

传递价值的前提是了解目前的价值和未来的价值，价值不仅是金钱或其他货币形式，而且是一系列期望或有用的有形或无形的质量、产品、知识、利益或服务。事实上，只有在所有参与者之间复杂的互动中才能实现价值。不同的价值诉求对应不同的行动和流程，因此必须深入了解各个参与者的价值。在进行分析时，除了正面角度外，还可以从阻碍价值实现的反面视角来进行探索。反面视角下阻碍参与者的“痛点”让参与者难以实现价值，还因高成本减少了价值量。因此，了解各个参与者得到了什么，面临哪些“痛点”，将要实现什么价值，有多大的意愿付出行动去改变，这些都是价值分析中必不可少的部分。

（4）定义价值连接

定义价值连接首先要分析参与者之间的连接，比如财务控制、影响、依存等，还要考虑前面所提到的价值诉求和“痛点”。参与者之间的价值连接在某种意义上来讲就是一种参与者之间的“影响方式”：产品或服务的交换、情感或偏好、信息或想法、影响和权力。具体来说，可以从商流、物流、信息流、资金流、知识流、人流六个方面考虑价值连接方式：商流是指物品在流通中发生形态变化的过程；物流是产品的流动过程；信息流是数据在参与方之间的流动；资金流是不同参与者之间资金的往来、运用、管理；知识流是技术、手段、方法等的整合、分享、使用；人流是人力资源在网络中的使用。通过以上六“流”，各参与者被组织结合起来，建立起网络结构，实现价值创造。

（5）分析和形成价值网络

对价值网络进行定义分析后，就可以借助价值创造分析模型了解生态网络的状况以及参与者的活动了。价值创造分析模型需要考虑“静”“动”两个方面，静态价值网络是从整体角度看待生态网络，并对其进行分析的活动。价值创造分析模型见图 9-6。

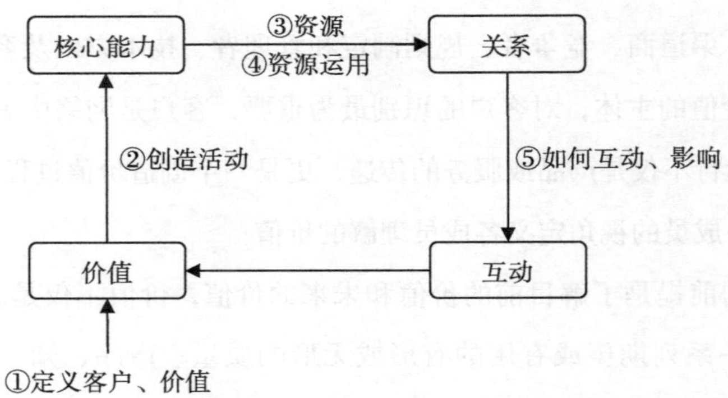

图 9-6 价值创造分析模型

首先要对客户进行定义，明确谁是我们的客户，以及客户所理解的价值是什么样的。其次要考虑采取什么样的创造活动来实现价值。再次要探究为了实施以上活动需要哪些资源，应该由谁来运用这些资源，如何运用。最后需要考虑参与者之间应该如何互动、如何相互影响。

除了以上的静态网络外，动态方面的影响也是十分重要的，其他相关网络效应、不同类型网络、价值网络未来的变化都需要认真考虑。当然，价值网络图的运行还需要技术和信息的支持，在生态系统中，支撑最优决策的信息化是一项十分关键的架构。

（二）解构原有产业供应链中的“1”

构建价值生态网络能推动互联网供应链金融的顺利开展，同时良好的金融创新活动能够进一步推动网络的进化与发展，促进产业生态的演进。互联网供应链金融是建构价值生态网的重要途径。一般来说，基于价值生态网的互联网供应链金融有三种形态：解构原有产业供应链中的“1”；将分散的碎片聚合成虚拟的“1”；将两端碎片整合成“1”个生态平台。

“1”代表的是供应链中的焦点企业，通过深入分析焦点企业，以及与其协同交易的合作组织或企业的价值诉求，再解构供应链活动，与上下游企业有效对接，就能最终实行共同合作的生态，创造价值，共同进化。价值解构一般可以从以下两个方面实现。

（1）组织内价值解构

组织内价值解构指的是通过有效的财务和金融手段，帮助焦点企业平衡毛利和利润。平衡毛利是商品收入减去实际采购成本和营运资金占用利息的金额，平衡毛利中融入资金占用概念，通过信息系统辅助手段，对客户付款和汇款环节、品种及客户结构等进行调整，找到平衡点。物联网金融的服务商必须深刻理解平衡毛利的重要性，帮助焦点企业实现毛利平衡。

（2）组织间价值解构

组织间的价值解构指的是在保障焦点企业“1”的同时，帮助优先实现其供应商和客户，特别是关键战略合作伙伴的利润和现金流，使供应链体系能稳定持续发展。虽然焦点企业规模大、实力强，但它同样需要稳定战略供应商和客户，帮助上下游降低成本，加速现金流。因此，平衡焦点企业及上下游的资金和财务状况，对于稳固产业供应链体系，建构良好的价值生态具有很好的作用。

（三）将分散的碎片聚合成虚拟的“1”

产业链中的中小微企业在市场活动中面临着无数挑战，比如如何对接供应链，如何处理与金融机构的关系，如何应对政府管理机构，如何对接海外市场，如何让自己的产品深度分销等，这些都是他们自己难以处理的问题。只有强化中小微企业在价值生态网络中的地位、资讯和能力才能解决这一问题，而这就需要借助互联网、物联网等新兴信息技术建构虚拟产业集群，使分散的中小微企业集合成虚拟的“1”。

虚拟产业集群是指突破地理范围的限制，处于同一价值链或创新网络上的相关企业及相关机构的有机集合。虚拟产业集群是快速构建与运作虚拟企业的基础平台，是由具有一定专长的企业组成的集合体，主要功能是通过提供与调节成员企业的核心能力，参与虚拟企业运作，从而使成员企业分享市场机遇。

虚拟产业集群是传统产业集群自身动态演化与创新的结果和新的趋势，它具备了传统产业集群专业化分工、群内组织相互关联以及协同与溢出效应等特征，但在以下四个方面也存在明显的区别。

（1）跨区域性

虚拟产业集群突破了传统产业集群的地理限制，以“组织接近”代替了“地理接近”。通过供应链和客户关系管理，在保证成员企业产权独立性和行为协调性的前提下，在更广阔的范围内将优势互补的资源有效整合，既减少了成员企业位移成本，又避免了成员企业对新产业区环境的不适应性和长期合作后的依赖性，大大降低了地理集聚所带来的风险。

（2）跨产业性

虚拟产业集群在更广泛的范围内寻找和把握市场机会，纵向可以延伸至销售渠道和客户，横向可以扩展到辅助性、衍生性产品的制造商和经销商，以及与技能技术或投入相关的产业组织，还包括更广泛的教育、培训、研究和政府机构等。虚拟产业集群的跨产业程度要远远大于传统产业集群。

（3）开放性与灵活性

传统产业集群受地理约束限制，在某种程度上相对固化。虚拟产业集群在共同市场机会作用下，价值链上各种优势资源通过信息网络虚拟集成，形成一个动态的、开放的系统。一些成员企业根据某一市场机遇或具体项目临时、快速地组合并协作，当共同的目标达成之后，他们可以保留或解除与集群之间的约束关系，为其他目的或新的市场机遇，在集群内外寻找新的合作伙伴。

（4）信息网络性

虚拟产业集群是区域产业集群的“网络集聚”，它代替了传统产业集群的“地理集聚”，虚拟产业集群的“组织接近”是依靠先进的信息技术和信息网络支撑的。网络技术的普及、电子商务的发展和企业管理信息系统的完善，为虚拟产业集群的产生和跨越时空的合作创造了条件。除此之外，虚拟产业集群与一般产业集群相比，需要更加完善的市场机制和固定的组织机构作为保证。群内固定组织机构只有充分发挥沟通、协调作用，才能使虚拟产业集群处于约束与灵活均衡、合作与竞争均衡的有序状态下运行。

（四）将两端碎片整合成“1”个生态平台

在很多产业领域，上游和下游都存在着大量的中小微企业，这样的情况使供应链的组织十分困难。这种情况下的供应链金融也难以展开，因为它无法依托债项结构或供应链体系开展金融性服务，因此，虚拟电子供应链（virtual e-chain，VeC）的重要性便凸显了出来。VeC 可以建构供应链价值生态网络，将两端的“碎片”（中小微企业）整合起来，产生运营协同化，推动两端共同发展，产生互联网供应链金融的价值。VeC 模型框架见图 9-7。

虚拟电子供应链是在虚拟网络环境下供应链协同运作的主要技术，它连接供应商、贸易伙伴和客户，使其成为一个有凝聚力、协同的实体。虚拟电子供应链与以往供应链的不同之处在于，后者采用的是整体化的网络结构，各个参与者一旦组织进供应链体系，其结构形态和活动是固定的，各自采用既定的方式开展供应链运营。虚拟电子供应链则不同，它采用的是模块化的网络结构，通过一个个区块组合成供应链体系，相互之间采用的是分布式协同运营，既能够充分发挥组织化的供应链优势，也具有很好的灵活性。这种价值生态网络更适合于中小微企业之间的互动，增强了中小微企业在价值网络中的地位和信用，促进了互联网供应链金融的顺利开展。

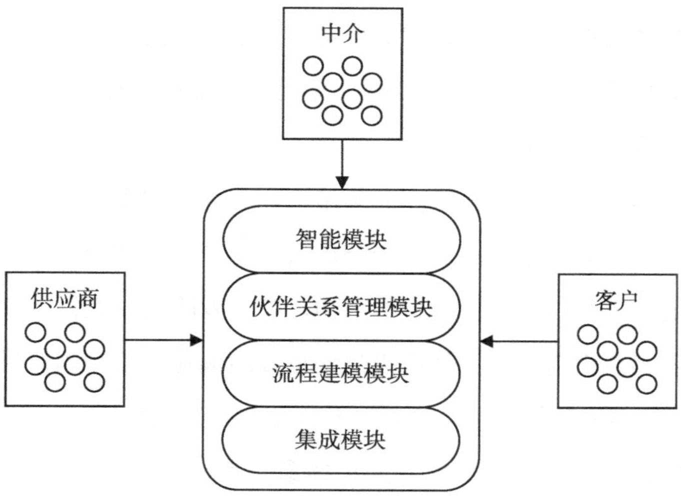

图 9-7　VeC 模型基本框架

七、供应链产业的多生态化

随着产业供应链生态化的发展，生态越来越重要，供应链中的金融逐渐从要素特征走向了生态化。在互联网、物联网、云计算、大数据的支撑下，供应链产业具有多生态化的特点，这里的多生态化既包括供应链运营的产业生态，也包括创客生态和金融生态，这些生态圈共同构成了互联网供应链金融运行的生态基础。

（一）供应链产业生态

供应链产业生态是围绕供应链运营所有参与主体共同组成的价值生态网络，相互之间通过互动共同创造知识，最终实现产业供应链的高效运营。具体来说，供应链的产业生态可以从三个维度来体现：供应链多层级化、与供应链多层级化相关的参与的主体多样化、供应链的业务高度集成化。

（1）供应链多层级化

产业供应链的日益复杂使得同一层级的参与者越来越多，层级也从原来的三层结构扩展到现在的多层结构，也就是从“供应商——制造商——经销商”到“包括供应商的供应商、客户的客户”等。

（2）与供应链多层级化相关的参与主体多样化

产业供应链生态体系的范围扩大，还包括了许多提供支撑服务的参与者，比如物流企业、仓储企业、第三方平台、分销商及其他组织。另外，政府部门、行业机构、金融机构、社会团体等大量的环境影响者也被包括在供应链产业生态中。

（3）供应链的业务高度集成化

供应链上游端的设计、采购，中下游端的加工、分销、商检、融资等业务活动都在统一的整体框架内高度集成，建构了一条完整、紧密的业务链。

（二）创业供应链和创客生态

创业供应链不是创业与供应链的简单结合，而是一种更为复杂的组合。在创业供应链中，参与企业对所依赖的价值资产形成了共同需求和依赖，这种关系已经超越了传统供应链中围绕核心企业运行的结构。参与者既可以根据共享的资产组织运营活动，也可以有意识地管理其资产以达到绩效最大化。正是创业供应链参与者满足客户特殊需求的能力及保持共同的多样化能力，使创业供应链能够取得成功。

创业供应链的实现得益于所有异质化的参与者，也就是所有创客的共同参与、努力、共享。“创客”源于英文 Maker，指不以盈利为目标，努力把各种创意转变为现实的人，是热衷于创意、设计、制造的个人设计制造群体。创客包括软件开发者、艺术家、设计师等诸多领域的代表，他们均以用户创新为核心理念。供应链中的创客指的是从事或参加创业供应链活动的主体。供应链创客的存在可以推动供应链的创建或持续更新，预防供应链刚性化或惰性化。

供应链创客具有确立供应链的知识可进入能力、共同演化能力、伙伴发展能力、供应链再概念化能力和反射性的控制能力（见图 9-8）知识可进入能力指的是能够获悉或利用合作伙伴拥有的知识的一种动态能力；共同演化能力是指企业内部或企业间进行合作以产生新的协同能力；伙伴发展能力包括知识分享、伙伴发展计划和伙伴培训，也就是说，伙伴发展能力主要指的是不断发展新的合作伙伴或培养现有伙伴新的能力；供应链再概念化能力指的是将非营利组织、政策制定者等新的非商业性伙伴整合进入供应链，共同推动供应链的可持续发展；反射性的控制能力指的是企业根据商业环境的要求不断地检验和评估自己的商业实践与战略以维持供应链运营中的基础功能。

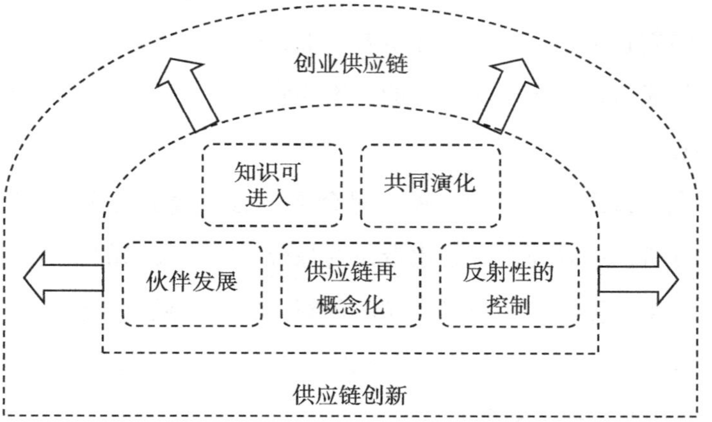

图 9-8　互联网供应链金融的创客生态

（三）金融生态

金融生态是指对金融的生态特征和规律的系统性抽象，本质反映金融内外部各因素之间相互依存、相互制约的有机的价值关系。随着技术的发展，金融生态应运而生，它具有多要素、多主体、多流程互动的特点。金融生态包括四个机制：自适应、高度链接性、不确定性和创新性。

金融生态系统是一种复杂的自适应反馈系统。提供和涉及金融的各个组织或主体能够与环境及其他主体发生交互作用，主体在这种交互活动中不断学习、积累，从而改变自身结构和行为方式。作为一种高链接性的网络结构，金融生态不同于简单的联结，而是一种有机的、有序的组织和互动。在这个过程中，连接点的规模和互联程度扩大，金融生态呈现出长尾状态。作为具有不确定性的金融结构，金融生态中对风险的判定表现在金融资产的定价上，网络链会加剧不确定性，因此定价呈现波动性或动态性。金融生态也是一种金融创新的集合，它的特点是一种结构性信贷，通过金融工具分散风险，集合成综合性的金融产品。

在互联网供应链阶段，金融生态在组成结构、金融产品、环境要素三个方面呈现出相互关联、相互作用的关系，共同推动了金融生态的发展。在组成结构上，金融生态呈现出多种形态，除了借方、贷方、担保方外，还包括其他各类相关的资金流管理参与者、信用评估机构、提供法律和其他服务的机构、商业银行和金融管理监管方，多主体各自发挥作用又相互配合，建立起有机整合的生态系统。在金融产品上，互联网供应链金融不仅涵盖了担保、保理、抵押等传统金融产品，还包括了信托、第三方支付、众筹等新兴金融产品。这种多融合性的特点，让它可以通过产品间的组合协同创新金融活动。在环境要素上，能实现金融产品和服务在供应链端对端分销传递的通道是支撑金融生态的关键要素之一，这种渠道决定了金融创新的程度和组织生态的规模、范围。

除以上三点，数据和技术的发展也对金融生态有着重要作用。通过数据获取、清洗、整合和分析，可以规避网络化带来的综合风险。技术的发展对金融生态的影响主要表现在三个方面：推动金融产品的创新，实现金融电子化；通过信息技术防范潜在风险；利用强大的储存处理功能突破时空限制，进行远程综合管理。

（四）生态体系的迭代效应

迭代是重复反馈过程的活动，其目的通常是为了逼近所需目标或结果。每一次对过程的重复称为一次“迭代”，而每一次迭代得到的结果会作为下一次迭代的初始值。生态体系的迭代效应，支撑了互联网供应链金融的发展。

通过产业供应链的运行及创客的创业性行为，监管方可以清晰地了解产业经状况、发展趋势、产品和服务的特点，进而实现有效监管，促进互联网供应链金融的发展。这包括明确互联网供应金融发展的法律、国家标准和政策，只有了解产业供应链运行中遇到的挑战和问题，有效获知创客创业过程中的阻碍，才能建构出适应互联网供应链金融发展的制度政策。

除了法律政策外，金融运营生态环境也需要立足于产业生态和创客生态基础。信用和定价是金融活动的基础，互联网供应链金融也正是通过互联网、物联网、云计算、大数据等技术掌握参与者的信用，并以此为根据提供定价合理的金融服务。定价是互联网供应链金融的关键，定价要在保证供应链可持续运行的基础上做到风险可控。事实上，任何超出保障供应链参与者最基本运营所能承担的利率都是“高利贷”，这种利率会加重中小企业的负担。要想保证供应链可持续运行，就必须使利率保持在合理水平，降低中小企业的融资成本。这就需要全面、真实地把握供应链的整体信用，这样才能降低融资成本，做到风险可控，避免金融危机。创客生态能通过创业行为和对传统供应链的打造，帮助投资者分析创客的资源和能力。产业生态通过多层供应结构、多样化组织合作和经营系统，分析交易结构、物流结构和相应流程，评估产业和市场竞争力。这样才能更好地建立其完善、体系化的信用，保证互联网供应链金融的实施和定价。

金融要素创新是创客和产业生态迭代下的又一个特征，在互联网供应链金融阶段，金融不仅仅是要素，更是一种生态。创客和产业生态对金融生态的推动主要反映在三个方面：投资者或资金渠道方式的拓展、资金支付方式的改变、金融产品创新。

在互联网供应链金融中，资金的来源从单一的银行变得日益多样化，基于良好的资产和信用揭示，吸引了风险投资、天使投资、信托、众筹等众多投资者或投资渠道。资金来源的日益多样化大大提高了供应链运营效率，增强了中小企业的融资能力，提高了资源配置效率，优化了企业资产。

为了适应创客和产业生态交易的复杂性、主体多样性，第三方支付在互联网供应链金融阶段成为一种重要的资金支付方式。第三方支付是一些和产品所在国家以及国外各大银行签约并具备一定实力和信誉保障的第三方独立机构提供的交易支持平台。在通过第三方支付平台的交易中，买方选购商品后，使用第三方平台提供的账户进行货款支付，由第三方通知卖家货款到达，进行发货；买方检验物品后，就可以通知付款给卖家，第三方再将款项转至卖家账户。第三方担当中介保管及监督的职能，并不承担什么风险，所以确切地说，这是一种支付托管行为，通过支付托管实现支付保证。第三方支付的优点在于：比较安全，信用卡信息或账户信息仅需要告知支付中介，而无需告诉每一个收款人，大大减少了信用卡信息和账户信息失密的风险；支付成本较低，支付中介集中了大量的电子小额交易，形成规模效应，因而支付成本较低；使用方便。对支付者而言，他所面对的是友好的界面，不必考虑背后复杂的技术操作过程；支付担保业务可以在很大程度上保障付款人的利益。

在互联网供应链金融阶段，金融产品的形式不仅包括保理、动产融资、预付款融资、小贷等金融产品，还包括福费廷、融资租赁、资产证卷化等产品。

融资租赁（Financial Leasing）又称设备租赁（Equipment Leasing）或现代租赁（Modern Leasing），指出租人根据承租人对租赁物件的特定要求和对供货人的选择，出资向供货人购买租赁物件，并租给承租人使用，承租人则分期向出租人支付租金，在租赁期内租赁物件的所有权属于出租人所有，承租人拥有租赁物件的使用权。租期届满，租金支付完毕并且承租人根据融资租赁合同的规定履行完全部义务后，对租赁物的归属没有约定的或者约定不明的，可以协议补充；不能达成补充协议的，按照合同有关条款或者交易习惯确定，仍然不能确定的，租赁物件所有权归出租人所有。

资产证券化是以特定资产组合或特定现金流为支持，发行可交易证券的一种融资形式。通俗而言就是指将缺乏流动性但具有可预期收入的资产，通过在资本市场上发行证券的方式予以出售，以获取融资，以最大化提高资产的流动性。根据证券化的基础资产不同，可以把资产证券化分为不动产证券化、应收账款证券化、信贷资产证券化、未来收益证券化（如高速公路收费）、债券组合证券化等类别。资产证券化的主要特点是利用金融资产证券化可提高金融机构资本充足率；增加资产流动性，改善银行资产与负债结构失衡；利用金融资产证券化来降低银行固定利率资产的利率风险；银行可利用金融资产证券化来降低筹资成本；银行利用金融资产证券化可使贷款人资金成本下降；金融资产证券化的产品收益良好且稳定。

总之，生态体系的迭代效应对互联网供应链金融的发展起到了巨大的推动作用。创客和产业生态为金融生态的建构和创新提供了支撑的平台基础，而金融生态的建立和完善又有利于推动创客和产业生态的建立和发展。互联网供应链金融既有利于解决创客创业过程的资金需求，又有利于产业生态的稳定和发展，为产业供应链的更新发展提供机会。

第十章　P2P 供应链金融

P2P 即点对点网络借款，属于一种互联网金融产品模式。该模式是将小额资金聚集起来，借贷给有一定资金需求的人群的一种民间小额借贷模式。这种模式借助于互联网以及移动互联网技术建立网络信贷平台，为投资方和资金需求方提供相关理财和金融服务。

然而，P2P 的火爆发展带来了很多问题，投资风险比较大，市场上出现了很多短期诈骗和庞氏骗局，为投资人带来了重大损失。

随着供应链金融的不断发展，P2P 平台搭载上供应链金融的顺风车，通过供应链金融来消除或减少 P2P 风险，就可以为投资人以及供应链各企业提供更佳的融资服务。

一、P2P 供应链金融产生的原因

P2P 供应链金融的产生是时代发展的结果。

传统的供应链金融为“1+N”模式，也就是以核心企业为中心，建立一条原材料采购、加工产品、销售，集合供应商、制造商、分销商和零售商的供应链，同时为链上各成员提供融资服务，以此来提高供应链价值。但这一阶段的供应链融资主要是在线下，信息较为闭塞，银行难以评估融资真实性，容易出现假仓情况，风险很大。

供应链金融转到线上以后，银行对供应链的监控比较严格了，银行与供应链企业之间建立了一个封闭的管理系统，能够更好地掌控企业的现金流，保障还款来源。

到了电商供应链金融情况下，平台实现了点对点式的监控，资金流、物流、商流和信息流都处于闭环管理之中。

电商平台型企业以及核心企业想要切入供应链金融，主要有以下方式，如图 10-1 所示。

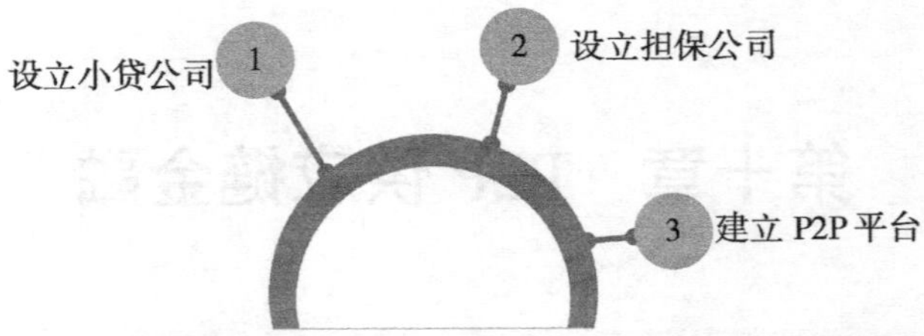

图 10-1 电商平台型企业与核心企业切入供应链金融的方式

（1）设立小贷公司

小贷公司主要是利用自有资金向上下游企业发放贷款，获取利息收入。这一模式的优点是贷款利率高，上限为贷款基准利率的 4 倍，年化利率在 15% 左右，而且这一模式的审核放款速度快，期限比较灵活；不过，这一模式的缺点也十分明显，资金来源受限制严重，只能是股东缴纳的资本金、捐赠资金和从银行融入的资金等，这就限制了这一模式的发展，难以做大。

（2）设立担保公司

用本企业资信为上下游各企业做担保，使其能够获得金融机构的贷款，而自己从中获得担保费。不过，银行对担保公司的资质要求很严格，且需缴纳 10% 的保证金。因此，这一模式面临着资金瓶颈，再加上银行审批速度很慢，中小企业周转资金的需求很难得到满足。

（3）建立 P2P 平台

对于那些有着融资需求的中小企业和有理财需求的个人来说，这一方式有着巨大的需求。通过建立 P2P 平台，企业可以依靠手续费和服务费赚取大概 2% 的利差。一般来说，主流 P2P 平台的利率在 10% 左右，审核放款流程在 7 日之内，这对中小企业的吸引力很大。再加上这一模式没有资金的上线，可以迅速地复制，做大规模。然而，建立 P2P 平台需要企业的运营能力、技术能力和风控能力都很强才行，而且在建立平台的前期要投入很大的人力和财力。

相比于小贷公司和担保公司，建立 P2P 平台可以说是实现供应链金融业务快速发展的最佳选择。由于核心企业具备多年的行业经验，有专业的信息获取、风险控制技术，能够通过金融脱媒迅速摆脱资金来源和资金成本的困扰，因此将 P2P 金融模式与产业背景相融合也越来越成为互联网金融的热点。

除了以上 P2P 平台的相对优势以外，P2P 供应链金融产生的原因还在于 P2P 平台与供应链金融急迫需要协同发展，原因在于以下三点，如图 10-2 所示。

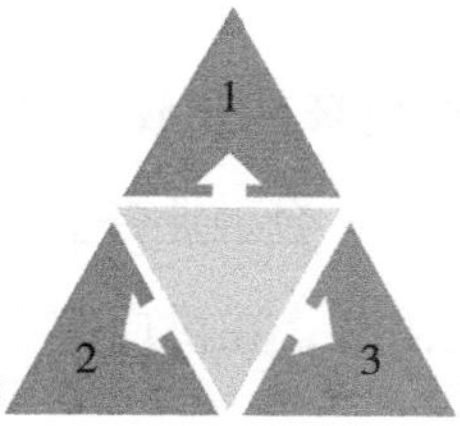

图 10-2　P2P 平台与供应链金融协同发展

1.P2P 平台风险越来越大

通过过对各种类型的 P2P 平台进行观察和分析就可以看到，我国现阶段的 P2P 行业实际上是民间借贷市场的网上版本，很多 P2P 平台与小贷公司紧密合作，有的甚至直接归属于小贷公司。这样一来，讨论 P2P 平台的发展速度和数据意义就没有什么用处了。

与小贷公司联系到一起的 P2P 平台，只不过是增加了小贷公司提供的资产端，但因为其难以规模化和标准化，对其风险也难以控制。

金融行业的利差和风险不可兼得，利差越小，风险越小。P2P 平台要想实现安全可持续发展，就必须解决规模和安全问题，而没有一定规模，可持续性就无法达成。

因此，P2P 平台要与规模大且风险可控的资产端对接，只有这样才能实现安全可持续的发展目标。

2.P2P 供应链金融符合政策导向

供应链金融自从产生以来就以服务实体经济为目的，主要是为中小企业融资。服务实体经济、改善中小企业的融资环境是国家对金融市场和信贷政策系统的基本要求。

因此，P2P 平台与供应链金融对接，不仅可以利用供应链对商流、物流、信息流和资金流的控制来降低风险，还可以将 P2P 平台的金融服务与供应链对接，以此来实现服务实体经济的金融本质，这正符合国家政策导向。

3.P2P 供应链金融对贷款的风控能力很强

对贷款风险的管理控制能力是 P2P 平台成功的关键因素之一。P2P 供应链金融可以基于产业经营背景，通过“商圈平台＋交易场景＋大数据”来构建风险可控的模型，结合线下交易场景，掌握融资主体的资金需求和资产情况，把握借款的实际投向。

到目前为止，供应链金融业务越来越开放，银行、电商和互联网金融机构根据不同的市场属性，进一步补充和完善了金融业务。P2P 供应链金融业务较好地弥补了 8%~18% 融资区间的中小企业融资需求，在供应链金融风口上应运而生。

二、P2P 平台开展供应链金融的优势

P2P 平台可以通过各种方式进入那些需求旺盛的行业开展供应链金融业务。P2P 平台开展供应链金融业务具备三大显著优势，分别是国家政策支持、互联网技术支撑以及供应链金融市场潜力大。

（一）国家政策支持

国家一直以来对中小企业、小微企业进行政策扶持，不断强调金融要回归本质，减少泡沫，促进实体经济发展。P2P 平台与供应链金融的结合正顺应了这一趋势，为中小企业提供了良好的资金支持。

国家对中小企业的政策支持由来已久。

1. 新“国九条”财政金融政策

2014 年 5 月 9 日，国务院发布了《关于进一步促进资本市场健康发展的若干意见》，这就是新“国九条”。

新“国九条”针对小微型企业的政策扶持主要体现在以下几点。

（1）政策要求金融机构对小微型企业贷款的增速不得低于全部贷款平均增速。

（2）不断推进交易所市场及场外市场的建设，让小微型企业股权质押融资环境变得越来越好。

（3）对单户授信 500 万以下的小微型企业加大信贷支持，扩大该类企业集合票据、集合债券和短期融资券的发行规模，积极稳妥发展私募股权投资和创业投资等融资工具。

（4）允许商业银行将单户授信 500 万元以下的小微型企业贷款看做以个人为对象发放的贷款来计算风险权重，从而降低资本占用。

2.“金融 18 条”

政府发布的“金融 18 条”意见明确指出，要把改进中小型企业的金融服务、扩大中小型企业信贷投放作为各金融机构开展信贷业务的重要战略，以保证中小型企业的信贷增速高于全部贷款平均增速，增量要高于上一年。

（1）确保新型农村金融机构和小额贷款公司稳步发展，使之服务于县域中小型企业。

（2）鼓励各银行业金融机构到未开设金融机构的乡镇开设村镇银行和贷款公司。

（3）对小额贷款公司进行规范发展，加强风险防范，并把那些符合条件的小额贷款公司转成村镇银行。

（4）大中型商业银行在确保自身不受风险影响的前提下，可以为小额贷款公司提供资金，但不能超过小额贷款公司自身资本净额的 50%。

（5）为那些技术创新型中小企业提供创新创业风险保障。积极开发新型保险产品，鼓励保险机构为中小型企业开发各种保险产品，并合理制定对中小型企业的保险费率。

（6）改善科技型中小型企业的融资环境，并对中小型企业发行债务融资工具开辟绿色通道。

3. 其他国家文件

（1）2015 年 7 月 18 日，人民银行联合十部委共同引发《关于促进互联网金融健康发展的指导意见》。

（2）2015 年 11 月，十三五规划明确指出“规范发展互联网金融”。

（3）2016 年 2 月 14 日，《关于金融支持工业稳定增长调结构增效益的若干意见》出台，指出要大力发展应收账款融资，让更多供应链参与到应收账款质押融资服务平台。

（二）互联网技术支撑

P2P 供应链金融属于互联网金融范畴，互联网技术支撑是其发展基础。互联网在供应链金融中可以解决信息不对称问题，主要体现在以下几个方面，如图 10-3 所示。

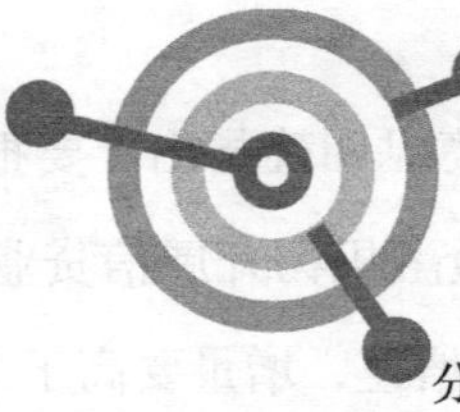

图 10-3　P2P 供应链金融的互联网技术支撑

1. 降低信息传递成本

互联网技术的应用可以创造出一个符合整个供应链企业的平台产品，将贸易过程中的物流、信息流和资金流整合在这个平台，降低信息传递成本，减少信息传递过程中的误差，从而提高工作效率。

2. 降低金融风险

通过互联网技术，金融机构可以对供应链上的各企业、仓储公司和第三方物流公司进行监控，准确掌握交易进展，降低自身风险识别成本，提高融资的安全性和效率。

3. 分析客户交易行为

通过应用互联网大数据，金融机构可以对客户的交易行为进行分析，建立风控模型，从而使风险可识别化，降低整个供应链的融资风险。

（三）供应链金融市场潜力大

从各媒体以及专业机构发布的消息可以看出，供应链金融的市场潜力巨大。

（1）到目前为止，中小企业在国内企业的总体数量中占比 80% 以上，一共贡献了大概 65% 的 GDP。

（2）供应链金融在发达国家的增长率为 10%~30%，而在发展中国家的增长率为 20%~25%。每年供应链融资额度 10 万亿元以上的蓝海市场正在不断开启。

（3）科法斯发布的《中国企业信用风险状况调查报告》显示，赊账销售已经成为企业之间最广泛的支付方式。高比例的赊销状态往往对于中小企业很不利，容易带来资金短缺问题，增加了企业的财务成本。

（4）2015 年上半年，全国范围内的融资租赁公司、内资融资租赁公司和外资融资租赁公司总计 1 500 家以上，资产总规模达 2.7 万亿元以上。据估计，市场规模将在 2020 年达到 12 万亿元。

（5）根据预测，我国供应链金融市场规模在 2015 年为 12 万亿元，到 2020 年将会达到 15 万亿元左右。

（6）2015 年，沪深两市的 700 家上市公司中，有 600 家公司应收账款总额超过 5 600 亿元，3 年期以下的应收账款占比将近 70%。

（四）深耕产业，实现客户沉淀

P2P 平台与供应链金融对接之后，P2P 平台的服务对象就不再只是单一客户，而是一个链条上的客户群体。该群体包括供应链上游供应商、制造商和下游经销商、零售商。

P2P 平台不仅可以给核心企业进行融资，还可以通过核心企业与上下游企业逐渐建立起长久的合作关系，最终形成对整条供应链群体进行金融服务的经营模式。

三、P2P 供应链金融行业发展情况

随着互联网技术的发展，P2P 平台如雨后春笋般不断出现，并积极对接供应链金融。到目前为止，P2P 供应链金融发展势头迅猛，P2P 平台通过各种方式参与供应链金融，并已进入精细化阶段。

（一）P2P 平台供应链金融发展概况

到目前为止，P2P 平台涉足供应链金融的企业已有 20 多家，涉及的行业主要有大宗商品、房地产、农业、制造业等。通过对这些平台的基础信息进行分析，我们可以发现这些平台具有四大特点。

1. 集中在一线城市

P2P 网贷圈涉足或者部分涉足供应链金融业务的平台主要分布在一线城市，尤其是北京和广东。

2. 平台上线时间比较集中

涉足供应链金融业务的平台上线时间集中分布在 2014 年和 2015 年，这也是网贷行业掀起供应链热潮的时间。

3.P2P 平台涉足供应链金融有门槛

涉足供应链金融业务的 P2P 平台大多数是有背景的平台，占比约 70%，这也间接证明了供应链金融业务存在进入门槛。

4.P2P 供应链金融涉足具有高频小额融资需求的行业

P2P 供应链金融涉足的行业主要是制造、零售和工程建设等行业，这些行业具有

高频、小额的融资需求。

（二）P2P 平台涉足供应链金融的方式

通过分析涉足供应链金融业务的 P2P 平台，我们可以发现，P2P 平台涉足供应链金融业务的方式主要有五种。

1. 与核心企业合作

核心企业在供应链中具有强势地位，与供应链上下游各企业都有贸易往来，再加上核心企业规模很大，实力雄厚，质押资源很多，很少出现无法偿还账务的情况。因此，P2P 平台与之合作，以该企业为对象进行融资，并将其打包成短期项目发布到平台上，吸引投资人投资。融资方可以持有核心企业开立的商业承兑汇票，质押在 P2P 平台进行融资，核心企业承诺到期兑付。合作过程如图 10-4 所示。

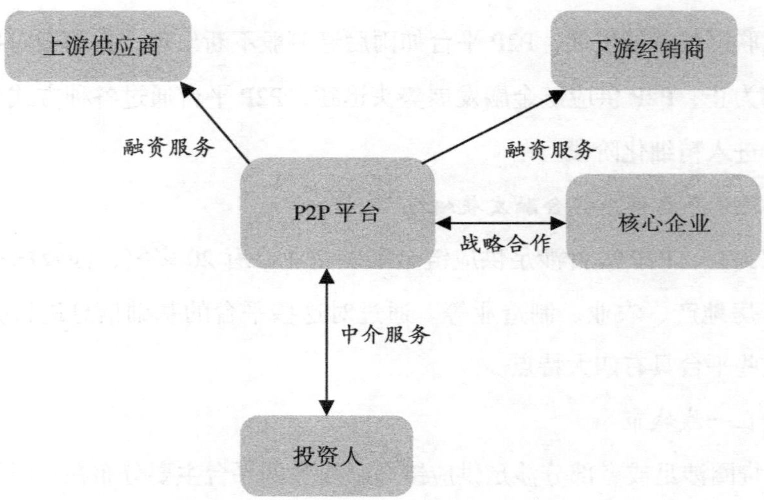

图 10-4　P2P 平台与核心企业合作

2. 大宗商品企业自建 P2P 平台

所谓大宗商品，是指大批量进行买卖的商品，比如原油、钢铁、煤炭等。大宗商品交易商在供应链金融业务中具有很多优势，它的交易量大，产品易存储和运输，易于标准化。

不过，在行业不断细分的背景下，大宗商品的利差空间不断减少，大宗商品交易商必须寻找新的业务增长点，而供应链金融的快速发展为大宗商品交易商提供了一个新的业务增长点。

大宗商品交易商选择自建 P2P 平台，主要是因为其自身对资金的需求存在期限短、金额灵活、流动性强的特点。通过自建 P2P 平台，不仅可以满足自身的融资需求，还可以为存在投资需求的投资人提供项目。

当然，在选择进入供应链金融之前，大宗商品交易商首先要确定自己在供应链上的优势，并加强风险控制。因为大宗商品交易商自建 P2P 平台与其他 P2P 项目相比，涉及金额较大，如果出现坏账或者逾期，应该立即启动应急方案，将损失减少到最低。

大宗商品交易商自建的 P2P 平台结构如图 10-5 所示。

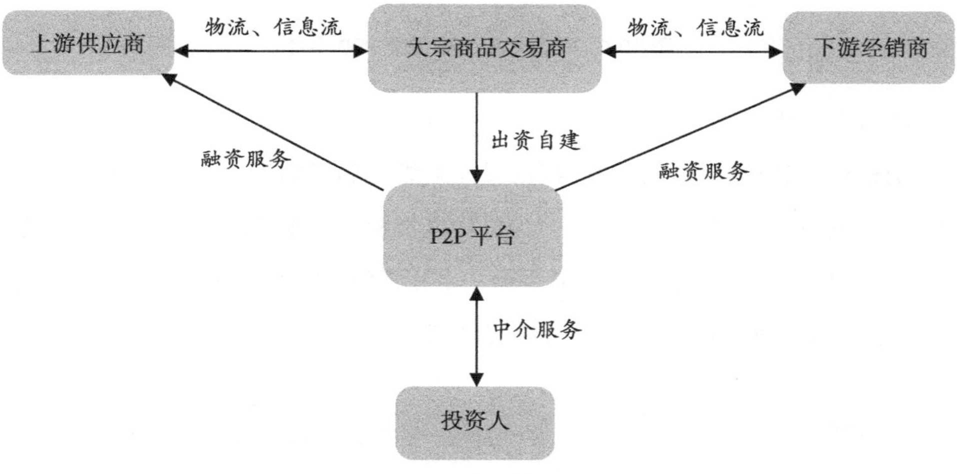

图 10-5　大宗商品交易商自建 P2P 平台

3. 核心企业出资设立 P2P 平台

核心企业之所以出资设立 P2P 平台，主要是为了解决供应链上下游各企业的融资需求，从而让供应链的运作速度更快，加强整个供应链的竞争力，进而实现增加利润、开拓更广阔市场的目的。

由于核心企业与上下游各企业之间存在大量贸易往来，它已经掌握了大量交易信息，对上下游企业的财务、实力以及信用等状况都了如指掌。当把这些信息传给 P2P 平台以后，经过平台审核成功，便可以为上下游企业提供融资。图 10-6 所示为核心企业出资设立的 P2P 平台结构示意图。

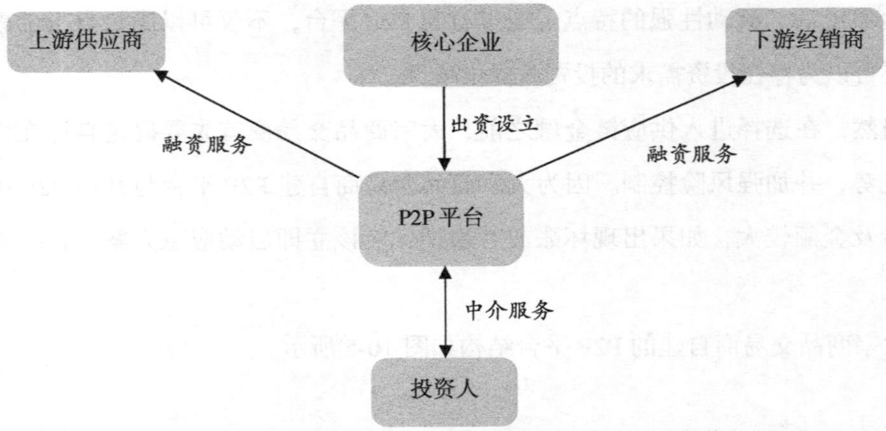

图 10-6　核心企业出资设立 P2P 平台

4. 机构发起设立

所谓机构，是指以某种相同的特征或元素组建起来的组织。这类机构往往具备某种优势，通过出资自建 P2P 平台，为机构成员提供金融服务，从而解决成员的融资需求。比如，某学院发起成立 P2P 平台，专注于为学院的校友企业提供融资服务。

机构发起设立的 P2P 平台结构如图 10-7 所示。

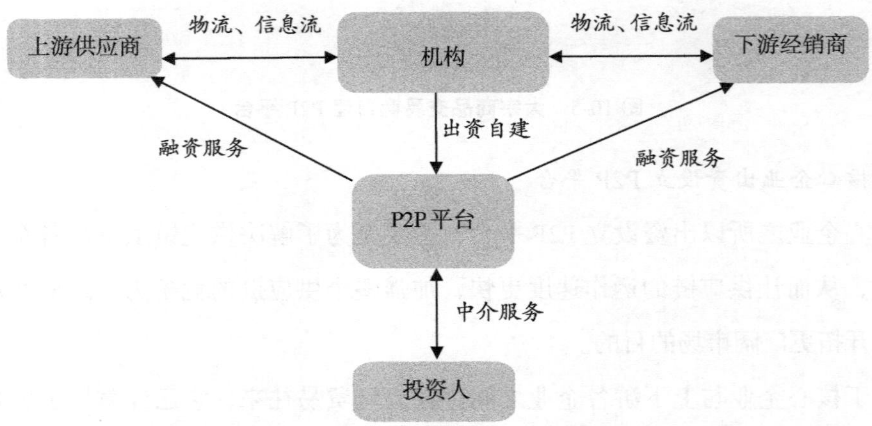

图 10-7　机构发起成立 P2P 平台

5.P2P 平台与保理和小贷公司合作

P2P 平台与保理和小贷公司合作的具体操作流程为：供应商首先获得对核心企业的应收账款，将其转让给保理商，让保理商为其提供融资服务。然后，保理商向 P2P 平台申请融资。P2P 平台会将供应商的应收账款打造为投资标的，等待投资人进行投资。最后，等收到应收账款后，保理商收回本息，支付给 P2P 平台，再经过平台发放给投资人。这一流程如图 10-8 所示。

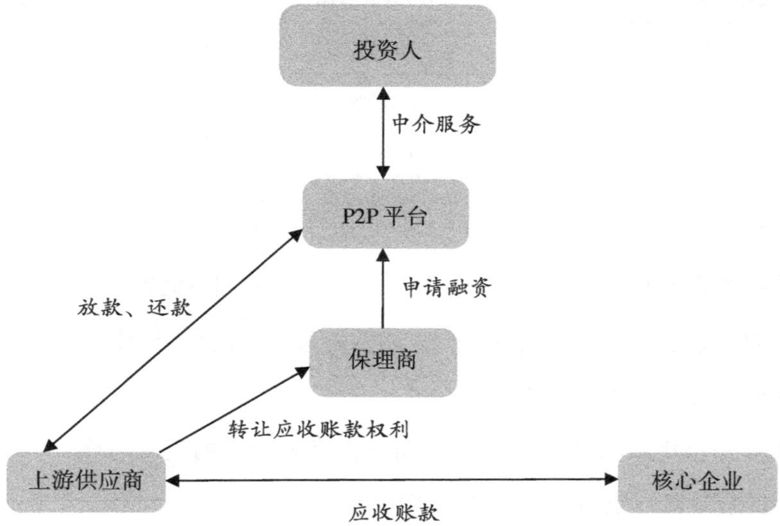

图 10-8　P2P 平台与保理和小贷公司合作

（三）涉足供应链金融的平台特点

P2P 行业已经由过去的野蛮生长进入到精细化阶段，然而，这一阶段的 P2P 平台数量仍然很多，质量良莠不齐，各种有损行业形象的事件仍时有发生，而且优质资产不断减少，使 P2P 行业面临着生存危机。供应链金融的快速崛起，使 P2P 行业又看到了发展的希望。

P2P 平台选择与供应链金融结合，能够有效控制风险并从中持续获得优质资产，从而抓住机会实现转型。据数据统计，目前涉足供应链金融业务的平台有 20 多家，呈现出以下特点。

1. 供应链金融利率低于行业均值

在最近几年，网贷行业渐趋理性回归，利率不断下降，与之相比，供应链金融的利率基本保持相对稳定的状态，只是略有波动。总体而言，供应链金融的利率在 10% 左右，仍低于行业平均利率。

2. 资产端融资周期短，融资额度小

P2P 供应链金融的借款期限一般较短，成交额多数为小额借款。P2P 平台的供应链融资特点较好地契合了供应链融资的属性。表 10-1 所示为不同借款期限下标的数量和成交额占比。

表 10-1　不同借款期限下标的数量和成交额占比

借款期限	标的数量占比	成交额占比
1 个月以下	30.41%	7.51%
1~3 个月	30.35%	34.17%
3~6 个月	19.37%	16.09%
6 个月以上	19.86%	42.23%

P2P 平台更偏向于短期小额标的，是因为这种标的回款时间短，流动性强，在行业问题频出的背景下，这种方式更安全，能做到兼顾收益和安全性。

3. 贷款余额增速远高于行业

贷款余额是指借款人在某一节点日期为止尚未归还的贷款总额，等于贷款总额减去已偿还的贷款额。贷款余额为资产指标。

根据数据来看，P2P 行业贷款余额以平均 10% 左右的速度增长，而且基本上远高于行业整体增速。这说明供应链金融的发展势头非常强劲。

4. 借款人融资频繁

P2P 平台的借款端平均融资次数为 5.85 次，这与供应链融资小额高频的特点相一致，但是供应链融资相对来说更加频繁。融资次数在 10 次以上的借款企业占比，供应链融资要比 P2P 平台融资高出 17.96%。

5. 新增投资人投资金额高于行业水平

2015 年，供应链金融业务新增投资人数远高于行业水平，当出现资产荒的严峻形势时，供应链金融的投资人数仍在增加。尽管供应链金融类标的的人均投资低于行业水平，但凭借不断增长的投资人数，投资金额已经高于行业水平。这反映出供应链金融标的供不应求。

四、P2P 平台涉足供应链金融业务的利好

P2P 平台涉足供应链金融业务能够产生巨大的经济效益，不仅对 P2P 平台有利，也能促进融资方的发展。

（一）对 P2P 平台的利好

P2P 平台与供应链金融结合以后，P2P 平台本身的缺点得以改善，有利于增加市场信心，帮助 P2P 行业重建信誉，扩大规模。

关于 P2P 平台涉足供应链金融业务的利好，主要有以下几点。

1. 迅速做大规模

通过涉足供应链金融，P2P 平台可以直接与核心企业进行合作，有了更为稳定可靠的项目来源。P2P 平台可以在真实贸易的基础上抵押融资企业的应收账款和存货，并且在合作过程中会对融资企业进行严格审查，从而大幅度降低风险。

由于核心企业的信用和担保，P2P 平台可以向产业链上下游延伸，不断扩大融资规模，满足企业群需求，从而迅速做大资产规模。

2. 良币驱逐劣币

P2P 行业鱼龙混杂，很多 P2P 公司存在不规范操作以及欺诈行为，给 P2P 行业带来了十分恶劣的影响。

P2P 平台与供应链金融服务业务相结合以后，劣币驱逐良币的现象得以遏制。P2P 投资人终于领悟到，盲目追赶不依附于实体经济的高息投资并不会带来很好的结果。投资人开始冷静思考，并逐渐回归到理性投资。

投资人的理性回归正好是整个 P2P 供应链金融发展的有利契机，也是 P2P 供应链金融行业良币驱逐劣币的有利时机。只要抓住这个机会，P2P 供应链金融业务便可趁势发展壮大。

因此，P2P 供应链金融服务平台公司应该着力打造优质平台，健全风控安全体系，让金融服务产品呈现出资产多样化、产业链全程化以及灵活化的特点。

3. 隔离投资泡沫

P2P 供应链金融服务平台要想做大、做强，需要专注供应链行业，深挖市场，管控好货值以及核心企业的信用。正是基于此，供应链金融不会像其他金融类产品那样面临全损威胁，具有较高的安全性。

在 P2P 供应链金融服务产品平台中，其实有很多商品标的的利润率并不会很高，因此追求特高额的投资利润是实现不了的，假如有人声称他们的平台能够有高额利润，那么基本上可以视其为一个骗局。P2P 供应链金融服务产品不能脱离于实体经济的一般利润率而去追求高投资回报，这种海市蜃楼般泡沫型的投资者必将被平台拒之门外。

4. 政策利好

2016 年 1 月 15 日，有关部门印发了《推进普惠金融发展规划（2016—2020 年）》，首次从国家层面确立实施普惠金融的战略规划。

该规划从多个方面提出了一系列政策措施和保障手段，包括健全多元化覆盖的机构体系、创新金融产品和服务手段、加快推进金融基础设施建设、完善普惠金融法律法规体系、发挥政策引导和激励作用、加强普惠金融教育和金融消费者权益保护以及组织保障和推进实施等。

该规划确立了推进普惠金融发展要坚持的五大原则，如图 10-9 所示。

图 10-9　推进普惠金融发展坚持的五大原则

P2P 供应链金融服务业务正好与这些原则相吻合，该行业的发展既能惠及中小企业，也能为实体经济和就业提供支持。

（二）对融资方的利好

P2P 供应链金融不仅对 P2P 平台有利，也极大地解决了中小企业等融资方的融资难题。P2P 供应链金融对融资方的利好主要有以下几点。

1. 缓解中小企业融资难

由于中小企业的信用度较低，风险识别成本较高，因此它们很难从传统金融机构获得融资。P2P 供应链金融正好为中小型企业开辟了一条新的融资渠道。

P2P 供应链金融服务贯彻于供应链的各个环节，可以借助核心企业的信用提升中小企业的信用，从而提升中小企业的融资能力。

P2P 供应链金融可以为中小企业提供多种多样、灵活性的融资模式，包括但不限于应收账款融资、货物质押融资、仓单融资、代理采购等，加速了中小企业的资金流动性，解决了中小企业融资难的问题。

2. 为中小企业提供全面的综合金融服务

中小企业在各个贸易阶段都会有融资需求，而 P2P 供应链金融有应收账款、差额回购、仓单质押、现货质押、保理、代理采购等金融服务产品，可以满足各个贸易阶段的融资需求，并通过结算、担保和账款管理等关键点功能为中小企业提供综合金融服务。这样一来，P2P 供应链金融就密切联系了实际融资需求，较好地把控了信息和资金的流向以及用途。

3. 与金融机构现有业务系统无缝对接

供应链金融平台采用 SOA 架构，平台包括业务流程管理、客户信息管理、监管商信息管理等十几个业务管理模块，均运用组件式的设计模式，标准的业务活动利用业务流程管理能有效地串接银行现有的风险管理系统、支付结算系统、核心系统、第三方系统，完成业务流程的可视化配置，与第三方系统无缝对接。

企业客户可通过 ERP、客户登录入口、电子商务平台、便携操作终端等操作渠道进行在线业务申请、办理。企业服务平台完成对企业金融服务的接口，围绕企业打造便捷的金融服务中心。

图 10-10 所示为供应链金融平台系统架构。

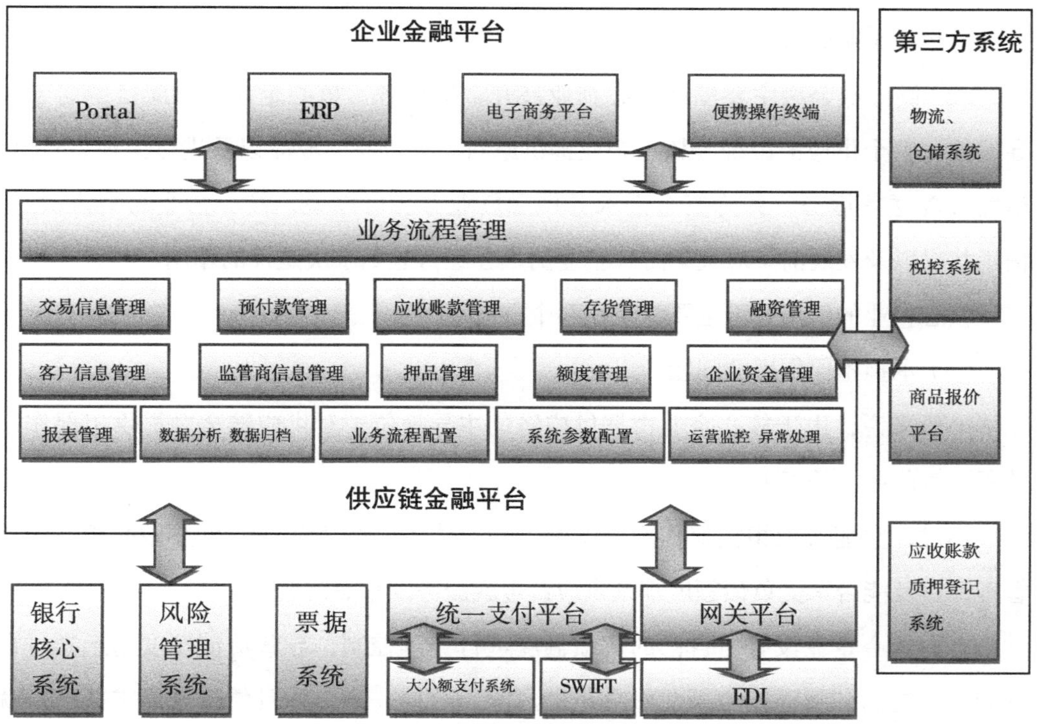

图 10-10 供应链金融平台系统架构

4. 为客户提供便捷的在线金融服务

P2P 供应链金融服务平台可以作为 P2P 公司对各企业提供全方位金融服务的基础平台。它不仅可以对接大型企业的 ERP，为中小型企业提供在线操作平台，还可以扩展对接电子商务平台。所有这些金融服务操作都可以通过 P2P 供应链金融平台提供的服务接口和操作入口等在线金融服务进行办理，从而使链上各企业与 P2P 金融服务公司实现无缝对接。

五、P2P 供应链金融面临的风险

尽管 P2P 供应链金融可以减少融资风险，但不代表毫无风险。其实，P2P 供应链金融也存在各种各样的风险，包括供应链主体信用风险、交易背景真实性风险、业务操作风险、物流监管方风险以及担保资产的价值风险等。

（一）供应链主体信用风险

供应链主体主要分为核心企业以及上下游企业。对于这两者而言，其信用风险并不相同，需要 P2P 供应链金融平台仔细监督，敏锐察觉，从而防范风险。

1. 核心企业的信用风险

P2P 供应链金融主要围绕核心企业展开金融服务。核心企业在供应链中居于主导地位，整个供应链围绕着核心企业提供原料、半成品、成品以及进行销售、仓储、运输和配送等服务，并为资金需求开展融资业务。可以说，核心企业的经营状况、信用状况以及发展前景对上下游各企业的生存经营起到了决定性的作用。

核心企业的信用风险主要体现在两个方面。

（1）承担担保作用的问题

一般来说，由于核心企业占据供应链的主导地位，对供应链金融提供担保作用的职责就落在它的肩上。

不过，它能否承担担保作用，能否为债权债务进行确认或认可并做好相关资金管理，以及能否承受负债额度都是供应链金融服务的重点问题。

有的核心企业没有对自己的负债额度进行合理控制，导致负债额度远远超过自身的兑付能力，从而产生了无法兑付的风险。这样一来，一旦债权人要求兑付，就很有可能引爆债务危机，使整个供应链出现兑付危机。

（2）核心企业的地位发生变化

一旦金融行业产生重大变化，面临调整，核心企业的行业地位很有可能发生相应变化。这时，P2P 供应链金融服务平台应该敏锐地觉察到其中的变化，不能再以老眼光看待核心企业。当核心企业面临危机四伏的情形时，很有可能会与上下游串通合谋，套取大量融资之后跑路，而 P2P 公司却深陷虚假融资泥潭不能脱身，围绕核心企业产生的信用风险对自身产生重大不利影响。

2. 上下游企业的信用风险

在供应链金融中，上下游的中小企业是融资主体，而这些企业普遍存在治理结构不健全、技术力量薄弱和资产规模较小等缺点，而且没有核心技术，抗风险能力也较差。

除了以上客观缺点，一些中小企业还存在经营透明度不够、规范性差等问题，为了避税或者降低成本，准备两套甚至多套账，向 P2P 供应链金融服务公司提供虚假的财务报表以及经营数据，甚至出现虚假的注册资金。

这些企业为了规避最终风险，用资金过桥形式完成注册资金实缴义务，成功之后便迅速抽出，并用在现实中与公司经营无关的事务中。

为了逃避公司经营中可能承担的经济责任和法律风险，这些企业会让与公司经营无关的人员作为法定代表人。这些法定代表人一般没有多少资产，有的甚至没有法律责任观念。这些公司一般都存在重大的信用风险。

当然，除了中小企业自身的风险因素之外，中小企业的信用风险还受到供应链整体运营情况、与上下游企业的合作情况以及业务交易情况等各种因素的影响。可以说，任何一种因素都有可能引起上下游中小企业的信用风险。

（二）交易真实性风险

自偿性贸易融资是根据企业的真实贸易背景以及上下游企业的资信实力，以单笔或者额度授信方式为企业提供银行短期金融产品和封闭贷款，当企业获得销售收入时会直接进行还款的融资业务。

根据自偿性贸易融资的定义就可以看出，自偿的根本依据是源于贸易背景的真实性。

P2P 供应链金融平台开展的金融服务必须依据各实体经济主体之间的真实交易，以应收账款、预付账款、存货为抵押或质押手段为企业提供融资服务。

如果交易不具备真实性，交易合同是伪造的，交易过程存在重大瑕疵，或者存在虚假的贸易情况，融资平台所融资金就无法对应真实的应收账款、预付账款和存货货权，会对出借人形成重大的回收风险。因此，P2P 供应链金融平台一定要审核企业之间的贸易背景，确保在真实贸易背景下进行授信融资，从而避免巨大的逾期风险。

（三）操作风险

在业务操作中产生的风险主要是因为从业人员的心态出现问题而导致的。

P2P 供应链金融平台上的服务产品需要进行精心设计并严格执行。然而，有些 P2P 供应链金融服务平台只关注如何尽早收到平台服务费，吸引企业或者投资人投资，却对融资客户用款方面的风险疏于控制，在融资中以及融资后都没有进行管理和风险处置，忽视了细节在发放贷款中的重要性，设计出的操作运行体系存在漏洞，形成了操作风险的一大源头。

要想消除这种操作风险，就必须设计严密规范的产品，并配以完善的执行力和操作制度。

除了上述设计问题之外，从业人员的素质也是影响操作风险的一大因素。金融从业人员一定要养成严谨、细心的工作习惯，在推进业务时以操作规范为尺度，不能因为时间紧迫或者为了省事而省略关键环节。比如，在货物质押融资业务中，工作人员还未见到货权确认书就办理质押背书手续，或者在保理业务中未核实应收账款的真实性就匆匆放款，都属于不遵守操作规范的行为，会引发巨大的风险。

（四）物流监管方风险

由于物流企业在货物监管方面具有规模和专业优势，P2P 供应链金融服务平台为了降低质押融资成本，将质押物监管业务外包给物流企业，由物流企业代为执行对质押物货权的监督并进行保管管理。不过，外包这项业务后，P2P 供应链金融服务平台将会减少对货物信息、质量信息以及交易信息的实时了解，从而产生物流监管方的风险。

P2P 供应链金融服务平台将监管业务外包给物流公司，而该公司可能又会将此业务转移给监管团队或者监管人员个人身上。P2P 供应链金融服务平台作为委托方，需要不间断地核查落实委托事项的情况，以防道德风险和操作风险。需要核查的项目有很多，包括盘点现场货物、核对品种规格、核查货位位置是否准确、确认质押权限的标识和系统数据等。

物流企业作为监管方，除了要提供监管服务以外，还要掌握供应链上下游企业提供的担保货物的动态变化。

当前的物流监管方还存在着一系列的问题，比如专业技能不足、诚信风险较大、企业资质鱼龙混杂、货物监管规范不标准、融资方和监管公司合伙欺诈 P2P 供应链金融平台等。因此，建立健全的物流监管准入制度也是 P2P 供应链金融风险管理中的重要环节。

（五）担保资产价值风险

P2P 供应链金融业务通过持有融资方的抵质押资产或者货权资产来为回款进行担保。因此，资产价值就直接影响到 P2P 平台回款成本以及借款人的偿还意愿。因为担保资产能够保证 P2P 供应链金融服务平台在借款人出现违约时弥补自身的损失，另外这些资产的价值也直接影响了借款人的还款意愿，价值较高，借款人的违约成本就高，其违约意向就较弱，反之违约意向明显。

供应链金融模式下，担保资产主要分为三大类：应收账款类、现货融资类以及预付账款融资类。表 10-2 所示分别为这三类担保资产的风险。

表 10-2　担保资产的风险

担保资产类别	风险
应收账款类	应收账款交易对手信用度、应收账款账龄、应收账款无效或退货的可能性等
现货融资类	质押物缺失、质押物价格波动大、质押物质量问题、质押物变现能力问题等
预付账款融资类	核心企业的生产能力、交货履约风险、弃货风险等

六、P2P 供应链金融风险管控

由于存在风险，P2P 供应链金融平台应该寻找合理的解决办法来管理和控制风险，从多个方面预防或减少风险带来的损失。一般来说，管控风险主要从以下几个方面展开。

1.P2P 供应链金融平台自身的管理

P2P 供应链金融平台应在法律法规以及政策框架内开展金融服务，时刻保持自身的中介身份，坚守 P2P 监管的四条红线。图 10-11 所示为 P2P 监管的四条红线。

图 10-11　P2P 监管的四条红线

除了坚守四条红线，平台还要确保债权转让和电子合同的效力，维护投资人和平台的利益。作为中介，平台要确保资金流转过程清晰，将关键性的相关证据资料进行留存备查。

2. 加强平台技术安全建设

P2P 供应链金融平台需要应用到互联网技术，因此，平台的互联网技术安全建设成为保障投资人资金安全的重要安全措施。一家合格的 P2P 供应链金融平台，必须具备完善的网络安全设施来确保平台系统稳定安全地运行，保护投资人和借款人的信息安全。

P2P 供应链金融可以自主开发交易平台，使用多项安全措施来防止数据、隐私泄露以及信息丢失等情况。如果账户未授权，则不允许访问平台。

除此之外，提升信息安全监控水平，引入 DDoS 防护技术、安全登录堡垒系统、平台数据库加固和 web 防火墙技术，以此来提升平台的信息安全防护能力。

3. 实现供应链管理系统模块化

P2P 供应链金融服务要想实现互联网化，需要将供应链管理系统进行模块化，这主要体现在以下几个方面，如图 10-12 所示。

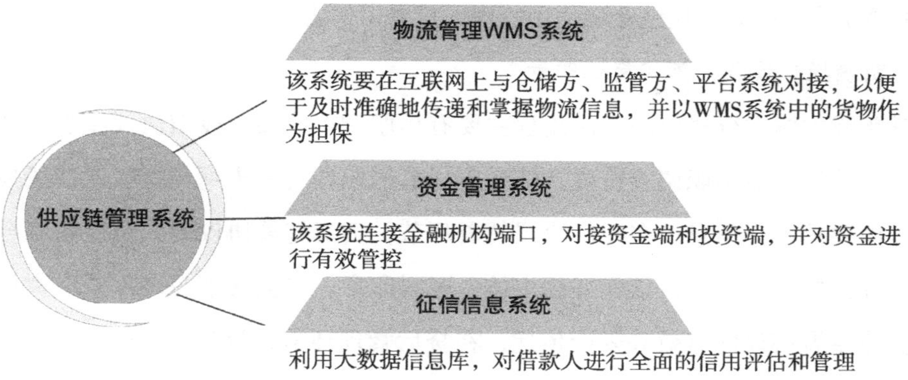

图 10-12 供应链管理系统

当然，除以上三种管理系统，还有价格监测系统、视频监控系统和资金监控系统等系统。平台对这些系统的技术安全性能有着很高的要求，要避免任何一个系统出现问题，不然会引发重大的风险事件。

4. 加强对供应链融资主体授信的管理

合理管控供应链金融风险，第一步就要对融资主体进行授信前的尽职调查。尽职调查也叫谨慎性调查，在授信过程中要确保调查内容的真实性和有效性，防范融资主体的信用风险。一般来说，授信尽职调查的主要任务有以下几点，如图 10-13 所示。

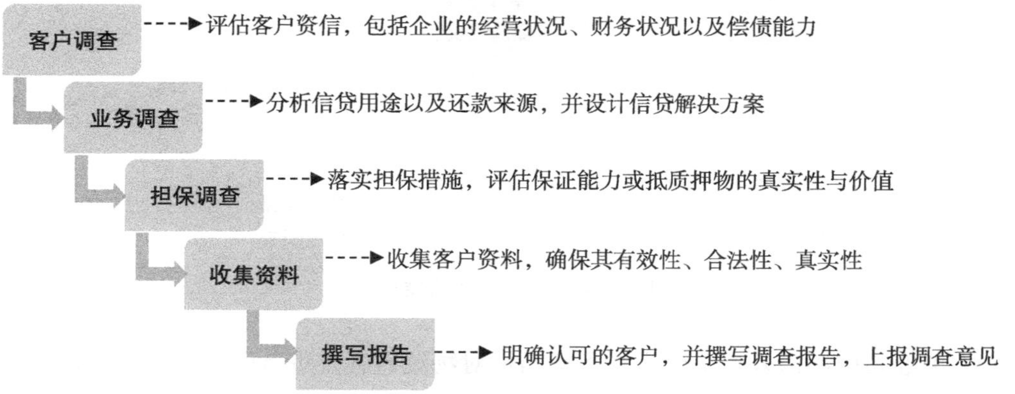

图 10-13 授信尽职调查的主要任务

对融资方的授信尽职调查要求平台不能单纯地凭借核心企业的信用和项目的自偿性盲目降低对融资主体的准入要求。由于核心企业对上下游融资企业的信用进行背书，一旦核心企业产生信用风险，也会传递给供应链中的融资企业。因此，核心企业的授信准入也是供应链金融信用管理的重要工作之一。

5. 明确操作流程，落实岗位职责

对融资主体进行授信的操作流程主要有尽职调查阶段、授信协议签署环节、贷后管理环节等。在尽职调查阶段，平台应规范尽职调查的提纲与模板，使风控人员按照具体要求收集信息；在授信协议签署环节，负责签署协议的人员应明确合同协议的各种具体操作环节，核实签约主体、资料印章、票据文书并确保获取文件资料以及保障签署协议的有效和安全传递；在贷后管理环节，放款、货权管理、回款管理等事项应由具体部门的相应责任人负责落实。

只有合理分解操作流程，将各流程的任务都分配到具体的部门或岗位，明确岗位职责，才能对供应链金融业务实施全流程管理。

6. 加强对物流监管方的准入管理

为防止在质押物的物流监管方面出现操作不规范、管理制度存在漏洞等问题，也为了降低并约束物流监管方的道德风险给平台带来损失，就要求平台在选择合作物流商时应该看重物流上的以下特质，如图 10-14 所示。

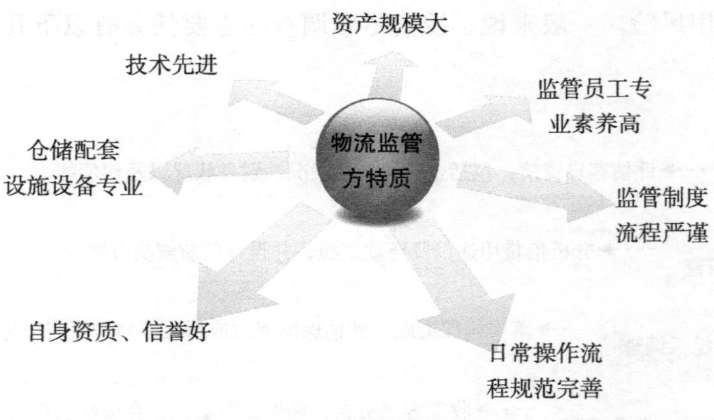

图 10-14　物流监管方特质

除了准入机制以外，平台还要不间断地对物流监管方进行随机巡查，提高检查频率，核查监管方是否按照监管流程操作，对于不符合平台管理要求的监管方，平台有权对其督促改进，必要时终止合作。

7. 加强对抵质押物的货值动态管理

平台要确保抵质押货物的变现能力，这是平台投资人资金安全的重要保障。因此，平台要对抵质押货物的价格进行实时监测，实施逐日盯市制度和跌价补偿制度，设置抵质押货物价格波动警戒线。如果抵质押货物的价格跌破警戒线，平台就要及时告知融资方在合理期限内补足保证金或者补货。

除此之外，平台还要定期监测融资方的经营状况和销售回款情况，因为这些都是影响平台融资中授信项目安全的因素。

第十一章　供应链金融风险管理和控制

在供应链管理方式下，企业管理最显著的变化是企业之间开始通过合作方式形成供应链网络之间的竞争。但供应链金融服务有其内在的脆弱性，它更像是一把双刃剑，在使企业运营更加高效的同时也增加了企业运营的风险。因此，供应链金融服务平台要在客户企业运营过程中识别各类风险驱动因素，建立供应链金融风险管控体系，促进和维持供应链的良性运转。

一、供应链与供应链金融风险

在了解供应链金融风险之前，我们有必要先熟悉一下与风险有关的概念。与风险有关的概念主要包括风险、供应链风险以及供应链风险管理等。

（一）与供应链风险相关的概念

要想防范供应链金融风险，首要的任务就是对供应链风险进行概念上的界定，然后概括其风险来源以及危害性。但做到这一步的前提是能够识别风险。这就要求人们必须先确定风险的定义，能够完善风险识别手段，从而进一步界定供应链风险以及供应链金融风险。

1. 风险

何为风险？由于风险在不同的领域具有不同的含义，导致在风险的定义上没有达成一致。总体来说，人们对风险的理解分为两种：威胁、机会与威胁并存。

最早研究风险的古典决策理论认为，风险是因不确定性而导致的预期结果的偏离及其概率；而企业管理领域的研究者认为，风险是指威胁或不利影响，比如事件或活动导致负面结果的可能性。

综合来看，风险的定义分为两种，一是广义风险，风险表现为不确定性，产生的结果可能带来损失，也可能带来收益或者毫无影响；二是狭义风险，是指风险表现为损失的不确定性，也就是说风险只能出现损失，没有获利的可能性。

在大多数的企业管理者看来，风险特指未来的不确定性带来的不利结果。

2. 供应链风险

由于供应链系统非常复杂，所以对其风险的界定也很复杂。

国外学者对供应链风险的研究是从供应风险开始的。他们认为，供应链风险是由各成员企业中的员工受教育程度、国别等因素的不同以及市场的不稳定性、市场利率变化等影响供应上的不足而带来的风险；有的学者认为，供应风险是供应的不及时而导致的产品质量或服务质量的降低；有的学者则将供应链风险分为可控制风险和不可控制风险。不可控制风险有劳工停工、自然灾害或者恐怖主义行为等，可控制风险有供应商资格、产品或服务等。

到了 20 世纪末 21 世纪初，我国开始研究供应链风险。在我国，不同的学者也对供应链风险有着不同的理解。有的学者将供应链风险分为关系风险和绩效风险。关系风险是指供应链各企业之间缺乏信任或沟通而导致的风险；绩效风险是指与企业之间的合作关系无关但能够导致供应链整体或者部分损失增加的危险。有的学者则将供应链风险分为外生风险和内生风险两大类，外生风险是指来源于外部环境，比如政治、文化、经济或者技术等方面的风险；而内生风险则来源于道德风险、信息扭曲以及个体理性等方面。还有的学者认为，供应链风险是一种潜在的威胁，会利用供应链系统的脆弱性破坏供应链，给链上各企业带来损失。

综合国内外各学者的看法，我们总结出供应链风险的如下含义。

（1）各种不确定性因素的存在引发了供应链风险。

（2）由于供应链网络将各企业联结在一起，企业也彼此之间相互依赖，一旦某一个企业出现问题，很有可能波及其他企业，甚至影响整个行业，从而导致供应链的正常运作受到影响，甚至使供应链破裂。

3. 供应链风险管理

所谓供应链风险管理，是指管理供应链中出现意外或变化所带来的风险的一个系统化过程。供应链风险管理分为四个步骤，如图 11-1 所示。

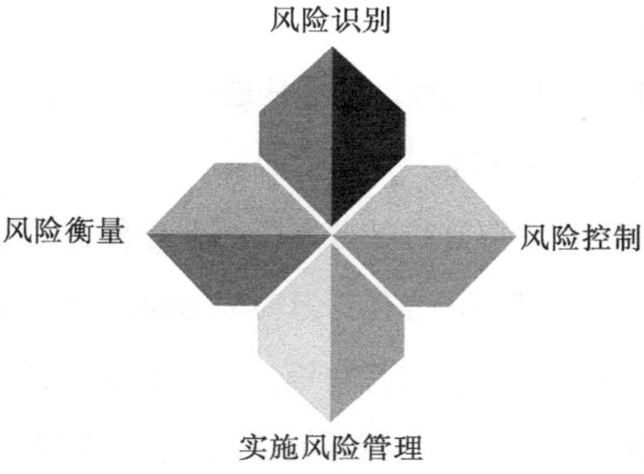

图 11-1　供应链风险管理

（1）风险识别

所谓风险识别，是指对供应链企业面临的所有潜在风险进行归类分析，进而加以识别和辨析。风险识别是风险评估、风险控制以及风险管理的基础，是供应链风险管理中最重要的部分。

要想识别风险，首先要了解什么是风险，风险和什么因素相关。在对待风险时，哪怕是非常微小的风险也应该值得注意，因为风险可能会通过其他因素放大影响，从而对整个供应链造成破坏。

（2）风险衡量

风险衡量即风险估测，是在风险识别的基础上对风险进行定量分析和描述，在对过去损失资料进行分析的基础上，通过运用数理统计和概率论的方法对风险事故的发生概率和事故之后损失程度进行分析和预测。这样做可以计算出准确的损失率，一定程度上消除损失的不确定性，也可以使企业在预测损失幅度的基础上了解风险带来的后果，并及时采取措施减少损失。

（3）风险控制

风险控制是指企业管理者通过采取各种方法来减少或者消灭风险事件带来的不确定性或者减少风险事件带来的损失，这是金融的核心。风险无处不在，管理者应该采取措施来减少风险事件发生的可能性，或将其控制在可承受范围之内，以避免风险事件发生时产生难以估量的损失。

通常来说，风险控制有四种基本方法，分别是风险回避、损失控制、风险转移以及风险保留。

（4）实施风险管理

常见的风险管理方法主要有三种，分别是进行风险转移、优化合作伙伴的选择、建立企业成员间的信任和监督机制。

风险转移的方式有两种，一是将部分非核心业务外包给其他企业，从而将风险转移；二是与专业的风险管理公司合作，及时充分地了解供应链信息。由于链上企业大多数是依据相邻企业的需求来进行决策，一旦需求信息产生曲解，一点微小的差异也会从下游向上游逐级放大，从而导致需求信息出现重大失误。因此，得到准确及时的信息是供应链风险管理的重要因素。

在选择合作伙伴时，要充分利用各自的互补性来发挥合作竞争优势，但在合作时也要加强彼此之间的沟通理解，使各企业坚持对整条供应链有利的战略决策，从而发挥成本优势，占领更多市场份额。

选择合作伙伴后，企业成员之间的相互信任和监督也是供应链风险管理的重要一环。建立并完善企业成员间的信任和监督机制，可以降低供应链成本，减少内部交易成本，从而使各成员避免在信息不完全的情况下做出错误决断。

（二）供应链风险的来源

识别供应链风险来源及其驱动因素，是成功管理供应链风险的关键。供应链是一个供应网络系统，由供应商、内部供应链以及零售商三个子系统组成。因此，供应链管理系统则由供应商关系管理、内部供应链管理以及客户关系管理三个子系统组成。

干扰以上系统的变量有很多种，主要分为两种类型：外生变量和内生变量。外生变量就是指的外部环境影响，一般又分为有目的的行为（恐怖主义行为等）、意外事件（自然灾害或者流行疾病等）、运营事故（系统失灵等）和政治环境等。内生变量指的是系统内部的供应和需求的不确定性，贯穿于供应链系统的各个阶段。

根据供应链系统的两种变量和三个阶段性的系统组成，可以将供应链风险分为六种组合形式，如表 11-1 所示。

表 11-1　供应链风险的组合形式

种类	风险细分	风险来源
供应风险	供应中断	自然灾害、运营事故、政治不稳定、单源供应风险
	供应延迟	产能风险、库存风险、产品服务水平、质量风险、技术变化风险、系统风险
协调风险	协调中断	自然灾害、运营事故、政治不稳定、知识产权
	协调延迟	产能风险、库存风险、产品服务水平、采购风险、质量风险、技术变化风险、系统风险
需求风险	需求中断	自然灾害、运营事故、政治不稳定
	需求延迟	系统风险、应收账款风险、预测风险

1. 供应风险

供应风险是指某供应商发生供货失败或者供应市场发生进货供应事故的可能性。供应风险分为供应中断和供应延迟。供应中断主要来源于外生变量，供应链中的信息系统网络和路径越长，供应中断出现的可能性就越大；供应延迟则主要来源于供应商不能及时响应需求的变化所引起的。

延迟风险主要包括产能风险、库存风险、产品服务水平风险、技术风险、产品质量问题风险以及系统风险等。

①产能风险：产能只能在一段时期内增加或减少，过剩的产能会损害财务绩效，产生产能风险。

②库存风险：客户对供应商供货的产品批量和品种需求产生变动，造成库存风险，比如缺货、库存过剩等。

③产品服务水平风险：由于发货、运输、配送方式或者期限提前等因素，使产品不能交付使用而存在的风险。

④技术风险：技术变化，比如当前技术的改进或者放弃开发技术所造成的风险。

⑤产品质量问题风险：供应商维持资产设备故障、转运中发生损害或者质量原理和技术上的缺乏培训导致的风险。

⑥系统风险：数据信息的安全风险，比如黑客、病毒的攻击或者拒绝访问限制。

2. 协调风险

协调风险主要分为协调中断和协调延迟。协调中断的风险来源与供应中断相似，只是知识产权的处置不当会造成供应关系中断，从而形成协调中断。

协调延迟是协调众多供应链参与者的供需关系时所发生的批量和收入风险，大体和供应延迟相似，只是采购风险来源于汇率波动或者供应商提高价格所引起的成本增加。

3. 需求风险

需求风险是指有关出货物流和产品需求的风险，由物流中断、季节性、时尚的波动性、新产品出现以及产品生命周期短等因素引起。

需求风险分为需求中断和需求延迟。需求中断主要来源于自然灾害、运营事故以及政治不稳定等因素，而需求延迟则来源于系统固有的需求不确定和需求的预测风险。预测风险指的是预测误差，会导致库存过多而降价或者缺货。应收账款风险是指能以应收账款来收账的可能性，它能破坏公司的绩效。

（三）供应链金融绩效

供应链上的参与方与为供应链各企业提供金融支持的主体以协作的方式实现供应链目标，并且考虑到物流、信息流和资金流的进程以及全部资产和主体，这便是供应链金融。

供应链金融与其他融资方式的不同之处在于以下三点。

（1）参与主体更广泛

不管是从宏观层面还是微观层面，供应链金融都包含两个以上的机构参与者。宏观层面上包括从供应商直到最终客户的所有产业或企业主体、物流服务商、金融机构、投资者以及政府部门等；微观层面上包括所有参与运营活动的部门。

这些参与主体虽然保持法律和经济上的独立性，但共享资源和信息，也共担风险。

（2）供应链金融的业务形态多样

供应链金融注重考察关系、交易等信息。在供应链金融中，核心企业能够外化其强大的信用，以帮助中小企业提升信用，改善融资中的信息不对称。供应链金融不仅能提供传统金融机构所提供的普通贷款、贴息贷款和票据融资等金融服务，还能提供应收账款融资、库存融资、预付账款融资和战略关系融资等服务。

（3）具备供应链管理基因

供应链金融是供应链管理、合作、物流和金融的交集，参与主体要对金融资源实施一系列的管理和控制，从而共同创造价值。要真正理解内在的物流中的因果关系，考虑其对金融的影响，这是供应链金融的基础所在。因此，企业应分析供应链系统和流程，将运营驱动因素和金融指标联系起来。

当我们明确了供应链金融的内涵之后，就可以清楚地看到，供应链金融是兼具供应链管理特征与金融功能的。

目前对供应链金融的研究主要有两种视角：金融导向和供应链导向。

在金融导向下，供应链金融是金融机构的一种金融创新，主要是提供一系列创新性的短期金融解决方案，注重设计金融工具、融资条款以及对金融属性的讨论。在这一导向下，供应链金融的重点是在各环节中产生的应收账款或应付账款及其融资本身。银行为产生资金缺口的中小企业提供融资，为各环节产生的应收账款和应付账款进行质押或担保。

在供应链导向下，供应链金融强调各成员企业通过合作来实现对现金周期的管理，而银行的角色重要性被淡化了。在这一导向下，对供应链金融的研究侧重于从整体出发，考虑融资的目的，强调资金流和企业协调在供应链管理中发挥重要作用。

对应不同的供应链金融视角，形成了不同的供应链金融绩效考察方法。

1. 金融导向下的供应链金融绩效

在金融导向下，供应链金融对中小企业来说就是一种外部债务融资，可以按照投入产出比将绩效与外部股权融资、内部融资绩效进行衡量对比，主要是将中小企业在供应链金融活动中资金的取得成本和使用收益相比，其比值则为融资工具的效率，也就是供应链金融绩效。

然而，将供应链金融绩效抽象地理解为一个比率，不仅忽视了供应链金融活动的发生前提即供应链情境，而且也忽视了中小企业财务制度不规范导致的数据获取难度。

2. 供应链导向下的供应链金融绩效

供应链上中小企业由于受到资金限制，生产和库存往往很难达到理想状态，导致供应链整体的运行效率和稳定性受到影响。因此，需要解决供应链中的资金流动问题。在供应链导向下，供应链金融活动就是核心企业为了优化企业营运资金而开展的融资活动。

供应链营运资金绩效也叫现金流量周期，是与供应链中资金流最相关的指标。该指标旨在衡量企业的资金流如何在维护企业利益的情况下保证供应链有效运作，是将采购、生产和营销活动中涉及的应收账款、应付账款和库存周转都折算成以天数为单位的指标。

由于这种衡量方式能够体现供应链中的资金流动情况，因而用它来衡量不同环节或整体供应链金融绩效。

3. 整合视角下的供应链金融绩效

在整合视角下，供应链金融不仅是一项财务活动，也是一种资源，在选择衡量指标时，要从多角度进行，主要落在如图 11-2 所示的四个维度上。

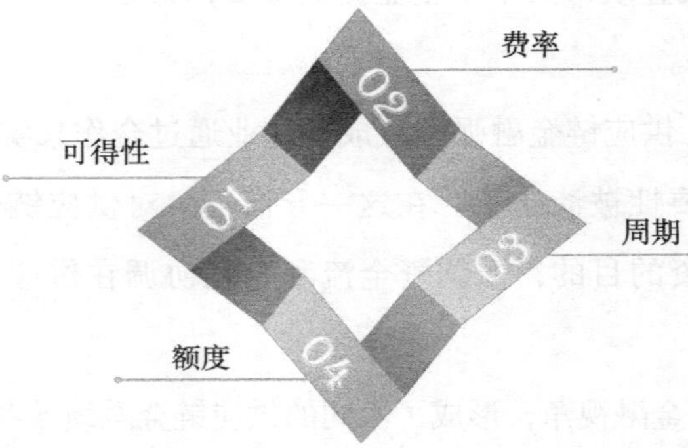

图 11-2　供应链金融绩效四维度

这四个维度相互影响，相互作用。在供应链金融活动中，获得和使用资金要付出一定的成本即融资费率。在考虑各种影响供应链运营和风险控制的因素之后，便可确立融资费率。供应链越稳定，融资费率就越低，从而可以缩短融资周期，加快融资频率，使总融资量增加，增加融资的可获得性。

融资周期是指融资方可以利用资金的时间跨度，融资机构为了防止出现长时间无法收回资金的风险，在不影响经营成本的情况下会尽量减少资金占压，从而使融资可得性降低。

融资企业若想获得更多融资，必须相应地创造一定的价值额度，不然融资额比较大，但出现违约，金融机构将无法收回资金，直接影响到投资者的利益。因此，风险高的时候融资额度不会太大，融资可得性也不会很高。

（四）供应链金融风险的特性

供应链金融风险是指链上各企业对物流、信息流和资金流的预期出现了偏差，导致供应链金融行业的企业或者组织受到损失的不确定性。

物流风险是指由于各方面原因导致的物流资源不能如期配置和流动，从而使链上企业蒙受经济损失的可能性。

资金流风险是指贷款资金和收益不能如期、保质回笼而导致金融服务组织遭受损失的可能性。

信息流风险是指信息在整个供应链传递过程中出现失真的情况，从而导致逆向选择和道德风险，最终损害供应链整体利益。

供应链金融风险主要有以下特性。

1. 具有传导效应

供应链上的各企业之间是相互依存和相互作用的，它们共同在供应链金融创新活动中获得利益。但是，一旦某个企业出现问题，其风险会向上下游企业传导，使其他企业受到牵连，最终使供应链金融服务者以及合作方都受到损失。

2. 具有动态性

供应链金融风险不是一成不变的，它会随着供应链网络规模、融资模式创新、运营状况变化以及外部环境变化等因素出现动态变化。

3. 高度的复杂性

供应链金融的风险是供应链风险和金融风险的叠加。金融风险是指金融中可能存在的某些因素会使供应链金融产生危机。

2004 年，巴塞尔银行监管委员会正式公布了《新巴塞尔协议》，该协议在 2006 年底正式实施。该协议与 1988 年的旧协议相比做了很多改进，尤其是提出了操作风险的概念，并对其提出明确的资本要求。至此，操作风险、信用风险和市场风险成为银行风险资本的计量和监管框架。

（1）操作风险

操作风险是指由于供应链上各企业内部的程序、人员或者系统出现故障、不充分或者由外部事件所引起的损失风险。

操作风险大致可以划归为 7 大类，如表 11-2 所示。

表 11-2 操作风险分类以及具体内容

分类	具体内容
内部欺诈	内部人员骗取、盗用财产；违反监管规章、法律和银行制度的行为
外部欺诈	外部人员骗取、盗用财产或逃避法律责任的行为
雇员活动和工作场所安全风险	违反就业、健康或者安全方面的法律或协议所引起的赔偿要求
客户、产品和业务活动	未履行对特定客户的义务、产品性质或者设计缺陷导致的损失
实物资产的损坏	由于自然灾害或者其他事件导致的实物损坏或丢失
业务中断或系统错误	业务中断或者系统失败造成的损失
行政、交付和过程管理	交易失败、过程管理出错、与合作伙伴合作失败

（2）信用风险

信用风险分为商业信用风险和银行信用风险。不仅如此，信用风险还可以延伸到信用接受者。比如，购买者或者借款方有可能会承受供货方或者银行带来的风险。这种风险主要发生在供货方或者银行由于资金原因而无法提供产品或者金融服务。

（3）市场风险

市场风险是指因市场价格出现变动而使金融机构的业务发生损失的风险。市场风险一旦发生，会给投资者带来极大的损失，甚至会给金融市场带来破坏性伤害。不过，这类风险与金融市场本身的成熟度成反比。金融市场越成熟，市场风险就越小。

二、供应链金融风险影响因素

供应链金融是参与供应链的各成员之间通过金融资源来创新结合商流和物流的一种行为，因而受到各种影响供应链运营因素的影响是不可避免的。按照不同的来源和层次，影响供应链金融风险的因素可分为供应链外生风险、供应链内生风险以及供应链主体风险三种。

（一）供应链外生风险

供应链外生风险是指受外部经济条件、金融环境以及产业条件的变化影响，供应链的资金流、物流和信息流协调工作受到影响，从而产生了潜在的风险。

这一类风险并不能为供应链运营管理者完全决定或者管理，但供应链运营管理者应该时刻关注这些因素的变化并据此调整供应链金融业务绩效的四个维度。

一般来说，供应链外生风险包括以下几个方面。

1. 经济环境与周期

供应链的运行必定要在一定的经济环境中展开。供应链金融活动涉及上下游各企业，供应链金融服务平台、风险管理者以及流动性提供者开展密切合作，当经济环境发生重大改变时经济状况出现波动，会是某个环节或者经济主体遭受较大的风险，从而将风险传导至整个供应链。

经济周期波动是指经济的总体趋势是增长的，但会出现有规律的扩张和收缩。当经济出现繁荣或者复苏情形时，投资会持续增长，产量不断提高，市场需求旺盛，就业机会增多，企业利润和居民生活水平都得到了提升，而且还会伴随着通货膨胀；当经济出现下滑或者衰退时，投资减少，产量减少，市场需求不断减少，很多实力不强的企业出现破产等情况。

经济周期性波动的原因有外部原因，也有内部原因。外部原因主要是行业调整升级、政府政策决策变动等；内部原因主要是银行信用的扩张或者紧缩以及投资、消费或者心理因素等。这些原因之间也存在着比较复杂的相互影响关系。

在不同时期或者社会环境下，内部因素或者外部因素之间会产生不同的组合与作用，使经济周期的具体进程表现出不同的状态，而且经济周期的具体进程也会对经济周期波动的成因产生重要影响。因此，供应链金融管理者要全面细致地分析行业随周期波动的程度、方向和时间，以便于更好地控制此类风险。

2. 政策监管环境

监管环境是制度环境的一部分，是指国家或地方的法律法规或者政策对行业的态度是支持还是限制，而且这种态度会表现出一种变动性。监管环境对行业的发展具有重大影响，能够深刻影响到供应链融资的风险。

一般而言，某一地区的监管环境对供应链金融的影响比较确定，应该避免将贷款投向监管不严格或者政策不允许的行业或者领域。相关的法律法规或者政策影响着企业的生存环境，如果某行业被政策、法律法规所限制，那么该行业企业的发展就会受到极大的阻碍；如果是政策鼓励发展的行业，必然会对企业的发展产生巨大的推动作用，企业可以享受到很多政策支持，比如税收优惠、补贴等。

3. 上下游网络稳定与力量均衡分析

上下游之间的力量均衡和稳定对供应链金融有着很大的影响，如果力量不均衡，供应商可能会通过提价或者降低产品或服务的质量来向其他企业施压，这样会造成某产业因价格低于成本增长而失去利润。

力量均衡不仅包含在同一行业内，行业之间也要保持均衡，如果某行业对其他行业有着很大的依赖性，则此行业的信贷风险无疑是本行业的风险再加上所依赖行业的风险。

4. 产业特征

产业特征对供应链活动有着重要影响，产业集中度的高低不同，企业提供的服务类型就不同。在集中度高的产业中，企业掌握的资源较为广泛，能够完成技术进步和创新的任务。在集中度低的产业中，企业掌握的资源较少，为了提升对市场的控制力，企业往往会进行横向与纵向的资源整合。

在供应链金融活动中，行业越接近完全竞争，企业的规模就会越小，产品差异也就越来越小，对价格的掌控越低，因此信贷风险就越高。

5. 市场静态与动态分析

市场静态分析是指融资企业的产品和服务在市场中的竞争优势分析。市场竞争性是衡量一个企业行为的重要影响因素。在一个竞争性很强的市场中，企业应该最大化利用资源来提高效率和降低成本。但企业之间相互模仿，如果供应链融资总量大，周期长，便会隐藏着很大的风险。

市场动态分析是指市场不断变化，环境时刻在变，市场的变化性越大，即环境动态性会让原有产品或服务被加速更换或淘汰，企业必须不断开发新的产品或服务，风险也就越大。

6. 产品业务性质

产品或者业务的价值程度、质量稳定性以及价值变动性都是影响供应链金融风险的重要因素。

尽管供应链金融是对物流、信息流和资金流的结合，但本质基础还是交易本身的商品或者服务。如果商品或者服务本身价值不大，商品交易承载的基础就不厚，一旦出现融资过量或者融资周期较长的问题，商品或者服务的价值很难抵消风险。

质量稳定性是指随着时间变化，物理性能和化学性能的稳定程度和保证程度。

价值变动性是指随时间变化，商品价值的保全程度。

产品或者服务的质量和价值越稳定，供应链金融的风险程度就会越小，反之越大。

（二）供应链内生风险

供应链内生风险是指供应链组建和运行不当所产生的风险，主要体现在内在结构、流程和要素等方面出现问题。由于供应链各环节、流程和要素都与参与主体有所联系，一旦某一环节出现问题，很有可能会使整个供应链体系受到影响。

供应链内生风险一般由以下三个原因形成。

（1）供应链中的企业为了集中核心能力，大量采用外包形式获取外部资源，致使企业之间的供需界限变得模糊，出现断货或者过度仓储的现象。

（2）供应链中含有复杂的各方力量，参考方容易产生过度反应、无意义的介入、信任度降低以及信息扭曲等混乱效应。

（3）供应链体系结构有某种惯性，难以适应环境和市场的变化。

要想化解供应链内生风险，首先要做的就是分析供应链的流程，找出风险的根源。图 11-3 所示为供应链流程分析。

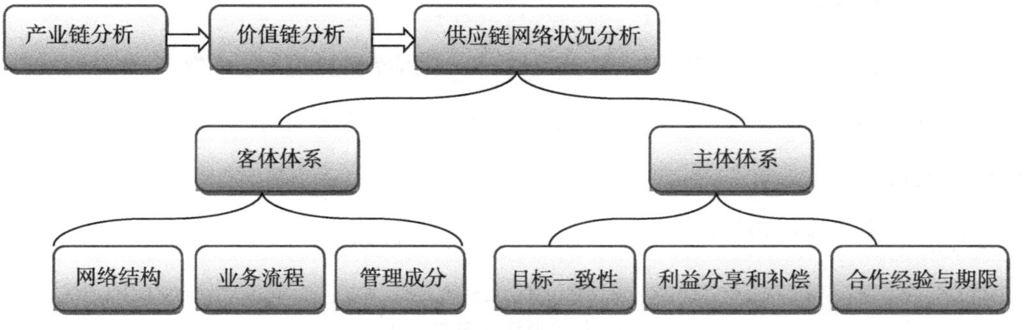

图 11-3　供应链流程分析

从上图可以看出，首先要分析产业链，因为产业链反映了行业上下游的经营结构与状况，反映了产业纵向和横向发展的程度，是价值链以及供应链分析的基础。

价值链分析是第二步，需要分析的是产业链中价值产生、形成与流动的状态。

第三步便是分析为了实现价值过程而转变为组织化的供应链网络状况。供应链网络状况主要分为以下六个方面。

1. 供应链结构分析

供应链结构分析主要是对供应链采用何种方式构成，参与各方以及金融推动方在供应链中所处的位置和发挥的作用进行分析。供应链的结构是供应链金融活动实施下去的基础，假如供应链结构出现问题，金融活动就会存在很大的风险。

对供应链结构的分析主要围绕上下游企业和金融活动推动者两方面来进行。

（1）上下游企业

分析供应链中的上下游企业结构，尤其是核心企业在供应链结构中的地位和作用。核心企业如果在供应链群体中处于关键协调和管理地位，核心企业的特征也就代表了供应链整体的特征。

当核心企业具有强大的实力以及产品开发能力，并在市场占有率方面表现强势，信誉也很好的时候，其所在的供应链整体就居于优势地位。

（2）金融活动推动者

供应链金融活动推动者主要包括平台服务商、综合风险管理者以及流动性提供者。平台服务商是否能提供完整和全面的信息化服务，掌握供应链运行细节；综合风险管理者是否能充分了解参与方的状况，掌握收益来源和风险程度，这些都对供应链金融的有效开展起到了重要的推动作用。

2. 供应链流程分析

除了信息技术以及网络平台的支持以外，供应链金融要想高效和持久地运作，还需要依赖对主要流程的整合和协调，从而达到控制客户需求、供应商绩效以及生产过程的目的。

供应链主要流程包括的内容如图 11-4 所示。

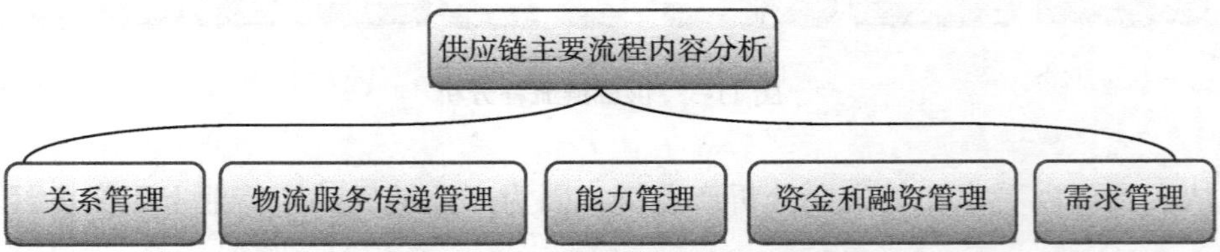

图 11-4　供应链主要流程内容分析

关系管理分为客户关系管理和供应商关系管理。客户关系管理需要能够及时对客户的需求进行准确的理解和响应，同时集中资源，竭尽全力满足客户需求。供应商关系管理主要包括供应商的选择、评价、协约和管理等多项管理活动。

能力管理是供应链实现竞争差异化的要素之一，是对供应链成员的技术能力和服务质量进行组织的过程。

需求管理是指对客户的需求进行预测和计划，以便及时响应客户需求的改变。

上述各项管理都是需要关注的流程，如果在这些流程上出现失误，就会导致供应链金融出现很大的风险。

3. 供应链管理要素分析

供应链的组织管理能力深刻影响着供应链的运营水平以及供应链流程的顺畅性。供应链的组织管理能力越强，供应链越趋于稳定，运营质量就越高，否则，哪怕供应链结构和流程设计很好，也会产生很多问题。

供应链的组织管理能力包括的内容如图 11-5 所示。

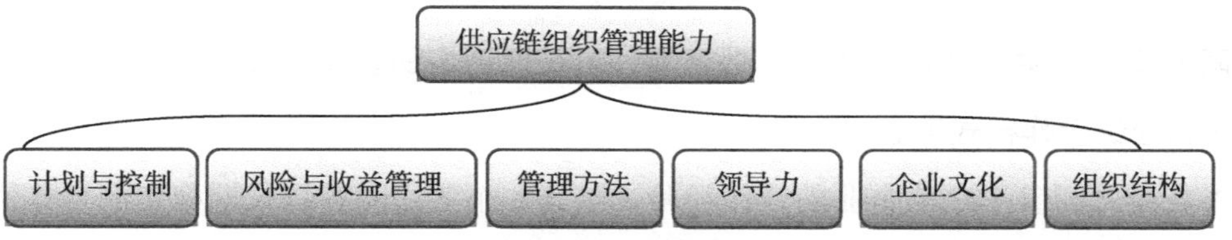

图 11-5 供应链组织管理能力

计划与控制是推动供应链良性发展的关键所在，计划为供应链的成功奠定基础，而运营的控制则是保证供应链运营计划成功实施的最优绩效工具。

对于组织结构，交叉功能小组是一种非常好的流程措施。所谓交叉功能小组，是指团队由来自同一个组织的不同职能部门和拥有不同但相互补充的工作经验和知识技能的人员组成，主要任务就是完成组织中的某一项特殊任务。

除了以上两种因素之外，权力的运用、风险和收益的共享也对供应链成员的长期承诺存在深刻影响，并对员工的评价以及参与企业管理过程都有重要影响。

4. 供需目标一致性分析

在企业组织进行合作关系期间，组织之间往往会存在目标差异性。供应链能否持续和稳定，很大程度上在于供需双方是否具有一致性的目标，是否愿意为了实现这种目标而进行日常性的投入。

为了保证组织间的目标一致性而对活动进行协调所产生的成本叫做协调成本。如果协调成本过高，或者投入的资源和能力不足，就很难达成一致的目标，从而使供应链运营绩效受到威胁，进而使金融活动步履维艰。

5. 利益分享与补偿机制分析

供应链的参与各方都要为实现供应链整体最大化利益做出应有的贡献，承担各自的风险，与此同时，他们也有权利按照市场原则获得等价的利益和补偿。

在供应链金融运行过程中，需要考虑以下三种利益分享和补偿机制。

（1）供应链运营体系中的参与各方、各企业都要获得相应的利益和补偿，假如某一方的利益没有得到保证，供应链的运行就会受到极大影响，甚至有可能中断。

（2）供应链金融组织者之间要进行利益分享和补偿。

（3）供应链运营参与各方与供应链金融组织者之间也要进行利益分享和补偿。

只有确立了以上三方面的机制，供应链金融风险才有可能被有效地控制。

6. 合作经验和期限分析

一旦有了合作经验，这些合作经验就会对之后的有序合作产生有利影响。合作期限的调查则主要是看企业之间是否签订了长期稳定的合作协议或者合同，是否确定了供应链合作模式等。

企业之间参考之前企业的合作经验，与其他企业之间签订长期稳定的合作协议或合同，对稳定供应链运营有着很好的保障。

（三）供应链主体风险

对供应链主体进行分析，主要是为了防止供应链主体在供应链金融活动中采取机会主义行为，使金融活动组织者或者某一方产生重大损失。供应链主体主要是指核心企业或者融资企业。

所谓机会主义，指的是主动或者被动地在事前或者事后说谎、欺骗，对信息进行扭曲或者删减的一种行为，其目的主要是为了实现自我利益的最大化。机会主义之所以能够产生，主要是因为交易者的理性有限，市场环境充满着不确定性。

机会主义造成的后果是导致信息不对称，极大地将经济组织间的问题复杂化。

供应链金融中的主体既包括运营企业，也包括金融组织者。在分析这些主体时，不仅要看其自身的运营情况和资源、实力，还要对其真实的业务运行状况进行分析，了解企业的经营能力和营运效率，掌握各项资产的流动性程度，并对那些流动性较差的资产进行融通可行性分析。当然，企业经营者或者合作对象的信用也是必须要分析的一个方面。

对供应链主体进行分析主要从以下几个方面展开，如图 11-6 所示。

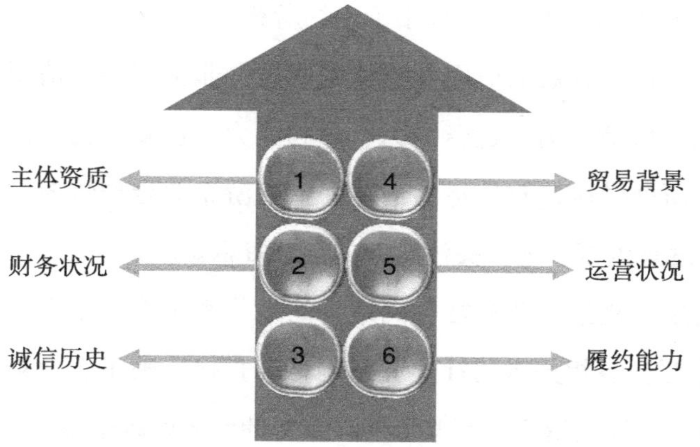

图 11-6　供应链主体分析

1. 主体资质分析

主体资质主要是指企业的经营资源和经营能力，尤其是抵御市场风险和抗拒行业变动的能力。假如融资对象在技术或者生产等资源、能力上存在缺陷，而融资额却较大，或者融资周期很长，那么所引起的风险就会很大。

除了供应链的参与企业以外，供应链金融的组织者也要具备一定的资质，比如平台服务提供商要具有信息整合、管理和沟通的能力；综合风险管理者要具有连接参与各方的利益、设计融资流程以及管理控制物流和交易过程并控制风险的能力；流动性提供者要具有与综合风险管理者协调沟通并参与管理风险的能力。

2. 财务状况

对于很多中小企业来说，企业的财务报表并不能准确作为风险判断的依据。但是，这并不是说财务状况分析毫无用处。对客户企业的资产状况进行全面分析，了解其资产的流动性情况，看其是否能够满足正常运营需求。一旦资产无法满足正常营运需求，流动性不足，或者融资总额、融资周期超过了正常经营限度，就必须加以关注。

有的时候，企业的财务表现远远大于行业的平均利润率，这也需要加以调查，以防企业套取资金用于其他非正常性营业活动。

3. 诚信历史与现状

目前中国开展供应链金融的最大障碍是供应链参与方与金融组织者的诚信问题。因为诚信是供应链金融的基础和前提，没有诚信，供应链金融会产生巨大的危机。

之所以会产生诚信问题，主要有两方面原因：一是市场调节不利，市场上没有完善的征信和信用管理体系，对企业的征信较为困难，尤其是中小企业的信用；二是因为政策执行不力，违约代价远远小于违约所获得的利益。

正因为如此，建立有效的信用识别体系就显得非常重要。信用识别体系主要考察企业基本素质、偿债能力、运营能力、盈利能力、创新能力、成长能力、信用记录、行业生态、所处供应链整体运营情况、上下游企业合作情况、供应链竞争力以及信息化共享程度等因素，还要关注企业的社会资本。

所谓社会资本，是指企业在社会网络中的地位和关系，是企业为了实现商业价值而构建的与外部利益相关者的社会关系网络，直接反映了企业被利益相关者接受的程度。企业被接受程度越高，能够从外界获得的资源就越丰富。

只有建立起健全的信用识别和管理体系，才能更加全面系统地反映企业在供应链中的信用状况。

4. 真实贸易背景

平台服务商、综合风险管理者以及流动性提供者应该切实把握供应链运行中的贸易过程，包括关注融资对象在交易过程中使用的交易方式和付款方式，以及融资对象与其他企业或组织间的贸易背景和贸易方式等情况。

有很多企业违规参与金融交易，虚构贸易背景，挪用信贷资金，授信规模与真实贸易背景不匹配，导致风险产生。

因此，供应链金融服务平台一定要对企业的真实交易背景做透彻的了解，确认供应链金融服务的合理性，有利于平台对企业的交易过程进行监管，及时预警风险信息，保全资产。

5. 运营状况

分析运营状况，就需要分析融资对象和上下游企业的运营状况，也需要分析金融组织者对整个供应链了解和掌握程度情况，尤其是物流运营和监管。因为物流运营和监管是信息流和资金流稳定流通的保障，如果物流管理出现问题，信息流和资金流也会出现问题。

比如，有的物流公司没有严格实行实地走访制度，导致日常台账登记混乱，无法对应实际运营情况，监管也形同虚设，致使某些企业挪用抵押物，产生风险和损失。

6. 履约能力分析

供应链金融主要以中小型企业为服务对象，而这些企业的履约能力则直接决定了能否为其他企业提供优质产品和服务，从而影响融通资金的收回。

要想分析中小型企业的履约能力，主要从盈利能力、产品技术成熟度、质量可靠性、产品形象以及市场稳定性来考虑。

除了分析中小型企业的履约能力之外，还要对金融组织者的履约能力进行分析。因为供应链金融活动一般涉及不同的金融组织者和协调者，它们通过互动和协调为供应链中的企业提供资金并管理资金风险，一旦某一方行为失当或者未尽职，则会直接引发供应链金融运行的风险。

三、供应链金融风险管理的“六化”原则

导致供应链金融不确定性的因素主要有供应链外生风险、供应链内生风险和供应链主体风险。这三种风险都会影响融资绩效，因此，供应链金融服务平台要在风险管理过程中充分认识到上述三种风险的状况，合理构建供应链金融运行体系。一般来说，供应链金融风险管理原则有以下几种，如图 11-7 所示。

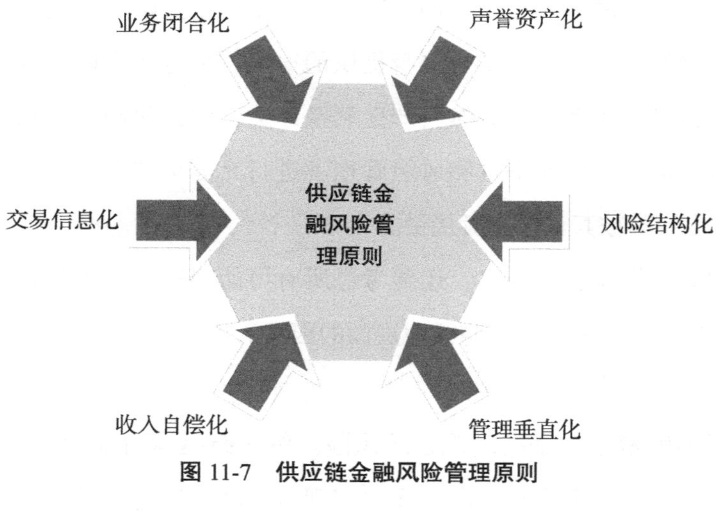

图 11-7　供应链金融风险管理原则

（一）业务闭合化

业务闭合是指首尾相接，形成环路，最大化地提高效率，减少成本，这是供应链金融运行的首要条件。供应链的整体活动应该是有机相连、有序运行的，包括发现价值、生产价值、传递价值和实现价值等环节，这些环节形成了完整的循环，如图 11-8 所示。

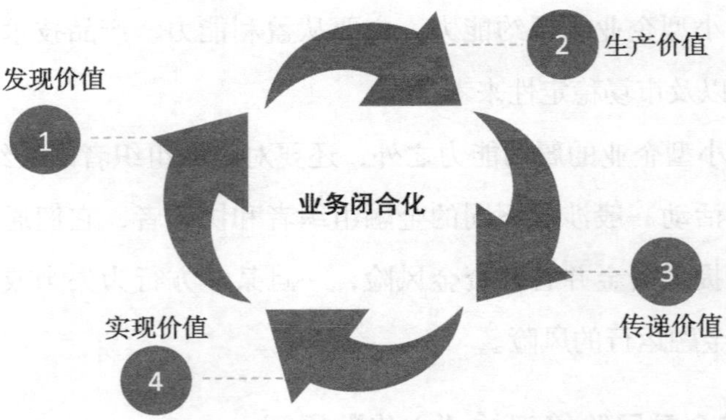

图 11-8　业务闭合化

供应链运营是供应链金融的核心和前提，一旦供应链运营无法实现闭合，价值生产和实现出现偏差，潜在的问题和风险就会出现。上图的完整闭环决定了供应链金融基础，即供应链运营的竞争力和收益。

这里我们要重点区分一下封闭化和闭合化。所谓封闭化是指所有的价值活动以及运营活动都在企业内部实现。比如，某企业为中小企业融资，但要求中小企业使用自身提供的生产资源，定点供给自身提供的渠道。封闭化虽能控制风险，但将其他企业绑定在自己的体系中，必然会产生利益冲突。闭合化则充分利用开放性的社会资源来实现价值，可以使平台和风险管理者进行充分地协调和管理，更利于打造供应链生态，也容易被其他合作者接受。

在设计和运作供应链金融时，还要考虑所有可能会影响业务闭合的因素，这些因素主要有来自宏观层面的因素与微观层面的因素。

1. *宏观层面*

宏观层面的因素主要是指宏观系统风险。供应链运营可能会由于经济、政治、法律等环境的不确定性而出现中断，无法实现可循环的闭合运营。在全球化市场背景下，供应链金融活动更容易产生这一问题。

没有完美无缺的市场，在一个全球化组织和各国法规并存的世界中，贸易摩擦不可避免，生产运营会出现各种障碍。因此，企业要设计一种快速灵活的供应链体系，以此来应对各因素对供应链闭合性的影响。

2. *微观层面*

微观层面的因素是指行业或者区域性系统风险。供应链金融的开展一定是基于某一特定行业或者某一区域而进行的。供应链金融服务的行业和区域特征一定会对供应链的运行产生影响。

在行业方面影响方面，供应链金融应该在持续稳定发展的行业中进行，而对于那些限制性的行业或者衰败的行业，供应链金融会有巨大的风险。

在区域性因素上，地区的经济发展前景、市场透明度、政府服务水平和区域环境的稳定性都可能对业务闭合化产生重要影响。

（二）交易信息化

交易的信息化是影响供应链金融风险的重要因素，主要表现在企业或组织间的信息化与供应链运营过程管理的信息化。

1. 企业或组织间的信息化

企业或组织间的信息化也分为两个方面。

一是企业跨职能信息沟通，比如销售部门及时提供项目执行情况反馈表，生产部门及时反馈项目运行情况等。如果企业内部不能做到信息化和数字化，无法形成有效传递，就必然会产生风险。

二是供应链上下游企业之间或者金融服务组织者之间的信息沟通，比如核心企业与相关企业进行信息互换，金融机构与企业之间有效协调等，一旦相异产业之间没有进行信息的标准化和交换，供应链运行就是一个空壳，金融机构的收益也会受到影响，进而使整个供应链受到波及。

2. 供应链运营过程管理的信息化

供应链运营过程的信息化涉及能否及时掌握供应链运行状况和正确的信息。这一点包括很多方面，比如金融业务网上审批和联网管理，使用物流金融业务现场操作软件系统等互联网技术。

（三）收入自偿化

收入自偿化指的是自偿性贸易融资的特征，是指根据企业真实的贸易背景、供应链流程和上下游综合经营资信实力，向链上企业提供短期融资，并把企业未来的稳定现金流作为直接的还款来源。

虽然与流动资金贷款同属短期融资，但自偿性贸易融资与之在授信理念、授信管理方式区别明显。

在授信理念上，自偿性贸易融资注重贸易背景的真实性，会对企业物流和资金流进行有效的锁定，期限严格与贸易周期匹配，自偿性特征明显。

在授信管理方式上，自偿性贸易融资注重客户的债项评级结果，结合特定产品授权控制，相对来说，授权控制宽松很多。

另外，从授信结果来看，流动资金贷款多为单笔授信，而自偿性贸易融资则为额度授信，满足了贸易的批量性和周转性。

自偿性贸易融资产品在设计之初就包含了较强的风险控制，主要风险控制措施包括以下几点。

（1）根据货物状况、同行业同品质货物的价格以及市场行情等因素谨慎衡量货物价值，建立严格的货物或品种准入制度。

（2）发放贷款不能一般化对待，而要根据货物的变现难易程度和价格稳定程度划分货物的价值，并以此来发放贷款，并同时约定货物价值下降时的防范措施，比如追加货物或者担保等。

（3）使客户企业的股东或者主要管理层增加个人连带保证和资产担保责任，使其在管理过程中更加谨慎小心，防止出现个人主义行为或者懈怠行为。

（4）根据归还贷款的情况释放控制的货物。

（5）通过贸易关系中有实力的一方对融资对象进行担保，实现对其责任捆绑，从而有效控制风险。

（四）管理垂直化

管理垂直化也就是管理专业化，是指对供应链活动实施专业化管理，目的是为了明确责任，控制供应链流程，并且使各个管理部门互不重复、相互制约。因此，管理体系要达到“四个分离”。图 11-9 所示为“四个分离”的具体表现。

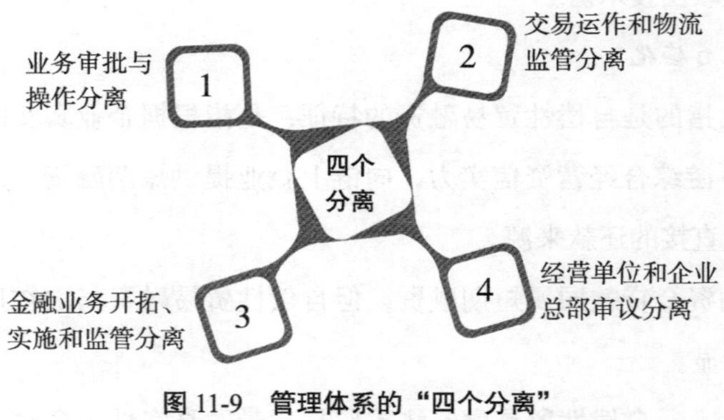

图 11-9　管理体系的“四个分离”

（1）业务审批与操作分离能够有效避免急功近利和盲目扩张所带来的风险。

（2）交易运作和物流监管分离是指从事供应链交易的主体不能同时从事物流管理工作，尤其是不能对交易中的商品实施物流监管。

（3）金融业务的开拓、实施和监管分离即“三权分立”，在经营单位组织结构的设置上采取开发、操作和巡查三分开的原则，并对各部门的工作做明确分工。

（4）经营单位和企业总部审议分离指的是对供应链金融业务的审批要实行经营单位和总部两级集体评审制度。通过设立评审委员会来评审具体项目，而对某些特定业务要指定专门评审员或者管理部门负责人进行评审，最后根据风险等级报请领导审批，由领导集体决策。通过层层审批，最大限度了解供应链运行情况，规避金融风险。

（五）风险结构化

在开展供应链金融业务过程中要实现风险的结构化，这指的是合理设计业务结构，并运用各种手段化解可能存在的风险。

风险的结构化需要考虑以下几个方面的因素，如图 11-10 所示。

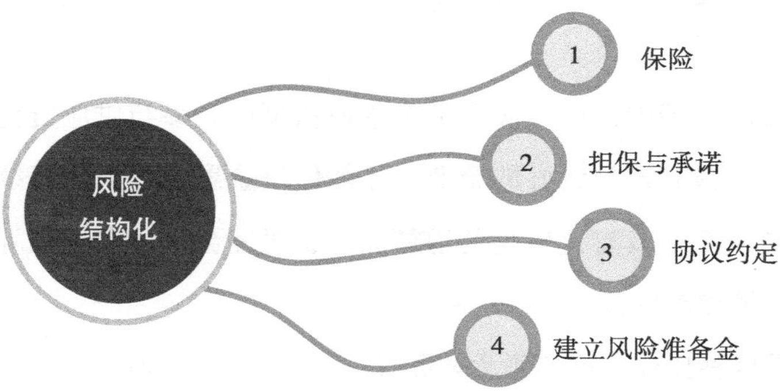

图 11-10　风险结构化需要考虑的因素

1. 保险

要想将业务风险分散，保险是一个不错的方案。完善的金融保险风险分散方案应该将各种险种有效组合在一起，比如客户信用险、财产保险、第三方监管责任险以及员工真诚险等。这样的组合方式在市场经济较为发达的国家比较常见，但我国尚处市场经济初期，诚信经济尚未完全建立起来，这种组合型保险仍需探索。

2. 担保与承诺

在供应链金融业务中，各类不同的参与方或主体所能起到的担保和承诺都应该考虑在内，包括融资需求方、连带保证方、一般保证方以及其他利益相关者的担保承诺。

3. 协议约定

供应链金融业务要想顺利持续地开展，各参与方应该公平公正地承担业务责任，因此必须客观地界定各方的权利和义务以及承担风险的范围和方式。

4. 建立风险准备金

供应链金融业务具有风险高的特点，这使得提供金融服务的金融服务商以及参与监管的监管方都有着不小的压力。要想有效避免风险带来的损失，不妨向期货市场的风险准备金制度学习，计提一定比例的风险准备金。在这种情况下，即使出现一定的损失，这些损失也在可控范围内，对经营带来的影响不大。

（六）声誉资产化

声誉资产是企业给社会公众的综合印象，是企业无形资产的总和，即口碑、形象、美誉、表现、行业地位、舆论反应以及社会责任等名声指标的统称。企业的声誉资产需要企业一点一滴地积累，长期不断地努力才能获得。可以说，声誉资产是企业最强大的软性竞争力，用声誉管理大师凯文·杰克逊的话来说，是企业最宝贵的资产。

在供应链金融创新中，声誉代表了企业在从事或者参与供应链金融业务时的能力、责任和担当。只有声誉良好的企业，才能促进金融业务稳定持续地发展，一旦丧失声誉，意味着企业具有比较高的道德风险，可能会产生恶意破坏行为，导致供应链金融生态环境和市场秩序出现紊乱。

目前存在着四种比较典型的恶意融资行为，如图 11-11 所示。

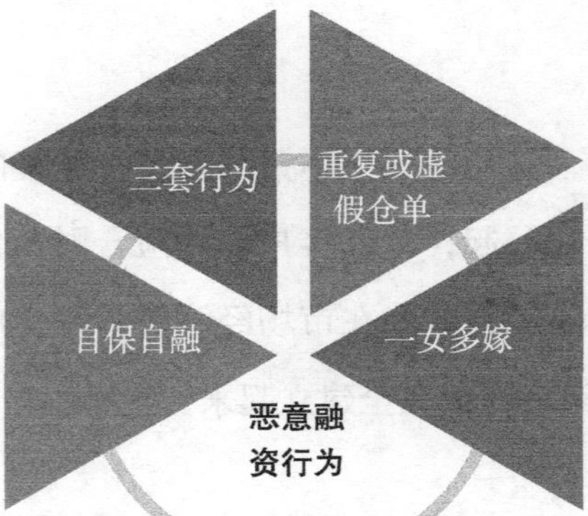

图 11-11　典型的恶意融资行为

1. 三套行为

三套行为是指套利、套汇和套税行为。这些行为都是为了获得不法的金融收益。套汇和套利是利用利率或者汇率波动，通过虚构贸易和物流来获取利差和汇差的行为。

套税则是指将那些终端客户不需要的发票节省下来，售卖给其他公司或者自己用来填补销售账单。这样一来，企业一方面获得了套税收益，另一方面也可以填补虚假交易形成的缺口；套税还有其他的形式，比如虚报货物等级，将 B 类货物报为 A 类货物，从而达到套取退税收益的目的。

2. 重复或虚假仓单

重复或虚假仓单是指借款方与仓储方相互串通，通过虚假开立或者重复开立的方式，就同一货物或者他人货物开立多张仓单，以供借款方重复质押给不同的金融机构，从中获取暴利。

3. 自保自融

自保自融是指亲朋好友或者与借款方有紧密联系的人为借款方进行担保，而进行物流仓储监管的人或者是同一人，或者是紧密关联人，从而套取资金。

4. 一女多嫁

一女多嫁是指借款方虽然有一定的资产，但由于不同金融机构之间难以做到信息共享，从而使借款方从多方融资，特别是通过不规范的民间借贷，恶意放大自己的信用，套取资金。

为了防范可能出现的以上行为，就需要在风险识别、监测和控制的过程中评估和量化供应链金融参与者的声誉。如图 11-12 所示，可以从以下几个方面进行综合考察评价。

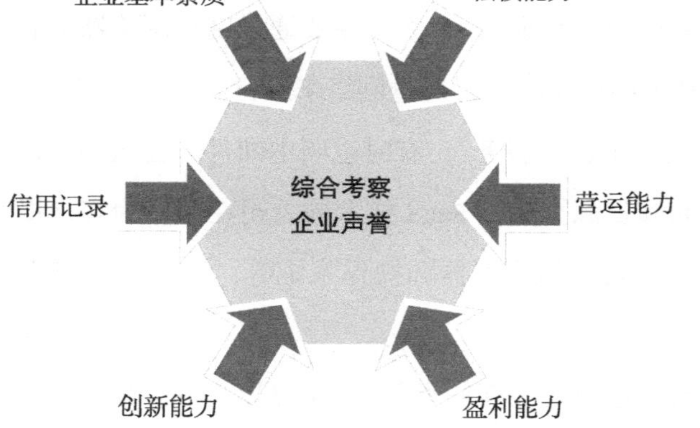

图 11-12　综合考察企业声誉的几个方面

四、互联网供应链金融风险管理趋势

要想实现对供应链金融全天候、全方位和全过程风险管理，就需要将企业内部或者之间的产业互联网系统进行全面整合，以便于更好地服务于供应链运营场景，从而使金融和产业有效融合。

（一）整合化的供应链风险管理系统

要想实现上述所讲到的全面整合，需要在前端和后端两个层面上实现系统整合。

1. 前端

前端层面主要是指建立数字化的供应链，将一切业务数据化，建立起覆盖于整个网络的基于云计算的产业互联网体系。这主要包括以下四个方面，如图 11-13 所示。

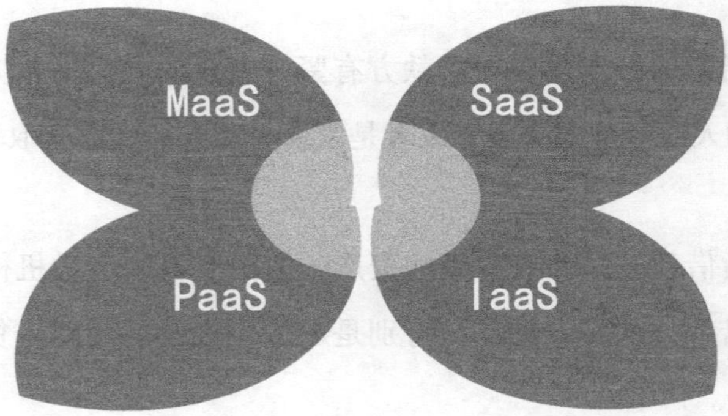

图 11-13　基于云计算的产业互联网体系的四个方面

（1）MaaS 是指“物联网即服务”，这一概念是紧随物联网而出现的。其主要为客户提供有效感知、传输和智能分析服务。

（2）SaaS 是指“软件即服务”，客户主要通过网页浏览器或者客户端来接入。任何一个远程服务器上的应用都可以通过网络来运行。

（3）PaaS 是指“平台即服务”，有时也叫中间件。公司的开发都可以在这一平台进行，以节省时间和资源。提供 PaaS 技术的公司在网上为客户提供各种开发和分发应用的解决方案，包括虚拟服务器和操作系统等，以使客户节省硬件费用，提高分散部门之间的合作效率。

（4）IaaS 是指“基础设施即服务”，公司可以将服务器或者硬件外包出去，IaaS 公司会为其提供场外服务器、存储和网络硬件，公司可以租用。这使客户企业节省了维护成本和办公场地，方便公司在任何时候利用这些硬件运行应用。

要知道，并不是所有的企业都具备良好的信息化开发和运营能力，尤其是一些中小小企业，它们的信息化程度很低，产业互联的挑战很大，但是云计算的低成本、高灵活性和按需交付很好地解决了这个问题，符合中小型企业信息化建设的要求。

以上四个层面成为了推动供应链金融发展并防范风险的重要手段。

2. 后端

后端层面主要包括保证和支持供应链顺利运营的要素以及制度要素。运营保障要素共分为四种，如图 11-14 所示。

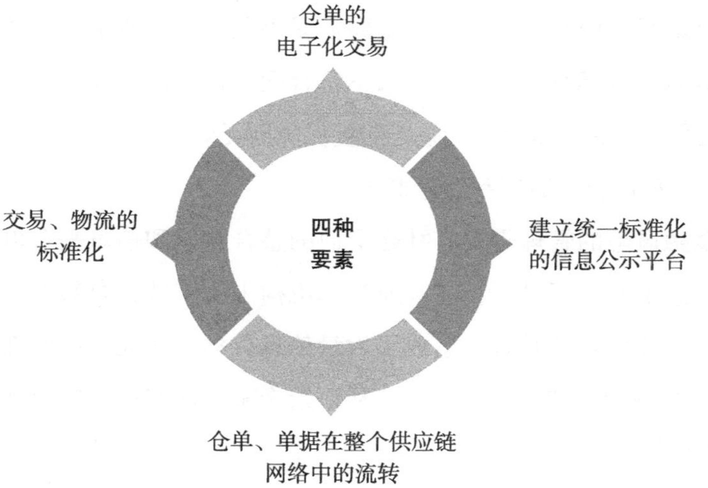

图 11-14　保证和支持供应链顺利运营的四种要素

（1）仓单的电子化交易

从供应链运营保障体系来看，这一要素是首先需要解决的问题。供应链运营中的标准化业务模块以及产品业务，可以实现制单和提单无纸化，将所有信息进行自动记录并签上电子签章。这一要素是供应链物流运营的基础和保证。

（2）交易、物流的标准化

这一要素与上一要素密切相关，所谓标准化是指实现业务操作和管理流程的标准化，并非单指电子仓单的格式规范化。标准化的实施可以帮助企业减少管理难题，降低风险成本，是有效开展供应链金融的关键。

（3）仓单、单据在整个供应链网络流转

供应链运营往往涉及不同的企业，并且是跨地域、跨产业运营，假如电子化仓单无法顺畅地在不同的地域、企业或者产业间流转，供应链网络就会发生信息断层，业务也将会发生中断等意外情况。

（4）建立统一标准化的信息公示平台

建立统一标准化的信息公示平台是互联网供应链金融风险控制的关键。该平台会将与供应链运营有关的所有情况全面展示给供应链参与各方以及整个社会大众。这类平台要做到信息的及时和透明，一旦信息滞后或者不透明，很有可能会带来供应链金融风险。

制度要素也是需要系统整合和调整的，主要体现在以下两个方面。

（1）相关法律法规和国家标准的完善

供应链金融活动中有一些新型的金融创新手段，但这些手段是否有效还需取决于法律法规或者国家标准的要求，如果不符合国家标准或法律法规，即便包含了上述所有的运营保障要素，也会因为缺乏制度保障而无效。

（2）政府层面的整合数据和信息平台

供应链金融风险的管理需要有社会层面的整合数据和信息平台以及政府层面的整合数据和信息平台。不过，目前政府管理机构未能有效整合数据和信息平台，与行业和企业平台之间缺乏整合，造成了大量信息孤岛。因此，政府部门应该适度开放数据平台，实现数据和信息的整合，从而给未来互联网供应链金融风险管理体系的建立提供重要保障。

（二）区块链技术在互联网供应链金融中的应用

区块链本质上是一个去中心化的分布式记账系统，由一串使用密码学相关联所产生的数据块组成。随着交易不断增加，不断验证交易并创造新的区块来记录最新的交易，这个账本就会一直增长和延长，新增加的区块会按照时间顺序以线性的方式补充到原有的区块链上。这样一来，每一个节点，即每一台通过客户端连接到区块链网络中的电脑都会有一份对已有区块链的备份，这些参与计算的节点都记录了主链或者主链的一部分。

区块链技术的核心在于，所有参与区块链的节点共同维护交易数据库，这上面的交易不再基于信任关系而是密码学原理，这使得达成一致的双方都可以直接支付交易，无需第三方参与。

更通俗一点来说，区块链技术就是一种全民参与记账的方式。所有系统背后都有一个数据库，这个数据库就相当于一个大账本。在区块链系统中，每个人都可以有机会参与记账，如果在一定时间段内有新的交易数据产生，系统中的每个人都可以进行记账，然后系统会评判出记账最好最快的人，并将其记录内容写到账本上，然后发给其他人备份。于是，系统中的所有人就都有了一个完整的账本。这样数据就会非常安全。篡改者要想真正篡改数据，必须同时修改超过半数的系统节点数库才能行得通，但这样一来代价极高，几乎不可能。

区块链的工作原理如图 11-15 所示。

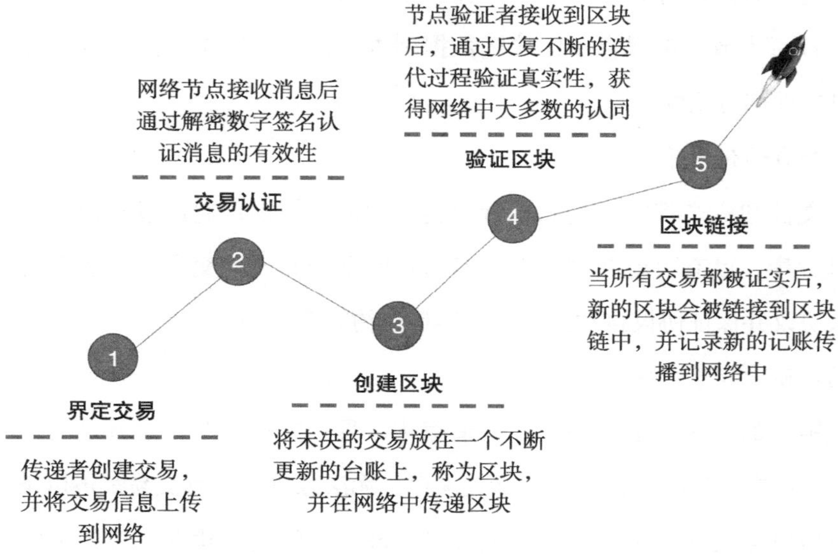

图 11-15　区块链工作原理

根据以上内容可知，区块链技术所带来的安全性正是金融行业所需要的。由于信任是金融行业的基础，为了维护信任，金融行业产生了大量高成本、低效率的中介机构，比如托管机构、第三方支付平台、公证人、银行和交易所等。区块链技术所拥有的全新加密认证技术与去中心化共识机制可以让参与者在无需相互认知和建立信任关系的前提下，以一个统一的账本系统来保证资金和信息安全。

区块链技术在金融行业的作用主要有以下几条。

1. 降低信任风险

区块链技术具有开源、透明的特征，参与者可以知晓系统的运行规则，确认账本的内容和历史记录的真实性和完整性，提高了系统的可追责性，降低了信任风险。

2. 提高支付、交易、结算效率

区块链运用分布式核算，把所有交易都实时显示在全球共享的电子表格平台上，交易被确认的过程便是清算、交收和审计的过程，效率大大提高。

3. 降低运营成本

区块链能够简化和自动化繁杂的金融服务流程，使前台和后台的交互数量减少，节省大量人力和物力，从而优化金融机构业务流程，提高金融机构的竞争力。

4. 有效预防故障和攻击

区块链拥有众多分布式节点和计算机服务器，任何一部分出现问题都不会波及到整体，且每个节点都保存了区块链数据副本。这使得区块链内置业务有很高的连续性、可靠性和容错性。

5. 提升自动化水平

由于文件和资产都能以代码或者分类账的形式体现，通过事先设置区块链上的数据处理程序，就有可能在区块链上实现智能合约和自动交易。智能合约会将金融合同写入协议并保证协议自动执行，当出现违约时会自动偿付。

6. 满足监管和审计要求

区块链上的记录具备透明化和可追踪化，且不能被修改。这就是说，一旦数据被写入区块链中，这些数据就会被永久保存，无法篡改。所有交易都可以被查询到。

在供应链金融业务中运用区块链技术，最终目的是要建立完善的去中心化的信用体系。区块链可以依靠本身的程序算法自动记录大量信息，将其存储到区块链网络中的每一台计算机中，具备使用成本低、篡改难度高、信息透明等特征。各机构利用密码学原理存储并共享客户的信用状况，客户在借贷时便不用到银行去申请查询征信，或者去交易服务平台提供者或者综合风险管理者处获取信用信息，供应链金融服务提供者只要调取区块链的相应信息就可以完成征信工作。

五、供应链金融风险控制体系

在供应链中，上下游之间的交易需要经过控制和约束才能达到交易目标。一般存在着两种控制方式，分别是正式控制和非正式控制。

（一）正式控制体系

正式控制也分为两种主要形式，分别是结果控制和行为控制。

1. 结果控制

结果控制也被称为绩效控制，是指在运营过程中采取绩效测量的方法对客户经营中所做出的行为产生的结果进行监控。这样做可以直接实现委托方的目标需求。

要想使结果控制合理发挥作用，必须建立在能够准确测量融资对象行为结果的基础上。

2. 行为控制

行为控制也被称为过程控制，是指在运营过程中时刻关注如何把客户的合适行为转化为预期结果的过程。这样做可以使融资对象的活动按照预期进行。

要想使行为控制合理发挥作用，必须建立在能够有效监控融资对象行为信息的基础上。

在供应链金融运营过程中，可以将正式控制分为前期、中期和后期的全程管理。

（1）前期

前期管理是指在供应链金融业务运作前建立规范体系和前提条件的过程。主要包括建设制度体系，比如在业务管理、经营授权、业务评审、风险管理等方面做出严格规定，继而制定金融业务操作规范；还包括管理组织结构，即分配在关键业务流程中的参与人员以及各自的权限；也包括品种准入体系，即对监管物实施准入制度，对监管物实行风险评估和品种记录，对那些未进入监管物目录的，不予操作，而进入目录的则严格按照风险等级对应的配套流程进行操作。

（2）中期

中期管理是指供应链金融运营过程中的管理体系，主要有对现场操作规范进行标准化、核查运营流程与运营方式等。

（3）后期

后期管理是指在出现风险时如何高效地应对和处理，以便于将损失降到最低。主要流程包括建立风险预警机制、危机事件应急预案和替代或者互补的操作方式等。

（二）非正式控制体系

非正式控制包括两种主要形式，分别是信任和资产专用性。

1. 信任

所谓信任，是指在风险状态下一方对另一方的正向期望或信赖。在供应链金融业务中，信任主要来源于金融服务提供者与客户企业之间的互动和合作。金融服务提供者一定要明确彼此的法律关系，只承担自己能力范围之内的责任，超出范围的业务坚决拒绝。这样建立起来的战略合作关系才会稳固。一般来说，建立战略合作关系主要从以下几个方面来看。

（1）与金融机构或者流动性提供者建立长期稳定的战略合作关系，强化操作管理部门与金融区域风控之间的沟通。

（2）与关键客户建立稳定的合作关系，并对客户的经营状况等各项情况进行细致分析和评价，以便于客户进行管理。

（3）对客户及其子服务提供商（货运代理人、第三方物流企业或其他合作者）进行等级考核评定，将考核结果与项目风险相挂钩，按照结果对客户进行分类管理，并对后期业务合作提供指导。这样做可以降低风险，与之建立稳定和长期的合作与信任机制。

2. 资产专用性

资产专用性，顾名思义，是指该项资产只能用于特定交易，只要将该项资产投向某交易后，就不能再挪作他用。如果终止资产所应用的交易，该项资产就成为沉没成本。

资产专用性程度越高，交易双方就更具有依赖性，而且任何一方违约都会对另一方造成巨大损失。通过资产专用性，交易双方的利益结合在一起，更换交易方会对自身的利益造成损害。尽管资产专用性会损害合作的柔性，但对双方建立长期合作的伙伴关系有巨大的维系作用，有利于规避关系风险。

由于资产专用性很有可能会导致沉没成本，所以这一项交易也会被计入交易成本。因此，为了节省成本，资产专用性会促使双方组织更加紧密地结合，通过长期合作关系，降低搜寻成本和选择成本，从而在总体上降低交易成本。

在供应链金融中，资产专用性体现在质押物、担保物以及为维系特定关系而投入的资产，比如信息系统、协同管理系统、金融业务现场操作软件系统、互联网远程监控技术以及物联网技术和定位技术等。

第十二章　供应链金融行业的未来发展

供应链金融作为商业银行等金融机构的一项金融创新业务，与传统信贷业务最大的差别在于，它利用供应链中核心企业、第三方物流企业的资信能力，来缓解商业银行等金融机构与中小型企业之间信息的不对称，解决中小型企业的抵押、担保资源匮乏问题。不断发展的供应链金融业务，将带动银行业进行金融产品创新，同时伴随着商业银行发展自身业务的需要、国内物流经济的迅猛发展、供应链成员扩大业务的需要，在我国经济不断持续迅猛增长下，供应链金融业务将会进一步发展和完善。

一、互联网供应链金融的发展趋势

随着国家全面放开金融机构贷款利率管制，存贷利差逐渐收缩，商业银行的传统业务备受打击，而与之相反的是，中小微企业的融资市场不断扩大，成为金融服务的一片蓝海。在此背景下，许多商业银行开始涉足供应链金融领域，以求优化利益结构，降低风险。同时，近几年互联网金融的崛起与发展为市场增添了一股新的活力，凭借自身的技术和数据优势，许多互联网金融企业开始试水供应链金融。

借助于互联网的发展，供应链正在经历着一场前所未有的改革，这显然会影响各个行业的发展。通过互联网和大数据的变革，所有的企业都将不再是独立的个体存在，也不仅仅是依托于另外一家或者几家公司而存在，而是都具有一定的关联。一家企业遇到不良状况，会影响到多家对应企业。可以预见，在不远的未来，在供应链金融支付体系中，一定会因为互联网而产生一次重大变革。

未来，在国家政策支持和“互联网 +”浪潮的推动下，包括商业银行、供应链核心企业、第三方物流企业、电商平台和 P2P 平台等在内的各方参与主体将利用自身的优势在供应链金融领域展开充分的合作和竞争。未来，我国在供应链金融领域必将产生多样化的发展模式和创新服务类型，从而成为我国产业结构调整和国民经济发展转型的重要手段，未来应链金融有望迎来发展黄金时期，发展前景十分广阔。

可以预见，互联网供应链金融未来有六大发展前景：基于电商的消费场景及数据闭环的电商平台、供应链金融资产的资产证券化、有完整产业链和生态圈的巨头公司、垂直细分市场、产融结合、供应链金融配套的基础设施建设将迎来更多发展。

（一）电商平台发展供应链金融业务

随着经济的发展，电子商务平台在交易中的地位越来越重要，面对中小型企业遭遇的融资难问题，基于电商平台的供应链金融业务应运而生。电商平台发展供应链金融不仅改善了电商的服务质量、扩大了商家数量，同时也优化了自身的盈利能力，降低了经营风险。

以小微企业为主的网商及其供应商普遍缺乏经营实体和固定资产，不符合银行授信审查要求。而电商平台在运营过程中积累了海量网店交易数据，并拥有利用建模对大数据进行分析评估网店经营者信用水平的能力。一方面平台上下游企业资金的困境严重制约了平台后续发展，另一方面平台拥有非常优质的上游供应商和精准的供需两端大数据，交易背景真实，融资需求确切，所以平台涉足供应链金融业务可以说是水到渠成。同时，电商平台之间竞争的关键在于对优质供应商的争夺，供应链金融可以将供应商紧紧地捆绑在自己的平台上，对于企业打造服务闭环意义重大。根据电商企业是否参与供应链日常活动，可将电商企业供应链金融进一步细分为平台型电商供应链金融和自营型电商供应链金融。

1. 平台型电商供应链金融

平台型电商供应链金融服务由第三方电商平台服务企业开展，融资对象为平台上的中小企业。目前这一类型的供应链金融运作企业主要有阿里巴巴、敦煌网、金银岛等大型网站。按照资金来源又可以进一步划分为基于自有资金和外来资金的在线供应链金融。

（1）基于自有资金的平台型电商供应链金融。阿里小贷便属于典型的平台型电商基于自有资金的供应链金融运作模式。阿里巴巴小额贷款主要有面向 B2C、C2C 平台的“淘宝（天猫）小额贷款”，还有一些专项贷款产品，如天猫供应链贷款。淘宝订单贷款的具体操作模式见图 12-1。

淘宝卖家得到客户订单并向客户发货；卖家凭借“卖家已发货”的订单申请贷款；淘宝后台基于订单和历史数据进行分析并给出授信额度，审核通过后即发放贷款；卖家按期还本付息。

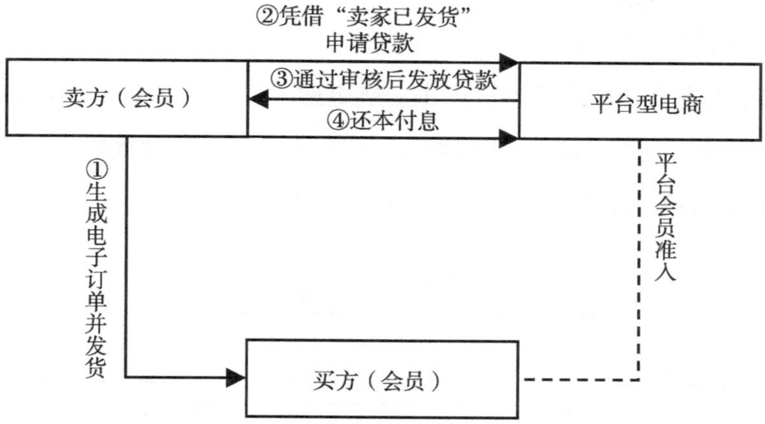

图 12-1　淘宝订单贷款的具体操作模式

（2）基于外来资金的平台型电商供应链金融。该类服务主要由第三方平台服务企业和商业银行合作开展。电商企业提供平台信息，但是不参与到具体业务当中，银行则负责提供融资服务，融资对象为第三方平台上的中小企业。此种类型又分为三种模式。

电子订单模式——供应商贷款生产。中小企业通常是电商平台的供应链上游企业，电商企业作为中介负责给银行提供平台数据。当核心企业向中小供应商下达订单后，供应商凭借电商企业确认过的电子订单合同向银行申请贷款，获批后可以提前获取部分货款，待到账期规定的时间再将收回的账款返还给银行。

电子订单模式——分销商贷款买货。中小企业通常是电商平台的供应链下游企业，先向银行缴纳保证金，银行再向卖方企业开出承兑汇票，卖方企业把货物交给第三方物流企业。随着中小企业分批还款，第三方物流企业根据银行核对后的指令按批次返还货物，直至最后钱货两清。

电子仓单模式。在这种模式下，借款企业通常是电商平台上的中小企业，电商企业仍然扮演中介角色。中小企业将银行认可的电子仓单质押给银行，进而获得一定比例的贷款。在具体业务实现过程中，电子仓单的审核、传递通常由物流企业或电商企业协助完成。

2. 自营型电商供应链金融

自营型电商在线供应链金融服务由直接参与供应链活动的电商企业开展，融资对象集中于自营渠道上下游的中小企业。目前，这一类别的供应链金融运作企业主要有京东、苏宁云商等。同理，按照资金来源又可以进一步划分为基于自有资金和外来资金的在线供应链金融。

（1）基于自有资金的自营型电商供应链金融。京东"京保贝"便属于此类供应链金融运作模式（见图 12-2）。具体来说，京东基于平台大数据构建风险评估模型，为上游中小供应商量身定做融资方案，以最大限度防范风险。

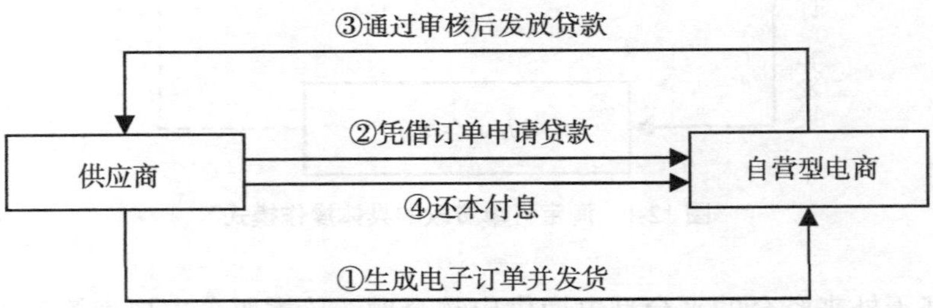

图 12-2 "京保贝"融资模式

供货商与京东签订合同；供应商提交申请书等相关材料（后续贷款业务的资料可由系统提供，无需重复提交）；供货商历史交易信息共享至京东金融平台，京东确定供货商融资额度；供应商还本付息。

（2）基于外来资金的自营型电商供应链金融。该类别金融服务由参与供应链活动的电商企业与商业银行合作开展，融资对象局限于自营渠道上下游的中小企业。电商企业不仅与银行分享平台信息，而且同时扮演供应链核心企业的角色。以基于应收账款的电子订单融资模式为例，其操作过程如图 12-3 所示。

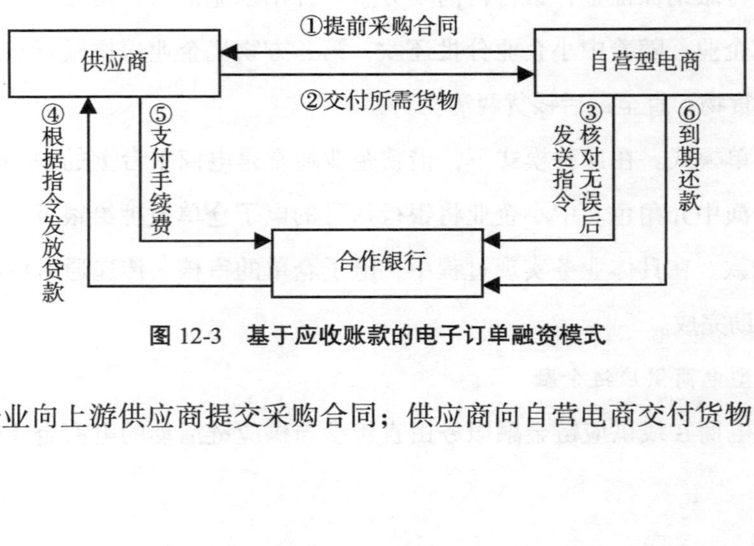

图 12-3 基于应收账款的电子订单融资模式

电商企业向上游供应商提交采购合同；供应商向自营电商交付货物；电商企业

核对合同无误后向银行发送贷款指令；银行根据电商企业指令核定供应商资质后发放贷款；供应商向银行支付手续费；电商企业到期按应收账款金额付款至供应商的银行融资专户，银行扣除贷款数额后进行尾款结算。需要特别说明的是，对于自营型电商与银行合作开展的供应链金融服务，电商企业作为供应链核心企业为中小企业提供担保，并充分利用平台积累的信息帮助银行进行更高效的风险管控。这里存在两种情况：一是电商企业先从银行获得授信再给中小企业授信，二是银行对中小企业直接授信，本质都是基于应收账款的融资。

3. 发展趋势

电商企业在开展供应链金融服务时，无论是否与商业银行合作，其实质都是挖掘丰富的平台数据，将中小企业的电子商务信用部分转化为授信额度内的金融信用，从而通过自有资金或者外来资金帮助企业快速获得贷款。平台型电商虽然不参与具体的供应链活动，但是平台上的众多企业特别是小微企业为电商供应链金融服务提供了广阔的市场空间。这些小微企业融资频率高，单次融资额较少，总体上易于管控，这也解释了为什么阿里小贷拥有较低的坏账率。对于自营型电商企业，由于自身在供应链中的突出地位，可以为上下游企业提供较高的授信额度，同时基于应收账款等方式的融资模式有效降低了信用风险，促进了供应链的良性发展。总体来说目前较为常见的方式是订单融资，未来电商企业将对更多的供应链环节进行渗透和开发，体现了在线供应链金融产品和服务的多元化趋势。

具体来说，从电商供应链角度来看，其呈现出五个趋势。

第一，电商与实体店铺融合，实现线上线下一体化；第二，线上化和去中间化，整个融资审核在线上完成，降低时间成本和融资成本；第三，快递物流企业领域综合一体化，物流企业发展为集运输、快运、金融服务为一身的综合物流供应链服务商；第四，对安全的要求越来越高，包括渠道安全、运输安全、信用安全等；第五，物流“最后一公里”所面临的压力越来越大。总之，电商发展供应链金融业务将会给供应链金融带来新的影响，发挥巨大作用，并在供应链金融产品或服务上取得重大创新。

（二）供应链金融资产的资产证券化

资产证券化是指企业单位或金融机构将其未来能够产生稳定现金收益的资产加以组合并据此发行证券筹措资金的过程。企业单位或金融机构采用资产证券化技术所发行的证券称之为资产证券化产品。资产证券化实质上是一个通过特殊的结构设计制造固定收益型证券产品的过程，即资产持有人将取得的资产（主要是贷款等债权类资产）出售给特殊目的信托机构，同时通过信用增强机制控制信用风险，经过信用评级机构验证评级后，由证券承销机构将证券化产品销售给投资者。

广义的资产证券化是指某一资产或资产组合采取证券资产这一价值形态的资产运营方式，包括以下四类。（1）实体资产证券化，即实体资产向证券资产的转换，是以实物资产和无形资产为基础发行证券并上市的过程。（2）信贷资产证券化，是指把欠流动性但有未来现金流的信贷资产（如银行的贷款、企业的应收帐款等）经过重组形成资产池，并以此为基础发行证券。（3）证券资产证券化，即证券资产的再证券化过程，就是将证券或证券组合作为基础资产，再以其产生的现金流或与现金流相关的变量为基础发行证券。（4）现金资产证券化，是指现金的持有者通过投资将现金转化成证券的过程。

从发起人（金融机构、大型企业等）的角度看，通过将一些缺乏流动性但将会产生现金流的资产证券化，转化为流动性高、能在市场上流通交易的金融商品，可以解决自身面临的资金问题。

对金融机构来说，资产证券化主要有两个优势：（1）将流动性差的资产证券化，使其可以在市场上流通，金融机构就可以在不负债或低负债的情况下获得更多流动资金，提高资金周转速度；（2）资产证券化是金融机构补充资金的有效手段，能增加流动性，见图 12-4。

概括地讲，一次完整的证券化融资的基本流程是：发起人将证券化资产出售给一家特殊目的机构（Special Purpose Vehicle，SPV），或者由 SPV 主动购买可证券化的资产，然后 SPV 将这些资产汇集成资产池（Assets Pool），再以该资产池所产生的现金流为支撑在金融市场上发行有价证券融资，最后用资产池产生的现金流来清偿所发行的有价证券。

在电商平台商户的信用垫付和应收账款的基础上，通过标准化的流程进行风险定价，供给资金的瓶颈越来越突出。在这种情况下，小贷公司和保理公司的自有资金难以满足融资需求，只有对资产进行证券化打包分发对接结构资金，才可能创造出新的商业机会。

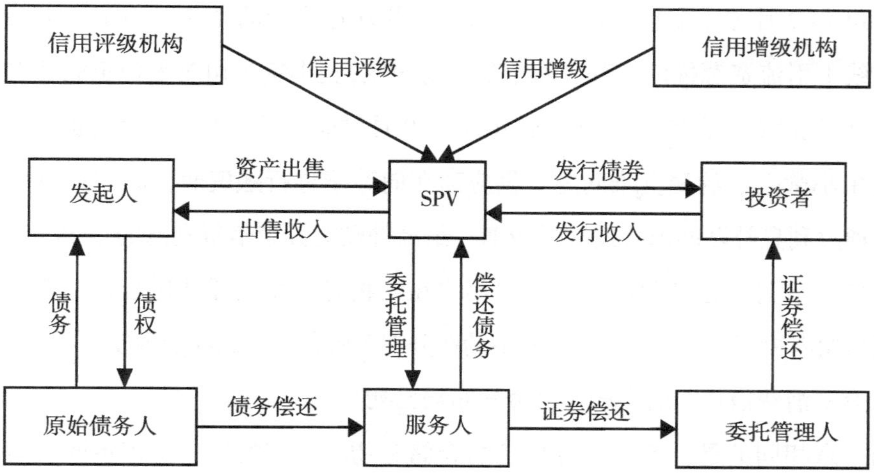

图 12-4 金融机构证券化的优势

（三）巨头公司发展供应链金融业务

供应链金融的产生是基于市场活动中的物流、资金流、信息流、商流，其市场大小取决于供应链规模的大小。有完整产业链的巨头，有相对完善生态圈的公司，除去银行渠道融资，发展互联网供应链金融服务业务也将成为其时下新的选择。在整个市场活动中，最了解供应链的便是供应链中的核心企业，外部的金融公司无法像服务自己一样高效、直接。

作为国内最大的商业零售企业，苏宁凭借优良业绩和市场占有率，成为全球家电连锁零售业市场价值最高的企业之一。经过多年发展和数据积累后，苏宁在开展供应链金融服务方面拥有了巨大的优势。

首先看一个基本的数据：2012—2014 三年间，苏宁线上业务占比情况为 2012 年占 13.2%，2013 年占 17.7%，2014 年占 17.7%。可以发现，从 2012 年到 2013 年间，苏宁线上业务发展很快，而 2013 年到 2014 年发展却很慢。这是由于苏宁供应链金融模式正是从 2012 年开始实施的，并取得了不错的效果，但新一步的进展是在 2014 年年底，稍有延迟。

在 2012 年 2 月，苏宁推出了苏宁小贷。这是一种面向中小微企业推出的电子商务金融业务，凡是苏宁经、代销供应商均可以与苏宁易购操作的结算单应收账款作为抵押物进行融资贷款，此项业务单笔融资额最高可达 1000 万元。苏宁小贷的产品有两种，其中“省心贷”固定借款期限最长 90 天。而“随心贷”采用的是随借随还的形式，能够满足供应商短期资金需求。

2014 年 7 月苏宁众包姗姗来迟，对于参与众包平台的企业，苏宁拿出媒体资源和线上线下引流资源推广，苏宁旗下的“易付宝”、小贷公司对平台企业开放，首批投资 10 亿元设立平台信贷资金。而 2014 年 9 月供应商成长专项基金的提出，则是助力解决中小微企业的融资难问题。供应商在向苏宁进行融资时，苏宁还将拿出专项资金，通过利息补贴的形式反哺供应商，最高补贴为苏宁信贷利息的 20%。

2015 年 5 月，任性付的推广使得用户在购物时可使用任性付直接付款，享受提额、优惠期内 30 天免息（费）、超低手续费分期等服务。这意味着苏宁“供应链金融 + 基金保险 + 消费信贷”的全产业链金融布局已初步形成。

和京东相同的是，苏宁也有自己的仓储和物流。和阿里、京东不同的是，苏宁还有近 1 700 家线下门店。苏宁供应链金融谋求“物流、商流、资金流、信息流”为一体，通过对苏宁线上线下供应链资源进行有效整合，为客户信用评级模型提供持续、准确、实时的数据支持，为供应商融资难的状况提供完整的解决方案。

（四）关注垂直细分领域，进行精细化运作

互联网赋予了供应链金融无限的延展性，使其发展成为一个理论上没有边界的巨大“生物圈”。焦点企业可以通过对各项数据的掌握，为融资企业提供量身定做的融资服务以及个性化的融资产品。但是，不同产业链上的企业对于金融服务的需求存在着很大的差别，原因是不同行业有着不同的行业属性和行业特征。考虑到不同产业之间的差异性以及产业链本身的复杂性，供应链金融服务的供给者试图面向各种不同行业的企业提供供应链金融服务是不现实的。相反，供应链金融服务的供给者必须依托自身的数据优势，对自己的客户进行精准的定位，找准自己具有优势的一条或几条供应链，并通过不断深耕来挖掘供应链金融的价值空间。要达成为各垂直细分供应链上的企业提供个性化供应链金融产品和服务的目标，供应链金融的提供者必须对行业属性及行业特征有深度的把握，能够作出准确的判断。

未来必然会有更多专业化、垂直化的业务平台伴随着社会分工的精细化、纵深化不断涌现，这些集信息咨询、交易、担保、投融资等服务于一体的业务平台将致力于从对各自行业的精耕细作中深挖价值空间。

垂直 B2B 电商相对于传统电商存在以下三个优势。

（1）专业

垂直 B2B 电商一般都将全部精力投入到一个行业中，对所服务的行业状况和特

点有着极为深入的了解，银行在专业程度上就大不如垂直 B2B 电商。但银行在开展供应链金融时，也会往专业、精细化方向发展。比如乳业产业链金融中的民生银行、钢材交易中的找钢网、塑料行业的化塑汇。主要垂直电商平台见表 12-1。

表 12-1　垂直电商平台举例

行业	B2B 平台
钢铁	找钢网、欧浦钢网、我的钢铁网
化工	中国化工网、快塑网、找塑料网、中国注塑网
建材	中国建材网、九正建材网
航运	运去哪、航运城
农业	一亩田、链农、美菜网、农产品搜集网
礼品	京东企业购、恩基云采
机械机电	中国食品机械设备网、机电之家、全球五金网、全球机械网
药品	海虹医药网、药品终端网
电子元器件	科通芯城、华强电子网
服装	衣联网、中国服装网、环球鞋网
酒水食品	易酒批、食品商务网

（2）O2O 闭环

垂直 B2B 电商致力于将自己打造成一个 O2O 闭环，建立一个完整的线上交易和线下增值服务相结合的体系。作为 O2O 闭环最为重要的一个环节，在线支付体系的建立为所有 B2B 电商的经营、企业融资提供了天然的平台。一般而言，建立垂直 B2B 电商平台的都是该行业的核心企业，垂直电商对整个供应链有绝对控制力，参与了供应链中的所有环节，将物流、信息流和资金流进行了整合。

以仓单质押为例，银行无法掌握所有的仓储运输企业，既无法辨别作假，也对货物与仓储企业联合进行重复质押和空单质押毫不知情。而垂直 B2B 电商则不同，它掌握着仓储体系、交易体系和支付体系，原材料交易和产成品交易都在平台内进行，应收和应付都掌控在平台内，大大降低了电商平台的风险。

（3）大数据

垂直 B2B 电商依托自身平台，通过发展积累了大量交易和物流等数据，此外，电商还拥有最先进的大数据处理技术，可以实现对上下游企业的信用分析和整个供应链的监测，以最低的风险实现快速融资。在互联网金融时代，只有像电商一样注重效率，能将资金以最快的速度放到需要它的地方的人才能胜出。过多的审批和复杂的质押只会加重企业的融资成本和时间成本，最终被高效无抵押金融方式所取代。因此，垂直 B2B 电商将成为未来供应链金融竞争中最有优势的一方。

（五）产融结合

产融结合是产业资本发展到一定程度，寻求经营多元化、资本虚拟化，从而提升资本运营档次的一种趋势，是产业资本与金融资本间的资本联系、信贷联系和资产证券化（股票、债券、抵押贷款或实物资产的证券化），以及由此产生的人力资本结合、信息共享等等的总和。产融结合有五大特点：渗透性、互补性、组合优化性、高效性、双向选择性。

1. 国外产融结合的发展历程

产融结合作为一种经济现象处于动态演进过程中。在西方国家，经历了“融合—分离—融合—重组”的发展过程。

（1）由产到融

19 世纪末，欧美各国实行自由放任、自由竞争的市场经济制度，各国政府基本上不限制工商企业和金融机构之间相互持股和跨业经营。由于当时的产业整合运作比较依赖于银行，一批以摩根为代表的“由融而产”的企业集团逐渐形成，如美国的洛克菲勒、摩根、花旗、杜邦，日本的三井、三菱、三和、住友、第一劝业等。

（2）由融到产

20 世纪 30 年代大萧条后，基于对大萧条的反思和反垄断的需要，美国出台了一系列法律法规，对金融机构与工商企业之间的市场准入、相互持股和投资实行严格的限制，使从金融业发端的产融结合模式的发展受到了遏制。但是，以通用电器（GE）为代表的“由产而融”的产融结合模式开始起步，至 70 年代美国许多产业集团都建立金融部门乃至开始办金融公司。这些金融公司不仅管理企业内部资金周转，而且像大银行一样吸纳资金，提供各种金融服务。

（3）由产到融发展期

从 20 世纪 80 年代开始，以美国为代表的西方国家放松金融管制，金融混业重新盛行，金融资本再次进入产业资本，比如通过发行垃圾债券收购企业等。1990 年以后，竞争加剧与并购增加使几乎所有美国的大公司都开始利用基金等形式搞体外融资，产融结合特征日趋显著。

（4）重组产融结合

2008 年金融危机爆发后，产业公司意识到金融业务中所蕴含的巨大风险，如果出现失误，可能会对企业带来难以承受的损失，因此，部分产业集团开始收缩撤离金融，回归主业，仅仅将金融业务控制在一个可控的小范围内。

2. 国内产融结合的发展历程

自 20 世纪 90 年代起，产融结合出现在中国，一些企业开始涉足金融领域，这也意味着产融结合模式在国内正式兴起，并先后经历了萌芽期、沉寂期、复苏发展期、快速发展期四个阶段。

（1）萌芽期

20 世纪 90 年代年代以来，由于经济发展的需要和国企改革政策的影响，产融结合在我国逐步发展起来。由于我国对银行投资实业的法律限制，我国产融结合主要表现为工商企业向金融行业的单向进入，即“由产而融”。先期进军金融业的企业集团有海尔集团、新希望集团和德隆集团等，它们通常控股或参股多家金融机构，包括银行、证券公司、信托公司、保险公司等，形成了形式各异的产融集团，通过集团控股和整体混业，同时经营产业资本和金融资本。

（2）沉寂期

由于缺乏良好的法律规范和监管措施，产融集团的过快发展引发了局部风险，2004 年的“德隆事件”成为产业资本掏空金融资本的典型案例。

1986 年，德隆创建于新疆乌鲁木齐。2000 年年初，德隆在上海注册了德隆国际战略投资有限公司，注册人民币 5 亿元。经过十多年的发展，德隆逐渐形成了以传统产业的区域市场、全球市场为目标的重组和整合能力。德隆在十年间涉足的领域涵盖制造业、流通业、服务业、金融业和旅游业等十几个行业。公司拥有新疆屯河集团有限责任公司、湘火炬投资股份有限公司、沈阳合金投资股份有限公司三个全资公司，并参股 20 余家公司。2002 年，这些公司实现了销售收入 40 亿元，上缴利润 4.5 亿元的辉煌战绩，德隆国际的总资产超过 200 亿元。然而，德隆在实施并购过程中，由于规模过于扩张，最终导致了资金链断裂，并陷入了财务危机。德隆在鼎盛时期，股价居高不下，股权盘根错节，资产状况隐秘。德隆的不断参股和扩张，导致在危机前参股达200余家公司。这些公司的资产状况并不良好，有的仅勉强维持，有的资不抵债。德隆的目标是实现产业整合，创造德隆模式，但这种模式却并没有实现产业整合的目标。

“德隆事件”引发轩然大波，产融结合模式引起了人们的重视，有关部门开始重视其中的风险。

之后，2006年国资委出台的《中央企业投资监督管理办法》，要求央企在境内的产权收购及投资均应上报国资委，并对央企重组划定了“三条红线”，同时严禁企业违规使用银行信贷资金向金融、证券、房地产和保险等项目进行投资，产融结合进入了一个相对沉寂时期。

（3）复苏发展期

全球金融危机的爆发，在对我国经济造成巨大冲击的同时，也为我国加快发展产融结合实现海内外购并带来了新的机遇。2008年8月，在银监会的《银行控股股东监管办法（征求意见稿）》中，界定了对企业成为银行控股股东的要求和条件，为产业资本进入银行业并成为控股股东提供了参考性的法律依据，这一办法虽未正式颁布，但从侧面说明进一步从立法上对产融集团进行规制和监管提上了议程。

2009年，宝钢集团、申能集团等入股光大银行，中石油先后收购克拉玛依商业银行和宁波金港信托有限公司、设立金融租赁公司，举起了新一轮产融结合的大旗。

2010年上市公司年报显示，两市共有133家主业清晰的制造业公司参股金融业，其中94家为国资背景，表明产融结合再度升温。

（4）快速发展期

2014年，由融到产的模式在国内开始发展，部分实力雄厚的金融机构开始涉足产业，比如投资写字楼，金融机构可以获得租金收入，还可以实现物产升值，然后再运转出去，这就是由融到产。

产融结合从此进入一个快速发展时期，同时也推动了供应链金融的发展。在互联网技术的支撑下，数据化、信息化能力不断加强，供应链金融的发展基础不断扩大，供应链金融也从单向传递的价值链转变为多向流动的供应链生态系统。

3. 六种产融结合类型

（1）横向并购战略。横向并购是指同类企业为扩大规模而进行的并购。

（2）纵向并购（全产业链并购）战略。纵向并购是指生产过程或经营环节相互衔接、密切联系的企业之间，或者具有纵向协作关系的上下游企业之间的并购。

（3）混合并购（多元化并购）战略。混合并购是指分属不同产业领域，即无产业链上的关联关系，产品也完全不相同的企业间的并购。

（4）金融控股集团战略。金融控股集团是指在同一控制权下，完全或主要在银行业、证券业、保险业中至少两个不同的金融行业提供服务的金融集团。

（5）生态链并购战略。生态链并购战略是指并购服务于同一用户群体的企业，共享资源，共同发展。

（6）投资集团战略。投资集团战略简单来说就是指集团主业 + 投行模式。

（六）发展供应链金融配套设施

中小微企业占据了产业链 80% 以上的比例，是国民经济的重要组成部分，也是经济增长的重要推动力，但是这些企业普遍存在着融资难、融资贵的现象，银行等传统金融机构对其缺乏兴趣，这里的融资缺口十分明显。从商业保理的角度看，非金融企业应收账款余额规模已经超过了 16 万亿元，但银行的相应保理业务规模仅有 2.8 万亿元，仅占比 17.5%，其中存在着巨大的市场缺口。

未来的市场竞争将从企业层面上升为供应链与供应链的竞争，而与之配套的基础设施建设也将迎来更多发展。供应链金融基础设施建设是供应链金融快速发展的基础，各项基础设施的发展都值得注意，比如参与产品的设计、生产、运输、配送、销售等环节，参与质 / 抵押物的运营，以金融杠杆、互联网思维推动传统产业进行转型升级。

具体来说，与供应链金融配套的基础设施包括以下六点。

（1）构建供应链金融平台。以平台为中心建立一个闭环，将资产、支付、风控、征信、资金、法律等环节串联起来，以达到提高资金安全、确保供应链金融高效运行的目的。

（2）搭建信用基础设施。建设覆盖全国的互联网金融举报信息平台和行业信息共享平台。

（3）建立风投、征信、支付等基础设施。由于网络技术的发展，目前供应链金融越来越多地采用线上化的手段提供服务，突破了空间、业务、组织的限制。但是，相应的基础设施建设亟待发展，主要包括身份识别和征信管理、风险控制和金融管理技术应用、供应账户和托管三个方面，而这三个方面的建设都是以大数据为基础的。通过对动态数据的掌握来对商户的交易信息进行比对，判断融资企业的授信区间。这也就意味着，大数据平台等行业将迎来发展良机。

（4）加强高新技术配套。发展数字签名、云计算、移动支付、身份认证等技术，提高信息处理速度，为供应链金融的发展创造一个坚实的技术基础。

（5）建设基于供应链金融服务的征信系统。打通传统金融与供应链金融、线上金融与线下金融的信息壁垒，建立信息共享机制。设立以电子交易平台信息、资金流动信息等为基础的信用评价模型，据此给予企业相应的授信等级、授信额度，并了解企业的信贷情况、财务状况等，为企业提供量身定做的供应链金融解决方案。

（6）建立风险控制机制设施。建立风险控制机制是保证供应链金融健康发展的重要前提，既要建立企业内部风险控制机制、设立严格的制度和规范以规避风险，又要注重宏观调控，建立市场风险、信用风险、数据风险的管理机制，加强对供应链金融的监管。

二、我国供应链金融行业发展的策略

与欧美发达国家相比，供应链金融在我国仍是一个较新的商业活动。尽管目前有更多的企业参与到供应链金融平台，并持续分享其带来的融资便利与物流增值，但整体而言，供应链金融在我国依然存在较多缺陷。因此，加强供应链金融的发展和变革，成为供给侧结构性改革的必由之路。

（一）关于供应链金融创新的思考

目前我国经济转型的重要突破口是扩大内需，加强供给侧结构性改革，提高供给体系的效率和质量。而金融作为供给侧改革的关键，创新成为其必由之路，要改变以往的粗放式经营方式，转变为全面创新，进一步提高金融机构的服务质量和效率，优化金融资源配置，为金融机构的转型升级提供帮助。

供应链金融实现了产融结合，改变了传统金融的模式，同时又具有金融的爆发力和持久力。供应链金融的发展拓宽了中小微企业的融资渠道，为其提供了供应链金融解决方案。

除了银行主导的供应链金融模式外，物流企业、大型核心企业、电商平台、P2P主导的供应链金融模式不断涌现，外部环境也日益复杂，面对不断加剧的竞争，创新成为供应链金融发展的必由之路。对银行来说，虽然拥有大量核心客户资源，但物流企业与电商平台等其他供应链金融服务者正在施加越来越大的压力，因此，根据自身特点开展差异化的供应链金融服务就成为银行创新的一种推动力。

供应链金融创新主要从以下四个角度进行开展。

（1）观念

无论是何种金融模式，创新都是永恒的主题，供应链金融尤其如此。供应链金融在供给侧改革中越来越发挥着重要作用，它的创新将对供给侧改革发挥巨大作用。

（2）技术

物联网技术的发展可以帮助供应链金融建立完整的供应链信息系统；传感器的发展则可以实现互联网与供应链的结合，建立起跨行业、多产品的供应链信息管理平台；大数据技术创新可以为供应链金融创造更好的数据收集方式，降低供应链金融服务商的数据收集成本。

（3）组织

目前以银行、P2P、物流企业、大型企业等为核心的供应链金融应该突破自身的限制，建立起围绕供应链管理实现信息服务、资金服务、商业服务、物流服务于一体的供应链综合物流金融中介公司。其既能充当物流公司解决产品的运输、配送问题，又能充当金融机构满足生产、供应、销售等方面融资的需要。

（4）制度

银行可以将非核心的业务整体或部分外包给中介公司；降低供应链金融的参与门槛，让更多的企业可以参与到其中。供应链金融业务中的金融机构为质押人，但它无法做到准确监管质押物，还需要借助第三方综合物流金融中介公司的帮助。这样既可以实现对质押物的有效监管，又能为金融机构提供更多的信息，解决信息不对称情况，提高金融机构的抗风险能力和综合服务能力。

（二）供应链金融的信用风险管理建议

我国供应链金融企业风险识别能力不强。物流企业将业务拓展至供应链金融，就要对货物进行形式上的买断，签订购销合同，支付货款，开据发票，但是物流企业必须严守自己在整个供应链上的中立地位，否则将承担质量和市场价格波动的风险。

目前我国供应链金融业务的模式虽然多样，但不同银行、不同物流企业、不同地区都有不同的操作规程及合同条款。供应链金融业务没有相对统一的供应链金融业务流程、合同条款规范和操作标准，银行和供应链物流企业的风险控制水平有待提升。事实上，供应链中的大部分企业还不能根据各种供应链金融产品的性质识别、评估风险，还没有从主体分析的风险管理理念转变为基于交易过程的风险管理理念，也没有根据供应链金融业务的特点构建有针对性的科学定价机制。

同时，信用问题成为供应链金融发展的突出障碍，中小企业的信用问题不仅影响供应链金融平台上的所有企业，同时也使核心物流企业面临一定程度的利益风险。目前，我国尚未建立起完整的供应链企业征信制度及信用背书机制，信用洼地成为供应链金融业务拓展中的典型障碍，在很大程度上阻碍了物流金融的深层拓展。

面对供应链金融日益严峻的信用风险问题，如何实现切实有效的供应链金融信用风险管理成为亟待解决的一项问题。

1. 完善商业银行的信用风险管理

商业银行是供应链金融服务中的主体之一，完善自身的信用风险管理，认真审核融资企业的信用等级和信用额度，对其十分重要。

（1）加强内部信用评级操作。大部分商业银行的内部评级系统存在很大漏洞，主要是评级方法偏向定量化、数据库信息资源不足，整体风险难以把控，评估结果存在偏差等。银行要对此进行完善，首先要设立资产评估体系，明确供应链金融信用风险评估指标，建立企业信用档案；其次建立预警评估系统，监测各项指标并及时发出警报；最后完善信用管理制度和操作流程，建立起对操作流程的监督、检查制度，避免出现操作风险。

（2）加强授信流程控制和信贷人员管理。授信流程主要在风险方面进行控制，包括风险识别、控制、处理等；信贷人员管理主要在培训方面进行，严格要求信贷人员遵守规章制度、业务流程，同时要采取监督和激励措施，保证规章制度的执行。

（3）加强分层管理。分层管理主要指的是基于供应链的整体实力，以供应链中企业的地位为评估基础，对不同的授信额度采取不同的申报审批程序。对于融资额度超过既定限额的企业，金融机构要综合各方面的信息给予企业最合理的信用等级和额度，不能一味降低信用额度。

（4）加强信息控制。建立高效的信息共享平台，及时掌握供应链信息流中的各种信息，掌握供应链的运营情况，并据此做出决策，利用各种措施降低自身风险。

2. 建立信用风险应急管理系统

这里首要的是将原本被动反映的风险管理模式转变为主动预防型风险管理模式。由于供应链金融范围广、参与者多、信息量大，各个环节的风险因素也很多，供应链金融的风险将不可避免。这就需要建立有效的风险应急管理系统，首先要建立应急管理系统，成立应急小组，统一指挥权，明晰职责，保持信息通畅，保持对风险的敏感和快速反应能力。其次，供应链上的各个企业应当有自己的应急计划。

3. 建设社会信用体系

基于契约形式相互合作、互惠互助的供应链金融各参与者，能以数据为基础搭建技术模型，并以此为基础评估信用风险，最终达到降低风险的目的。面对人为道德风险的压力，社会信用体系的加强至关重要，其对规避道德风险有重要效果。社会信用体系也称国家信用管理体系或国家信用体系，它是一种社会机制，旨在建立一个适合信用交易发展的市场环境，保证国家的市场经济向信用经济方向转变，即从以原始支付手段为主流的市场交易方式向以信用交易为主流的市场交易方式健康转变。社会信用体系具体作用于市场规范，这种机制会促进建立一种新的市场规则，使社会资本得以形成。社会信用体系主要依靠奖惩机制约束企业，激励守信企业，惩罚失信企业。

（1）宏观层面

在市场经济条件下，日益扩展和复杂化的市场关系逐步构建起彼此相联、互相制约的信用关系。这种信用关系作为一种独立的经济关系得到充分发展，并维系着错综复杂的市场交换关系，支持并促成规范的市场秩序。可见，没有信用，就没有市场存在的基础。社会信用体系可以降低企业面临的失信风险，保证供应链平稳运行。

（2）微观层面

信用是市场经济中的重要基础，失信企业将面临着更高的授信门槛和运营成本；并且在经营活动中将需要面对更多的现金支付要求，对企业资金流造成压力，严重的甚至会使企业面临破产的风险。

（3）社会层面

一个信用良好的市场可以充分发挥企业的优势，实现良性竞争，让技术、人才、管理等要素实现快速发展。

（三）推动供应链金融可持续发展的方法

供应链金融在我国发展已有十余年，乘着互联网金融的东风，供应链金融迎来了新一轮的发展大潮。供应链金融以中小微企业为服务对象，以核心企业的信用为支撑，为供应链上的企业提供金融服务，为解决中小微企业融资难的问题起到了重要效果，并且对金融机构的改革和国民经济的发展都有着极为重要的意义。其中，对供给侧结构性改革的发展更是有着巨大的推动作用。

不过，随着经济全球化进一步加深，国内经济亟待转型，内外复杂的环境让供应链金融的发展多了一层不确定性。因此，为了保持供应链金融的完善性与可持续性，需要着重解决以下问题。

1. 产品研发与产业链相结合

随着产业界出现的链式化趋势，供应链金融只有结合产业链发展和交易模式，才能为其竞争力的提升与可持续发展带来机遇。在此基础上，商业银行应该更加关注基于实体经济和产业链的金融产品的创新。

产业链金融是银行以产业链的核心企业为依托，针对产业链的各个环节，设计个性化、标准化的金融服务产品，为整个产业链上的企业提供综合解决方案的一种服务模式。供应链金融只有与实体经济中的产业链发展和交易模式紧密结合，才能获得竞争力的提升和可持续发展的机遇。

不同产业链之间的交易模式差别很大，各行业、各个企业的需求也千差万别，行业、企业的个性化需求决定了银行设计供应链金融产品时必须紧紧围绕产业链本身。例如，银行为处于大宗商品行业上、中、下游的冶炼商、贸易商和终端用户设计的预付款融资、货押融资、装船前融资等结构化融资方案，这就是与产业链紧密结合、契合产业链特征与交易模式的产品和服务。

2. 根据客户需求开发产品

深入的行业研究和客户交流有助于银行获得关于客户需求与反馈的信息，摆脱“闭门造车”的产品研发状态，建立以客户为导向，持续性强、灵活度高的产品创新体系，设计出具有前瞻性和预见性的、针对性强的金融产品。

供应链金融的理念是银行通过控制商品和服务交易产生的物流、资金流和信息流来为整条产业链提供系统性的融资安排设计。银行可以以行业供应链金融带动产业链客户群拓展。例如，通过向核心企业提供针对上游供应链的“供应商融资方案”

与针对下游供应链的“经销商融资方案”，帮助核心企业与其上下游提高营运效率，加速资金流转。同时，银行以长链模式拓展客户群，在成功案例的基础上，为其他客户提供成熟的量身定做服务，最终实现行业内横向的产品复制和纵向的客户群延伸。

3. 控制金融风险

供应链金融融资的风险主要取决于融资自偿性的高低以及融资方对交易进行结构化设计的技能，而融资项下的资产将作为第一还款来源。在这里，银行主要依据该笔业务的自我清偿特征以及借款人组织偿还该笔交易的能力，对借款人进行授信，与借款人本身的信用等级无关。供应链金融业务的自偿性主要体现在商品交易中所运用的结构性短期融资工具，包括基于商品交易中的存货、预付款、应收账款等资产的融资。

基础交易本身、上游履约能力、下游支付能力以及交易标的市场价格波动等因素是供应链金融风险的主要来源。银行只有通过产品组合应用或结构化安排对交易进行全流程控制，才既能对贸易各环节风险进行缓释或转移，既降低债项层面的风险，又能提升供应链整体信用等级。银行必须从供应链金融业务的风险特点出发，调整业务风险的控制基础和控制方式，推动供应链金融的可持续发展。

建立结合供应链金融具体特性的风险评判和管理，以实现供应链金融的可持续发展。新资本协议的推进实施将对供应链金融的风险管理体系和业务发展模式产生重大影响，使其逐渐变得全面化、专业化和精细化，建立客户与债项并重的二维风险评价体系，找到收益、风险与资本之间的最佳平衡点。

4. 实现电子化互通

最近几年，供应链金融与信息技术的结合越来越密切。在传统结算工具的使用日趋下降，贸易双方对银行的需求转向以支付速度和效率为主，传统贸易融资的发展空间不断萎缩，电子化平台的建设成为必然选择的基础上，以网银、电子供应链为代表的电子银行技术成为商业银行提高自身竞争力的共同选择和必然趋势。

“电子供应链”是指通过互联网平台，以电子化金融衍生产品及与外部合作机构数据交换系统紧密联结，以为供应链核心企业及其上下游企业提供服务的一种新模式。电子化信息平台可以极大地加快资金流转效率，大幅降低供应链的成本，在为供应链企业提供全流程的金融支持的同时，还能有效缩短银行和企业在流动过程中的反应时间，增加流动资金，减轻资金压力和成本，提高企业的运营和控制能力。

供应链金融中的银行对基础交易信息的完整性、及时性和真实性的掌控能力将得到全面改善。电子化解决方案将使客户可以通过互联网随时向银行提交业务指令，并随时跟踪业务处理进程的动态。

供应链金融与全球经济发展的结合为银行业搭建了一个新的舞台，银企合作共赢模式也进入了全新的阶段。在新的格局下，银行既应对自身发展做出全面规划，又要密切关注外部变化，及时做出调整和应对。银行从业人员也要积极探索、大胆尝试，以客户全方位营销和全流程服务为核心，既要为客户提供便捷、高效的一站式服务，又要通过精准的流程管理实现供应链金融的可持续发展。